TERRASSENTRÄUME

Friedrich Strauß · Tanja Ratsch

Terrassen Träume

Gestaltungsideen für alle Jahreszeiten

Weltbild

INHALT

EINFÜHRUNG 7

FRÜHLING 11

AUF IN DEN FRÜHLING 13
Den Frühling schon im Herbst eintopfen 14
• Porträts: Frühlingsboten in Töpfen
  und Schalen 18

AUS ZARTEM BLÜTENHOLZ
GESCHNITZT 21
Die Kunst der Riesen-Bonsai 22
• Porträts: Blütensträucher für die Terrasse 23

SOMMER 25

MACHEN SIE URLAUB ZU HAUSE 27
Weniger ist mehr 28
• Porträts: Kübelpflanzen für
  mediterrane Terrassen 32

MACHEN SIE EINFACH MAL BLAU 41
Entspannung für Geist und Seele 42
• Porträts: Kübelpflanzen für
  blau blühende Terrassen 46

LASSEN SIE DIE SONNE IN IHR HERZ 51
Selbst aus der Ferne schon ganz nah 52
• Porträts: Kübelpflanzen für
  orange-gelbe Terrassen 55

TERRASSEN IN FEURIGEM ROT 61
Was passt zu Rot? 62
• Porträts: Kübelpflanzen für
  feurig-rote Terrassen 63

TERRASSENTRÄUME IN WEISS UND ROSA 67
Ein Traum in Weiß 68
Auf rosaroten Wolken schweben 70
• Porträts: Kübelpflanzen für
  Terrassen in Weiss/Rosa 72

ZARTE DÜFTE – IMMER DER NASE NACH 75
Terrassen, die im Duft schwelgen 76
• Porträts: Kübelpflanzen für Duft-Terrassen 80

SCHATTEN KANN SO SCHÖN SEIN 85
Schatten ist nicht gleich Schatten 86
• Porträts: Kübelpflanzen für
  Schatten-Terrassen 91

HERBST 143

IN SATTEN HERBSTFARBEN SCHWELGEN 145
Verlängern Sie die Terrassen-Saison 146
• Porträts: Herbstliche Farben und Blüten
  in Topf und Kübel 150

WINTER 157

WUNDERSCHÖNE WINTERZEIT 159
Immer grün, immer schön 160
• Porträts: Kübelpflanzen für den
  immergrünen Winterschmuck 161

ROSIGE ZEITEN AUF DER TERRASSE 93
Rosenblüten für jede Gelegenheit 95

BLICKDICHT: BLÜHENDE WÄNDE 99
Klettergarten im Topf 100
• Porträts: Kübelpflanzen,
  die hoch hinaus wollen 103

SCHÖNES BLATTWERK 109
Themen-Terrassen aus aller Welt 110
• Porträts: Kübelpflanzen mit schmucken
  Blättern 112
Die Kunst des Formschnitts 118

AUS DEM GARTEN IN DEN TOPF 121
Blütenstauden für jede Gelegenheit 122
Blütenträume aus der Zwiebel 125
• Porträts: Stauden und Sommerzwiebeln
  für Ihre Terrasse 126

TERRASSEN FÜR NASCHKATZEN 133
Schönes mit Nützlichem verbinden 134
Gemüse ernten – leicht und schnell 136
Frische Kräuter am laufenden Band 138
Leckeres Obst im Topf 140

PRAXIS 163

Ausräumen 164
Umtopfen und Einpflanzen 164
Einkaufen 167
Schneiden, Stämmchen ziehen 168
Gießen 171
Düngen 172
Vermehren 173
Pflanzenschutz 174
Überwintern 177
Pflanzgefäße 180
Mobiliar 182
Accessoires 183
Bodenbelag 184
Sonnenschutz 185

ANHANG 186

ARBEITSKALENDER 186

BEZUGSQUELLEN 188

STICHWORTVERZEICHNIS 189

EINFÜHRUNG

Wir begrüßen Sie herzlich auf unserer Reise durch die Welt des modernen Terrassengartens. Lernen Sie die schönsten Gestaltungsbeispiele für gelungene Terrassenbepflanzungen und die am besten bewährten Kübelpflanzen im Porträt kennen.

Ursprünglich beschränkte sich der Begriff »Kübelpflanzen« auf frostempfindliche, mehr oder weniger exotische Arten, die man im Winter ins Haus stellte. Heute dehnt sich diese Definition immer weiter aus, und so zählen inzwischen auch frostharte Gehölze, Stauden und Zwiebelblumen dazu, die den Winter in ihren Pflanzgefäßen im Freien verbringen können. Und da eine Terrasse ohne die Blütenpracht der einjährigen Sommerblumen nur halb so schön wäre, erobern auch sie, die früher dem Balkonkasten oder Blumenbeet im Garten vorbehalten waren, den Topfgarten. Von allen wird in diesem Buch gleichermaßen die Rede sein. Sind nur die frostempfindlichen Pflanzen gemeint, wird der Begriff »**klassische Kübelpflanzen**« verwendet.

Traumhaft schöne Terrassen

Jeder von uns hat seine Lieblingspflanzen. Doch würde man alle diese Kleinode sammeln und nebeneinander auf die Terrasse stellen – was wäre das Ergebnis? Sicher nicht das, welches Sie sich erträumt haben. Denn viele Einzelteile ergeben noch kein Ganzes. Stattdessen sollten ihre Blüten farblich aufeinander abgestimmt sein, sich die Wuchsformen optimal ergänzen und die Blütezeiten gestaffelt sein.

Deshalb haben wir dieses Buch zunächst in die vier Jahreszeiten gegliedert. Für den Frühlingsauftakt sorgen Zwiebelblumen und Gehölze. Im Sommer sind es vor allem die klassischen Kübelpflanzen, die uns beschäftigen werden, aber ebenso Gehölze, Stauden und sommerblühende Zwiebelblumen. Im Herbst gilt die Aufmerksamkeit den Gräsern, im Winter den Immergrünen.

Zusätzlich zu dieser jahreszeitlichen Einteilung sind die Kapitel nach Gestaltungskriterien gegliedert. Die wichtigste Rolle spielen dabei die Blütenfarben Blau, Gelb, Rot, Rosa und Weiß. Hier finden Sie ausführliche Gestaltungtipps, welche Blütenfarben

Richten Sie sich mit schönen Kübelpflanzen traumhafte Terrassen als Wohnzimmer im Grünen ein. Wir zeigen Ihnen in vielen Beispielen den Facettenreichtum moderner Terrassengestaltungen.

gut miteinander harmonieren. Im Anschluss daran sind die jeweils wichtigsten Kübelpflanzen ausführlich in Porträts dargestellt. Auf dazu passende winterharte Arten und Sommerblumen wird jeweils am Ende der Kapitel eingegangen. Querverweise erleichtern Ihnen das Auffinden der beschriebenen Pflanzen.

Die wichtigsten Pflegetipps

Neben der Beschreibung der Pflanzen finden Sie in den Porträts wertvolle Tipps zur Pflanzenpflege. Die gemachten Aussagen zur Pflanzenhöhe hängen sehr stark davon ab, wie häufig und kräftig Sie ihre Pflanzen schneiden. Die Blütezeit kann je nach Licht- und Temperaturverhältnissen im Winterquartier, Standort und Witterungsverlauf stark variieren, sodass die Aussagen als Anhaltswerte zu verstehen sind. Die Angaben zum Wasser- und Düngerbedarf beziehen sich stets auf die Wachstumszeit von Frühling bis Herbst.

Schlagen Sie bitte parallel zu den einzelnen Pflanzenporträts die allgemein gültigen Pflegehinweise im Kapitel »Praxis« (ab Seite 163) nach, da sie eine wichtige Ergänzung zu den Kurzaussagen in den Porträts sind.

Der Fotograf

Schon bald nach seinem Gartenbaustudium spielte für Friedrich Strauß (www.friedrichstrauss.de) sein Hobby, die Pflanzenfotografie, eine immer größere Rolle. Heute zählt er zu den wohl renommiertesten europäischen Pflanzenfotografen für den Bereich Zimmer-, Balkon- und Terrassengestaltung. Der überwiegende Teil seiner fotografierten Pflanzen wird von ihm und seinen Mitarbeitern in seiner Spezialgärtnerei herangezogen und dann nach eigenen Ideen arrangiert. Ein besonderes Talent zeigt er in der Verbindung von fachlichem Pflanzenwissen, professioneller Fotografie, Farbästhetik und gekonntem Lichteinsatz.

Die Autorin

Dipl.-Ing. Tanja Ratsch, Mitinhaberin einer Versand-Gärtnerei für Kübel- und Wintergartenpflanzen (www.flora-toskana.de) in Ulm, hat Kunden aus ganz Europa. Ihre Erfahrungen in der täglichen Pflege und Kultur dieser exotischen Pflanzen, in der Planung von Privatgärten in Deutschland und den Mittelmeerländern (www.gardenia.de) und ihrer Autoren-Tätigkeit für führende Gartenzeitschriften finden Sie in diesem Buch zusammengetragen.

Lehnen Sie sich entspannt zurück und lassen sich von dem Ideenreichtum in diesem Buch inspirieren. Ausführliche Praxistipps grarantieren, dass auch die Pflege der Pflanzen für Sie zum Kinderspiel wird.

Beschreibung der Porträt-Symbole

- Pflanzen, die sonnige Plätze bevorzugen
- Pflanzen, die es wechselsonnig bis halbschattig lieben
- Pflanzen, die in absonnigen Lagen zurecht kommen
- Laub abwerfende Pflanzen
- Immergrüne Pflanzen
- **A** Pflegeleichte Pflanzen für Einsteiger
- **F** Anspruchsvollere Pflanzen
- Pflanzen, die im Freien überwintern können

FRÜHLING

AUF IN DEN FRÜHLING

Vorfreude ist bekanntlich die schönste Freude. Und deshalb wünschen wir uns jedes Jahr nach den tristen und kalten Wintermonaten nichts sehnlicher herbei als die ersten Blüten im Frühling. Wie gut, dass sich Zwiebelblumen und andere Frühlingsblüher wenig anspruchsvoll geben und ihre Blüten im Terrassengarten ebenso üppig präsentieren wie draußen im Garten. Viele von ihnen spitzen selbst dann schon aus der Erde, wenn die Töpfe noch mit Schnee bedeckt sind. Raureif verwandelt die kleinen Blütengesichter in zarte Skulpturen, die das glitzernde Morgenlicht jedoch rasch wieder auftaut – ein Schauspiel voller Faszination, das keinen Frost scheut.

Oben: Hyazinthen, Kugel-Primeln und Veilchen in einer Schale.

Links: Eine Elfe begleitet den Tanz früher Frühlingsboten. Auf einem eisernen Tablett lassen sich die kleinen Blütengesichter immer neu gruppieren und aus der Nähe betrachten.

Tulpen sorgen schon im April für reichlich Sonnenschein auf der Terrasse. Efeupflanzen ergänzen das Tisch-Arrangement mit bunten Blättern und einem Herz aus Draht. Hinzu kommen Moos-Polster und einige rote Zweige der Korkenzieher-Weide, die man in die Pflanzgefäße steckt.

Den Frühling schon im Herbst eintopfen

Spätestens dann, wenn uns aus den Regalen der Gärtnereien die Blütenköpfe der Hyazinthen entgegenstrahlen, fällt uns ein, was wir vergessen haben: Die Pflanzzeit für Zwiebelblumen war im Herbst zuvor. Doch heute ist es kein Problem mehr, wenn man im September und Oktober versäumt hat, die unscheinbaren Zwiebeln und Knollen in die Erde zu bringen. Die Gärtner nehmen uns diese Arbeit ab und bieten uns im Frühling vorgetriebene Zwiebeln an. Man nimmt sie einfach aus ihren Töpfchen heraus und setzt sie einzeln oder zu mehreren in die für sie vorgesehenen Pflanzgefäße. Einen kleinen Nachteil hat diese moderne Vorgehensweise jedoch. Vorgetriebene Zwiebeln kommen aus dem Gewächshaus und sind auf strenge Kälte nicht vorbereitet – so etwa die beliebte, aber sehr frostempfindliche Narzisse 'Tête-à-Tête', die im Frühling allenthalben angeboten wird. Zwiebeln dagegen, die man im Herbst selbst gepflanzt und im Winter an einem regengeschützten Platz aufgestellt hat, sind auf Frost und Kälte bestens eingestellt.

Mit den zweijährigen Pflanzen, zu denen Maßliebchen, Stiefmütterchen und Vergissmeinnicht zählen, verhält es sich ähnlich. Auch sie müssen schon im Sommer des Vorjahres gesät werden, damit sie uns früh im Jahr mit Blüten überraschen können. Wer dazu keinen Platz hat, greift ebenfalls zur Fertigware vom Gärtner. Die Auswahl an Farben und Formen und riesengroß, und nur selten bleibt ein Wunsch offen. Wenn Sie allerdings zu den passionierten Gärtnern zählen, die jedes Jahr gerne neue Sorten ausprobieren, sollten Sie auf die Aussaat ab Juli nicht verzichten.

Echt dufte, die Kleinen

Am schönsten im Topf machen sich kleinwüchsige und kleinblütige Zwiebelblumen. Allzu große oder langstielige Blüten neigen sich unter dem Gewicht von

Schöne Terrassen zum Nachpflanzen
(Bild siehe Seite 12/13)

① Frühe Tulpen (*Tulipa*-Hybride)
② Maßliebchen (*Bellis perennis*)
③ Stiefmütterchen (*Viola* × *wittrockiana*)
④ Hyazinthe (*Hyacinthus orientalis*)
⑤ Glockenblume (*Campanula carpatica*)
⑥ Blaukissen (*Aubrieta*-Hybride)

Schnee oder Regen leicht zu Boden oder knicken sogar ab. Versucht man, ihnen mit Stützstäben Halt zu geben, wirken diese oft störend. Deshalb sollte man bei der Wahl auf niedrige, kompakte Sorten achten. Bei den Tulpen sind dies vor allem Wildarten, die häufig wunderschön duften (z. B. *Tulipa clusiana, T. greigii, T. bakeri*).

Denn nicht nur mit den Augen, auch mit der Nase sollten Sie den Frühling in vollen Zügen genießen. Mischen Sie deshalb duftende Zwiebelblumen unter die Arrangements. Bei den Narzissen sind es vor allem die Jonquillen-Narzissen *(Narcissus Jonquilla-Hybriden)*, die mit ihrem intensiven Duft verzaubern. Tazetten-Narzissen *(N. tazetta)* und Triandrus-Narzissen *(N. triandrus)* stehen ihnen nur wenig nach, ebenso wie Dichternarzisse *(N. poeticus)* und Campernelle oder Duft-Narzisse *(N. × odorus)*. Die besten Parfumeure sind jedoch die Hyazinthen, die ganze Terrassen in Wolken aus süßlich-schwerem Duft tauchen. Traubenhyazinthen schlagen beschwingtere, fruchtig-frische Töne an, die an Pfirsichduft erinnern; die Netz-Iris *(Iris reticulata)* tut es der Vanille gleich.

Ein Platz in der ersten Reihe

Um selbst zarte Duftnoten unverblümt wahrnehmen zu können, empfiehlt es sich, die Zwiebeltöpfe auf Regale oder Tische zu stellen. Denn im Frühjahr sind die Gelegenheiten rar, inmitten seiner Pflanzenschätze zu sitzen und sie in Ruhe zu betrachten. Vielmehr beschränkt sich der Terrassenbesuch auf kurze Rundgänge. Und dabei möchte man alles rasch erfassen.

Verändert präsentiert sich die Situation dagegen im Frühsommer, wenn sich der Zwiebelzauber dem Ende zuneigt und sich die Blätter gelb färben. Die einst frühlings-

Blütengeläut zum Osterfest: Narzissen tauchen Ihre Frühlingsterrasse in eine Wolke wunderschöner Blüten und zarter Düfte.

Mit einem Lächeln auf den Lippen präsentiert diese Ton-Putte eine Schale voller Frühlingsboten, die auch nächtlicher Kälte trotzen: gelbe Tulpen 'Monte Carlo', rote Ranunkeln, violette Stiefmütterchen und rot-weiße Maßliebchen. Traubenhyazinthen und Vergissmeinnicht im Pflanzkasten zu ihren Füßen begleiten sie.

Edle Eleganz: Weiße und zartgelbe Hornveilchen lassen sich hier von einer Schleifenblume *(Iberis,* vorne rechts) und weiß blühendem Vergissmeinnicht *(Myosotis)* begleiten.

frohen Schalen und Töpfe sind nicht mehr attraktiv. Das welkende Laub sollte man jedoch nicht abschneiden. Es ermöglicht den Pflanzen, neue Energien zu gewinnen und in den Zwiebeln einzulagern. Nur so haben sie die nötige Kraft, um jedes Frühjahr erneut ihr Blütenfeuerwerk zu entfachen. Stellen Sie die Töpfe deshalb an Plätze, die nicht direkt im Blickfeld liegen, gießen und düngen Sie regelmäßig. Erst wenn das Laub verwelkt ist, schneidet man es ab und hält die Töpfe trocken.

Alle ein bis zwei Jahre nimmt man die Zwiebeln dann im Herbst aus den Pflanzgefäßen und trennt die kleinen Nachwuchszwiebelchen ab, damit sie sich in den Gefäßen nicht gegenseitig bedrängen. Nur einige der kräftigsten Zwiebeln oder Knollen setzt man in frische Erde zurück in die Pflanzgefäße und kultiviert sie weiter.

Zwiebelspaß das ganze Jahr

Den Zeitpunkt, wann die Zwiebelblumenblüte auf Ihrer Terrasse zu Ende ist, können Sie selbst bestimmen. Denn bei geschickter Staffelung hält der Zauber von Februar bis Mai an. Den Anfang im Februar machen im natürlichen Rhythmus, ohne den Einfluss gärtnerischer Verfrühungsmethoden, Schneeglöckchen *(Galanthus),* Krokus *(Crocus-*Hybriden), Netz-Iris *(Iris reticulata)* und Winterling *(Eranthis).* Im März folgen Schneestolz *(Chionodoxa),* Puschkinien *(Puschkinia),* Blausterne *(Scilla),* Märzenbecher *(Leucojum vernum)* und Narzissen (siehe Seite 18) im Topf, im April Schachbrettblumen *(Fritillaria meleagris),* Gelbsterne *(Gagea),* Traubenhyazinthen *(Muscari botryoides)* und Hyazinthen (siehe Seite 18).

Bei den Tulpen machen die Wildtulpen im März den Anfang, es folgt die Gruppe der so genannten »Frühen Tulpen« im April, bis Monatsende die »Triumph-Tulpen« und die »Lilienblütigen Tulpen«, die trotz ihrer langen, aber sehr kräftigen Stängel gut für die Topfkultur geeignet sind. Im Mai stimmen die »Viridiflora-Tulpen« ein. Auch für Tulpen-Fans, die trotz der Schwere nicht auf gefüllte, großblütige,

TIPP

Zwiebelblumen eignen sich hervorragend, um winterharte, immergrüne Kübelgäste wie Buchs oder Koniferen zu unterpflanzen. Mit einem Zwiebel-Pflanzer lassen sich leicht Löcher in die Erde drehen und die Zwiebeln setzen, um dort für Blüten zu sorgen, wo sonst keine sind.

gefranste oder »Papageien-Tulpen« verzichten möchten, ist der Mai der Wonne-Monat. Stellen Sie den Blütenstielen Stützstäbe zur Seite, damit sie nicht knicken.

Rezepte zum Nachpflanzen

Zwiebelblumen laden ein zum Experimentieren. Wenn Sie Spaß an Pflanzkombinationen haben, probieren Sie einmal folgende Rezepte aus:

Feuer und Wasser

Setzen Sie in die Mitte eines Topfs (30 cm Durchmesser) 5 x rot blühende, frühe Tulpen wie 'Merry Christmas' oder Wildtulpen (z. B. *Tulipa fosteriana*) und im Kreis 10 x Traubenhyazinthen (*Muscari armeniacum*) – ein Farbkontrast, der den Winterschlaf vertreibt.

Duftig-zarte Blütenwolken

Bepflanzen Sie einen Kasten (60 x 20 cm) mit drei Reihen. 1. Reihe: 4 x Vergissmeinnicht (*Myosotis*), 2. Reihe: 3 x weißer Krokus (z. B. 'Snowbunting') und 3 x Wildtulpe (z. B. *Tulipa bakeri*), 3. Reihe: 6 x rosafarbene Hyazinthen (z. B. 'Anne Marie') oder weiße Hyazinthen (z. B. 'L'Innocence') – ein herrliches Dufterlebnis für Romantiker.

Gelber Aufzug in drei Akten

Legen Sie in einem Kasten (80 x 30 cm) vier Reihen fest. 1. Reihe: 12 x Winterling (*Eranthis*), 2. Reihe: 8 x Zwiebel-Iris (*Iris danfordiae*), 3. Reihe: 5 x Triandrus-Narzisse (*N. triandrus*); 4. Reihe: 5 x Lilienblütige Tulpe 'Westpoint' – die Blüten öffnen sich staffelweise von Februar bis April.

Start ins Blaue

Bepflanzen Sie eine Schale mit 30 cm Durchmesser mit je 5 x Netz-Iris (z. B. *Iris reticulata*), blauem Krokus (*Crocus*-Hybriden), Traubenhyazinthe (*Muscari armenicum*) und Blausternchen (*Scilla*) in beliebiger Anordnung oder konzentrischen Kreisen.

Oben: Zwischen den buntblättrigen Efeuranken sprießen weiße und rosaviolette Krokusse, Blausternchen und weiße Puschkinien.

Unten: Wildblumenwiese im Pflanzkasten: weiße und purpurfarbene Schachbrettblumen, Balkan-Windröschen (*Anemone blanda*), weiße Blausternchen (*Scilla mischtschenkoana*) und Zwiebel-Iris.

FRÜHLINGSBOTEN

Hyazinthen
(Hyacinthus)

Der betörende Blütenduft der Hyazinthen *(H. orientalis)* stimmt uns im April und Mai auf die Terrassensaison ein.
Wuchs: Die einzelne Zwiebel bildet meist nur eine Blüte aus. Multiflora-Hyazinthen sind dagegen mehrblütig.
Blüte: Hyazinthen beherrschen die gesamte Farbpalette von Blau, Violett und Weiß über Gelb, Orange, Rosa bis hin zu Rot. Gefüllt blühen Sorten wie 'Hollyhock' (rot), 'Madame Sophie' (weiß) oder 'Pink Royal' (rosa).
Standort: Sonnig und warm.
Pflege: Verwenden Sie zur Pflanzzeit im September und Oktober durchlässige, sandige Erde, die während der Wachstumszeit nur leicht feucht gehalten wird. 2 x im Monat düngen.
Überwinterung: Töpfe vor Niederschlägen geschützt ins Freie stellen.
Extra-Tipp: Vermeiden Sie beim Kauf Zwiebeln mit dem Hinweis »Treiberei«. Ihnen wurde in Kühlzellen ein vorzeitiger Winter vorgespielt, der sie verfrüht blühen lässt. Im Freien drohen dann Frostschäden. Vorgetriebene »Zimmer-Hyazinthen« sollten erst im April nach draußen gestellt werden.

Narzissen
(Narcissus)

Die hierzulande erhältlichen, etwa 130 Narzissen-Sorten bieten für jede Terrasse das Richtige. Engelstränen-N. *(N. triandrus)* und Alpenveilchen-N. *(N. cyclamineus)* bleiben unter 30 cm Höhe und schmücken mit ihrem Duft Schalen und Kästen. Die höher wüchsigen (40–50 cm) Narzissen machen in mittelgroßen bis großen Einzeltöpfen Furore. Man teilt sie ein in Großblütige (Großkronige-, Gefüllte-, Trompeten- und Orchideen-Narzissen) und Kleinblütige Narzissen, zu denen die Kleinkronigen N. und die stark duftenden Tazetten-, Jonquilla- und Poeticus-Narzissen zählen.
Wuchs: Mehrblütige Horste.
Blüte: Zwischen März und Mai, ein- oder zweifarbig in Gelb, Weiß, Orange.
Standort: Sonnig bis halbschattig.
Pflege: Pflanzzeit ist im September. Alle 2 bis 3 Jahre teilt man die Zwiebelhorste, da bei Enge die Blüte nachlässt. So lange die Blätter grün sind, für leichte Bodenfeuchte und wöchentliche Düngergaben sorgen.
Überwinterung: Nässegeschützt im Freien, Töpfe leicht isolieren.

Primeln
(Primula)

Kissenprimeln *(P.-Vulgaris-Hybriden)* werden schon im Winter in einer Fülle und so preiswert angeboten, dass man nicht lange widerstehen kann. Leider werden die mehrjährigen Stauden meist wie einjährige Wegwerfpflanzen behandelt, obwohl sie bei guter Pflege jedes Jahr erneut blühen. Viele weitere Arten sind in Töpfen und Schalen wunderschöne Kleinode, z.B. *P. denticulata, P. × bullesiana, P. elatior, P. × pruhoniciana, P. japonica.*
Wuchs: Die dichten Blütenbüschel stehen über kompakten Blattrosetten.
Blüte: Nicht vorgetriebene Pflanzen blühen zwischen März und Mai, *P. japonica* und *P. × bullesiana* im Juli.
Standort: Halbschattig bis schattig.
Pflege: Die Erde sollte konstant leicht feucht sein und 2 x im Monat mit Dünger versorgt werden. Nach der Blüte pflanzt man um in etwas größere Töpfe und ergänzt frische, humusreiche Erde. Zu dichte Pflanzen teilen.
Überwinterung: Im Freien; die meist kleinen Töpfe leicht isolieren.
Extra-Tipp: Primeln setzen reichlich Samen an, die zuverlässig keimen.

... IN TÖPFEN UND SCHALEN

Tulpen
(Tulipa)

Für welche der hierzulande etwa 300 erhältlichen Tulpen-Sorten Sie sich entscheiden, ist eine Frage des persönlichen Geschmacks, denn prinzipiell eignen sich alle für die Topfkultur. Wer die klassische Tulpenform liebt, ist mit Einfachen, Triumph-, und Darwin-Tulpen gut beraten. Für ausgefallenere Hingucker sorgen Lilienblütige Tulpen mit ihren spitzen Kronenzipfeln, Crispa-Tulpen mit gefransten Blütenblättern, Viridiflora-Tulpen mit gestreiften Blüten oder Papageien-Tulpen, die leuchtend mehrfarbig, geschlitzt oder gewellt sind.
Wuchs: Während die Botanischen und Wild-Tulpen meist niedriger als 30 cm bleiben, erreichen die Züchtungen 40 bis 60 cm. Damit die Proportionen stimmen, sollte das Pflanzgefäß etwa genauso hoch sein wie die Blütenstiele. Botanische und Wild-Tulpen passen daher besser in Schalen, hohe Tulpen in Tonvasen (Bilder).
Blüte: Durch geschickte Sortenwahl lässt sich die Blütezeit von Mitte März bis Ende Mai ausdehnen. Gruppenbezeichnungen wie »Einfache Frühe Tulpen« oder »Gefüllte Späte Tulpen« helfen dabei. Gefüllte Blüten werden bei Regen schwer und knicken leichter als einfache. Bis auf Blau treten alle Blütenfarben auf, oft zwei- oder mehrfarbig.
Standort: Sonnig.
Pflege: Während der Wachstumszeit sollte die Erde stets leicht feucht sein. 1 x pro Woche düngen. Welke Blüten samt Stiel abschneiden. Die Blätter aber bleiben, bis sie im Sommer von selbst gelb und trocken werden. Alle 2 bis 3 Jahre topft man die Zwiebeln im September aus und pflanzt nur die kräftigsten wieder ein.
Überwinterung: Nässegeschützt im Freien.

Oben: Gefüllte, weiße Frühe und Wild-Tulpen.
Unten: Tulpen mit Horn-Veilchen (links); Hohe Gefäße für hohe Tulpen (rechts).

Veilchen
(Viola)

Obwohl die als Stiefmütterchen bekannten *V. × wittrockiana*-Sorten allen anderen Veilchen mit ihrer Formen- und Farbenvielfalt den Rang ablaufen, sind auch Wild-Veilchen wie das Horn-Veilchen (*V. cornuta*, Bild) und Duft-Veilchen (*V. odorata*, intensiv duftend) fröhliche Frühlingsboten für kleine Schalen und Töpfe.
Wuchs: Die dichten Horste schmücken sich mit einer Vielzahl von Blüten.
Blüte: Stiefmütterchen sind in allen nur erdenklichen Farben und Farbkombinationen vertreten. Sie werden im Sommer ausgesät, blühen im Herbst und Frühling und sterben dann ab (zweijährige Pflanzen). Die mehrjährigen Wild-Veilchen blühen Blau, Violett, Weiß, Gelb oder Rot, *V. odorata* im März/April, *V. cornuta* von Mai bis Juli, mit Rückschnitt erneut im Herbst.
Pflege: Die humose Erde während der Wachstumszeit konstant leicht feucht halten und alle zwei Wochen düngen.
Überwinterung: Eine Überwinterung entfällt bei Stiefmütterchen (siehe oben). Wild-Veilchen mit leichtem Winterschutz im Freien aufstellen.

AUS ZARTEM BLÜTENHOLZ GESCHNITZT

Im Frühling ist die Hoch-Zeit der Blütensträucher und -bäume. Alle scheinen gleichzeitig zu blühen und um die Gunst der Insekten zu werben. Schließlich müssen sie in den wenigen Monaten bis zum Herbst ihre Samen und Früchte zur Reife bringen. Nutznießer dieser überschwänglichen Fülle ist der Mensch, der sich an der kurzen, aber gewaltigen Blüte erfreuen kann. Mischen Sie unter Ihre Terrassen-Arrangements deshalb stets einige winterharte Bäume und Sträucher in großen Pflanzgefäßen. Sie sind einfach zu pflegen, denn sie überwintern im Freien. Mit ihnen ist die Terrasse auch dann nicht kahl, wenn die frostempfindlichen Kübelpflanzen im Spätherbst längst im Haus eingelagert und die Sommerblumen erfroren sind.

Oben: Der rot blühende Elfeinginster 'Hollandia' (Cytisus × praecox) schmückt seine Zweige Anfang Mai mit rosaroten Blüten. Begleitet wird er von einer Hainbuche (Carpinus betulus) und blau blühendem Vergissmeinnicht (Myosotis).

Links: Nehmen Sie Platz zwischen Goldglöckchen (Forsythia), Stern-Magnolie (Magnolia stellata) und Zier-Kirsche (Prunus)!

Zierquitten *(Chaenomeles)* schmücken sich mit hübschen Aprilblüten und im Herbst mit Früchten zum Einkochen.

Die Kunst der Riesen-Bonsai

Damit Bäume und Sträucher, die natürlicherweise zu meterhohen Exemplaren heranwachsen, in einem handlichen Kübelpflanzenformat bleiben, ist ein gärtnerischer Kunstgriff nötig: Behandeln Sie Ihre Kübelpflanzen wie Riesen-Bonsai. Schneiden Sie nicht nur die Kronen laufend zurück, sondern auch die Wurzeln. Dazu werden die Pflanzen alle zwei bis drei Jahre ausgetopft und das Wurzelsystem kräftig eingekürzt. Neben einer Säge ist hier eine kräftige Heckenschere angebracht. Anschließend kommen die Ballen in den alten Topf zurück, und die entstandenen Lücken werden mit frischer Erde aufgefüllt. Auf diese Weise brauchen Sie nicht jedes Jahr einen größeren Topf. Die Pflanzen werden nur sehr langsam größer und immer knorriger. Diese Prozedur ist jedoch nur etwas für tolerante Bäume und Sträucher. Arten mit sehr empfindlichen, störungsanfälligen Wurzeln nehmen sie auf Dauer übel. Bei ihnen hilft am Ende ihrer Kübel-Zeit nur das Umpflanzen in den Gartenboden.

Frühling ist nur der Anfang

Der Frühling gibt nur einen kleinen Vorgeschmack auf das, was winterharte Sträucher im Topf alles zu bieten haben. Wir geben Ihnen deshalb in den folgenden Kapiteln immer wieder Hinweise, welche weiteren Gehölze zu welcher Jahreszeit den Topfgarten mit ihren Blüten, Blättern oder Früchten bereichern.

Das Goldglöckchen *(Forsythia)* läutet mit seinen gelben Blüten den Frühling ein.

Schöne Terrassen zum Nachpflanzen

(Bild siehe Seite 20/21)

① Goldglöckchen *(Forsythia)*
② Stern-Magnolie *(Magnolia stellata)*
③ Zier-Kirsche *(Prunus*-Hybride*)*
④ Tulpen *(Tulipa*-Hybride*)*
⑤ Traubenhyazinthen *(Muscari botryoides)*
⑥ und ⑦ Maßliebchen *(Bellis perennis)*
⑧ Vergissmeinnicht *(Myosotis sylvatica)*

BLÜTENSTRÄUCHER FÜR TERRASSEN

Zier-Kirschen
(Prunus)

Die Sorten der Japanischen Blütenkirschen *P. serrulata* und *P. subhirtella* verzaubern mit weißen oder rosafarbenen, meist gefüllten Blüten.
Wuchs: Der zunächst natürlicherweise buschige Wuchs lässt sich durch regelmäßigen Rückschnitt nach der Blüte bewahren. Gut in Form zu halten sind Stämmchen. Die Blätter zeigen eine attraktive Herbstfärbung.
Blüte: Die Blüten erscheinen im April und Mai vor oder gleichzeitig mit dem Laubaustrieb, die Schneekirsche (*P. subhirtella* 'Autumnalis') öffnet oft schon im Winter die ersten Blüten.
Standort: Sonnig, warm.
Pflege: Die humusreiche, aber durchlässige Erde konstant leicht feucht halten und 14-täglich düngen.
Pflanzenschutz: Neben speziellen Kirschenkrankheiten (z.B. *Monilia*) treten bei Kübelpflanzen Spinnmilben auf.
Überwinterung: Im Freien; Töpfe isolieren und auf Füße stellen.
Extra-Tipp: Ebenso schöne Frühjahrsblüher sind die Mandelbäumchen (*P. triloba* bis 2 m, und *P. tenella* bis 1 m) sowie kleine Sorten der Zier-Äpfel (*Malus*).

Rhododendren
(Rhododendron)

Für die Kübelkultur kommen vor allem klein bleibende Rhododendren in Frage. Hierzu zählen *R. repens* (0,5 m), *R. impeditum* (0,5–1 m), *R.*-Williamsianum- und *R.*-Yakushimanum-Hybriden (1–1,5 m) sowie einige Wildarten.
Wuchs: Die immergrünen Sträucher bleiben auch ohne Schnitt kompakt. Welke Blütenstände ausbrechen.
Blüte: Je nach Sorte im Mai oder Juni. Jeder Busch blüht etwa 2 Wochen.
Standort: Halbschattig, luftfeucht.
Pflege: Rhododendron wünscht stets leicht feuchte und saure Erde. Gießen Sie daher nur mit Regenwasser und verwenden Sie Rhododendrondünger. Beim Umtopfen Rhododendronerde einsetzen. Eine Alternative sind Inkarho-Rhododendren, die auf kalktoleranten Unterlagen veredelt und weniger kalkfeindlich sind.
Pflanzenschutz: Rhododendronzikade und in Folge Knospenbräune.
Überwinterung: Im Freien. An frostfreien Tagen gießen, falls der natürliche Niederschlag nicht ausreicht. Es vertrocknen weit mehr Rhododendronbüsche im Winter als sie erfrieren!

Flieder
(Syringa)

Neben dem Edel-Flieder (*S. vulgaris*) sind vor allem kleinstrauchige Vertreter dieser sommergrünen Ölbaumgewächse wie *S. meyeri* 'Palibin', *S. microphylla* 'Superba' und *S.* × *persica* als Kübelgäste geeignet (bis 2 m).
Wuchs: Damit der Edel-Flieder auf Dauer Topf-Format behält, kürzt man seine Triebe nach der Blüte kräftig ein, was zugleich den neuen Blütenansatz für das kommende Jahr fördert.
Blüte: Die stark duftenden Blütenrispen öffnen sich im Mai, bei *S. microphylla* (»Herbstflieder«) kann die Blüte bis Oktober andauern.
Standort: Sonnig und warm.
Pflege: Die humusreiche, aber gut durchlässige Erde sollte konstant leicht feucht, aber nie staunass sein. 14-täglich düngen.
Pflanzenschutz: Keine Anfälligkeit.
Überwinterung: Im Freien.
Extra-Tipp: Später im Jahr schmücken die Schmetterlingssträucher (*Buddleja davidii*) mit ihren fliederähnlichen, übergeneigten Blütenrispen die Terrasse und ziehen Schmetterlinge in Scharen an (Juli bis Oktober).

SOMMER

MACHEN SIE URLAUB ZU HAUSE

Blühende Oleanderbäume, duftende Lorbeerhecken, Hauswände, überzogen mit Bougainvilleen in allen Farben, und markante Säulen-Zypressen – ein Urlaub im Süden ist reich an Sinneseindrücken. Und zu Hause soll dann alles nur noch Erinnerung sein? Verlängern Sie doch einfach Ihren Urlaub um viele Wochen, indem Sie Olive & Co. Einzug auf Ihrer Terrasse halten lassen.

Die Pflege der mediterranen Gäste, die Hitze und Trockenheit ebenso gewohnt sind wie winterliche Kälte, ist gar nicht schwer. Und Sie können jedes Wochenende den herben Duft der Zistrosen einatmen, das leise Rascheln der Palmwedel im Sommerwind genießen oder eine frische Zitrone pflücken, wenn Sie gerade Lust auf einen kühlen Eistee haben.

Oben: Zum Ölpressen reicht die Olivenernte auf der Terrasse zwar nicht, doch schmecken die Fettunta – geröstete Brotscheiben mit Knoblauch und Öl – im Schatten des eigenen Olivenbäumchens nochmal so gut.

Links: Elemente aus echter Impruneta-Terrakotta runden mediterrane Oasen ab. Der Kiesbelag knirscht wie beim Spaziergang am Strand.

Schon eine kleine Ecke mit Zwergpalme und verschiedenen Oleander-Sorten im Kasten sorgt für mediterranes Ambiente.

Weniger ist mehr

Der Sommer ist heiß in den Mittelmeerländern. Ohne ständige Bewässerung ist kaum ein Pflanzenwachstum möglich. Und da die Südländer obendrein ihre Mittagsruhe lieben, beschränken sich Griechen, Italiener und Spanier in Sachen Garten meist auf das Wesentliche. Statt einer Fülle unterschiedlicher Pflanzen dominieren in ihren Gärten wenige Solisten – edle Zitrusbüsche, uralte Olivenbäume oder haushohe Palmen. Einige wenige Obstbäume wie Wollmispel, Feige oder Granatapfel für den Hausbedarf kommen hinzu. Auch auf den Terrassen setzt man auf nur wenige, dafür aber markante Kübelpflanzen.

Wir Nordeuropäer können uns dagegen mehr Vielfalt »leisten«, denn bei uns ist das Klima weniger hitzig. Wolkenverhangene Tage, Regen und kühlere Temperaturen vereinfachen die Pflege. Dennoch sollte man auch bei uns nicht zu viele Pflanzen sammeln – sonst kommt jede einzelne nicht mehr zur Geltung. Überlegen Sie sich vorher genau, welche Arten Sie unbedingt haben möchten, und setzen Sie Prioriäten. Ohne vorherige Planung passiert es allzu leicht, dass man sich hier und da zu immer neuen Käufen verleiten lässt – und auf der Terrasse bald für Sie selbst und Ihren Liegestuhl kein Platz mehr ist!

Schlicht oder kunterbunt

Ebensowenig wie es »die« deutsche Terrasse gibt, gibt es »den« mediterranen Gartenstil. Während es die einen kunterbunt lieben, setzen die anderen auf schlichte Eleganz. Eine Terrasse mit wenigen Buchskugeln, Palmen oder Zitrusbäumchen im Topf ist ebenso »italienisch« wie ein üppig blühendes Paradies voller Farben. Doch trotz des Vielerleis sind mediterrane Gärten eines nie: überladen. Das Auge des Betrachters kann in Ruhe jede einzelne Pflanze genießen und sich zwischendurch auf dem Grün der Blattschmuckpflanzen ausruhen. Ebenso selten sind monochrome Terrassen in nur einer Blütenfarbe. Es ist der goldene Mittelweg, der den Stil des Südens so unwiderstehlich macht.

Der mediterrane Stil

Mediterrane Pflanzen allein machen jedoch noch keine mediterrane Terrasse. Zumal viele der Pflanzen, die wir aus dem Mittelmeergebiet kennen, gar nicht von dort stammen. So ist die Bougainvillee

---

Schöne Terrassen zum Nachpflanzen

(Bild siehe Seite 26/27)

① Zwergpalme (Chamaerops humilis)
② Springbrunnenpflanzen (Russelia equisetiformis)
③ Ananas-Salbei (Salvia elegans 'Pineapple Scarlet')
④ Zitrone (Citrus limon)
⑤ Gewürzrinde (Cassia corymbosa)
⑥ Calamondin-Orange (× Citrofortunella mitis)
⑦ Bougainvillee (Bougainvillea-Hybride)
⑧ Sternjasmin (Trachelospermum jasminoides)

ursprünglich in Südamerika beheimatet (siehe Seite 33), die Bleiwurz in Südafrika (siehe Seite 47), Agaven in Mexiko (siehe Seite 32) oder der Neuseeländer Flachs in Neuseeland. Für uns sind sie jedoch untrennbarer Bestandteil der Südflora und werden daher volkstümlich zu den »Mittelmeer-Pflanzen« gerechnet.

Letztendlich entscheidet auch das Umfeld mit darüber, ob eine Terrasse mediterran wirkt. Ein **Bodenbelag** aus Betonsteinen vermag dies viel weniger als eine Kiesfläche, in Beton gegossene Kieselsteine oder Terrakotta-Fliesen. Spielen Sie mit den Formen und Farben. Monotone Steinreihen, Fuge an Fuge, lassen die Fröhlichkeit des mediterranen Lebensstils vermissen, geometrische oder blumige Muster aus verschiedenen Materialien betonen diese dagegen erst richtig. Besonders reizvoll ist es, wenn Sie Ihre Terrasse mit kleinen Höhenunterschieden anlegen. Stufen und niedrige Stützmauern aus Natursteinen, die zugleich als Sitzbank dienen, bringen Leben in die Gestaltung.

Eng mit unserer Vorstellung vom mediterranen Garten ist die **Pergola** verbunden. Sie ist es, die in der Hitze des Sommers Schatten spendet. Berankt mit üppig fruchtenden Weinreben ist sie ein Sinnbild des Südens. In unserem Klima macht eine Pergola auf der Terrasse jedoch nicht immer Sinn, denn die wirklich sonnigen Tage sind gezählt. Wenn Sie nachdenken, wie häufig Sie sich im Jahr nach mehr Sonne sehnen, statt nach weniger kann es ratsamer sein, bei Bedarf nur einen Sonnenschirm aufzuspannen. Dennoch gibt die Pergola der Terrasse einen Rahmen. Sie definiert einen Raum der Geborgenheit und schafft eine Verbindung zwischen Haus und Garten. Der Kompromiss zwischen Sonnenhunger und Geborgenheit kann eine Pergola aus Metall sein. Sie ist graziler als eine statisch bedingt massive Holzkonstruktion und erfordert nach den anfänglich höheren Kosten auch einen geringeren Pflegeaufwand.

Inmitten schöner Mittelmeerpflanzen lässt man sich gerne für einen Drink nieder. Eine gelbe Goldmargerite *(Euryops)*, eine weiße Strauchmargerite, Dattelpalme und Orangenbäumchen bestimmen das Bild.

Feigen reifen dank moderner Sorten auch in unserem Klima in Hülle und Fülle heran – und sie schmecken genauso süß wie im Süden.

Fantasievolle Pflanzgefäße

Wählen Sie Figuren nicht zu klein aus, sonst geht ihre Wirkung verloren.

Lavendel, Bartblume (*Caryopteris*), Rosmarin und Salbei (hintere Reihe), Gewürz-Salbei, Heiligenkraut (*Santolina*, im Kasten) und Currykraut stimmen hier zum Duftkanon an.

Was könnte wohl besser zu einer mediterranen Terrasse passen als Pflanzgefäße aus Terrakotta? Ihnen fällt nichts ein? Den Griechen schon. Sie sind wahre Meister darin, ausgediente Haushaltsgegenstände in ungewöhnliche Pflanzgefäße zu verwandeln. Vom leeren Olivenöl-Kanister über lackierte Konservendosen bis hin zur ausrangierten Waschmaschinentrommel oder einem alten Zuber wird alles umfunktioniert, was bepflanzbar ist. Selbst Kochtöpfe und Pfannen, Schubkarren und Anhänger kommen noch einmal zum Einsatz. Zwar halten diese alternativen Töpfe nicht ewig: Sie rosten und verrotten. Doch für die kurze Zeit ihres Daseins sind sie wunderschöne Kleinode, die die Individualiät und Fantasie ihrer Besitzer zeigen. Damit sich die Pflanzen darin wohl fühlen, sind mehrere Löcher im Boden der Gefäße notwendig, damit überschüssiges Wasser ablaufen kann.

Höhen und Größen staffeln

Neben allen Stilfragen ist eines wichtig bei jeder Terrassengestaltung: Achten Sie auf den unterschiedlichen Platzbedarf Ihrer künftigen Pflanzen.

Bäume sind nur in jungen Jahren platzraubend, so lange auch sie mehrtriebig und buschig wachsen. Mit dem Alter schieben sich ihre Kronen immer weiter in die Höhe – bis sie zum willkommenen Schattenspender über unseren Köpfen werden, unter denen man bequem laufen kann. Ebenfalls sehr schlank und Platz sparend sind Palmen, die ihre Wedel auf ihren Stämmen gen Himmel recken.

Mit Abstand am meisten Platz beanspruchen **Büsche**, zu denen die Mehrzahl beliebter Kübelpflanzen zählt. Zieht man sie dagegen zu so genannten **Stämmchen** heran, bleiben auch sie handlich. Charakteristisch für Stämmchen, auch **Kronenbäumchen** genannt, ist ein gerader Stamm, dem eine kugelrunde Krone aufsitzt. Man unterscheidet **Fußstämmchen**, bei denen der Stamm weniger als 30 cm hoch ist, **Halbstämmchen** mit Stämmen bis zu etwa 50 cm und **Hochstämme** mit deutlich mehr als 100 cm Länge. Sehr viele

Kübelpflanzen lassen sich zu Stämmchen formen (siehe Seite 169f.). Auf die Eignung wird in den jeweiligen Porträts hingewiesen. Mehrmaliger Schnitt pro Jahr hält ihre Kronen in Form und lässt sie jeden Sommer immer nur ein kleines Stück größer werden. Unter ihren Kugelkronen kann man weitere, kleinere Pflanzen platzieren oder solche, die nicht in der prallen Sonne stehen möchten. Auch andere, in Form geschnittene Kronenformen, wie Kegel, Kugeln oder Spiralen, bleiben bei regelmäßigem Schnitt in ihrem Platzbedarf kalkulierbar (siehe dazu auch Seite 168).

Besonders zurückhaltend in ihren Raumansprüchen sind **Kletterpflanzen** (siehe Seite 98). Sie wachsen an Wänden und Spalieren zu blühenden Wänden heran, die im Hintergrund überall Platz finden.

Allzu kleinen Pflanzen verschafft man dagegen mit Hilfe von Säulen oder Etageren mehr Beachtung. Auch ein umgedrehter Übertopf wird rasch zur »Säule«. Pelargonien (siehe Seite 82) kann man wie in den Mittelmeerländern in Drahtringen an der Hauswand aufhängen. Das schafft Platz am Boden – und Sie können sich trotz der größeren Pflanzenfülle frei auf Ihrer Terrasse bewegen. Ein alter, aber noch stabiler Holztisch wird rasch zur Pflanzenbühne, wenn man ihm eine Metall- oder Steinplatte auflegt oder das Holz noch einmal schleift und einlässt. Wer Spaß an einem eher feudalen Ambiente hat, stellt Säulen mit Kapitellen und ebenen Abschlusspodesten auf. Sie können aus Gips-Beton gegossen oder aus Stein gemeißelt sein.

Eine Sammlung von Zitruspflanzen vereint alle Vorzüge des Südens: edle Pflanzengestalten, duftende Blüten und süße Früchte. Eine Bougainvillee begleitet das Ensemble aus Orange, Mandarine, Calamondin-Orange (auf dem Tisch und ganz rechts), Zitrone und Clementine.

Links: In der Hitze des Sommers sorgt ein Wandbrunnen auf der Terrasse für wohlige Abkühlung und beruhigt die Sinne mit seinem Geplätscher.

TIPP

Das Mediterrane ist nicht perfekt. Der Zahn der Zeit nagt am Bodenbelag, in den Fugen breiten sich Thymian und Sternmoos aus. Die Töpfe sind mit Patina überzogen, und das Mobiliar hat Rostflecken. Der Charme des Südens zeigt sein wahres Gesicht: Ein bisschen Nachlässigkeit muss sein!

KÜBELPFLANZEN

 ### Rosetten-Dickblatt
(Aeonium arboreum)

Neben der grünlaubigen Art zieht vor allem die dunkellaubige Sorte 'Atropurpureum' die Blicke auf sich.
Wuchs: Die verdickten Blätter stehen in Rosetten auf Wasser speichernden, im Alter über 1 m hohen Stämmen.
Blüte: Die imposanten, bis zu 30 cm langen, gelben Blütenrispen erscheinen oft schon im Februar und März.
Standort: Je höher die Lichtintensität ist, desto tiefer färben sich die Blätter der Sorte 'Atropurpureum' braun. Im Winter können sie dagegen fast grün sein. Windgeschützte Plätze wählen.
Pflege: Verwenden Sie durchlässige Erde. Obwohl die Sukkulenten mit Trockenheit gut zurechtkommen, wachsen sie im Sommer bei gleichmäßiger Wasserversorgung und 14-täglicher Düngung deutlich schneller.
Pflanzenschutz: Schädlinge vergreifen sich nur selten an dem dicken Laub.
Überwinterung: Hell bei 10 (±5)°C. Weitgehend trocken halten.
Extra-Tipp: Die Seitentriebe brechen leicht ab. In durchlässiger Erde treiben sie jedoch ebenso rasch Wurzeln und wachsen zu neuen Pflanzen heran.

 ### Agaven
(Agave)

Wenn Sie die gefährlichen Blattspitzen und -stacheln der Amerikanischen Agave *(Agave americana)* scheuen, sollten Sie die unbewehrte Drachenbaum-Agave *(A. attenuata*, Bild) wählen.
Wuchs: Die Wasser speichernden Blätter sind in Rosetten angeordnet, die mehr als 1 m Breite und Höhe erreichen.
Blüte: Die mehrere Meter langen Blütenstände entwickeln Agaven erst im Alter ab 15 bis 20 Jahren. Nach diesem Kraftakt stirbt die Blattrosette ab. Ihr ganzes Leben lang bildet sie jedoch reichlich Ableger, die ihren Platz einnehmen werden.
Standort: Die heißeste Südterrasse ist Agaven gerade recht.
Pflege: Agaven sind sehr genügsam und nur gegen Regen und dauernde Bodennässe empfindlich. Sorgen Sie für durchlässige Erde. Töpfe auf Tonfüße stellen. In großen Abständen gießen und 2 x im Monat düngen.
Pflanzenschutz: Schädlingsfrei.
Überwinterung: Hell und fast trocken bei 8 (±8)°C bis –5°C werden toleriert.
Extra-Tipp: Aufgesteckte Weinkorken schützen vor den Blattspitzen.

 ### Erdbeerbaum
(Arbutus unedo)

Neben den glänzend-grünen Blättern haben die essbaren, erdbeerähnlichen Früchte einen hohen Zierwert. Während des Reifeprozesses wechseln sie ihre Farbe von Grün über Gelb und Orange bis hin zu Scharlachrot.
Wuchs: Die im Mittelmeerraum über 5 m hohen Bäume wachsen im Topf zu mehrtriebigen Büschen heran (2 m).
Blüte und Frucht: Die weißen Blütenglöckchen erscheinen in dichten Rispen im Herbst, die Früchte sind meist bis zum Folgesommer erntereif, vereinzelt brauchen sie etwas länger.
Standort: Sonnig bis halbschattig.
Pflege: In größeren Abständen, dann aber reichlich gießen. Durchlässige Erde verwenden. Staunässe bringt die Immergrünen in Kürze um. Im Frühjahr und Sommer 1 x pro Woche düngen.
Pflanzenschutz: Am frischen Austrieb im Frühling saugen oft Blattläuse.
Überwinterung: Hell bei 5 (±5)°C; kurzfristig werden –10°C vertragen.
Extra-Tipp: Besonders attraktiv sind zu Stämmchen gezogene Pflanzen, die durch regelmäßigen sommerlichen Rückschnitt sehr kompakt bleiben.

... FÜR MEDITERRANE TERRASSEN

Bougainvilleen
(Bougainvillea)

Neben der violett blühenden *B. glabra* 'Sanderiana' faszinieren vor allem die roten, weißen, lachs-, rosa-, orange- und mehrfarbigen, auch gefüllten Hybriden von *B. spectabilis*.
Wuchs: Die straff nach oben strebenden Triebe halten sich mit kräftigen Dornen an den Rankhilfen fest. Konsequenter Rückschnitt formt sie zu Büschen oder Stämmchen und hält die Wuchskraft der Kletterer im Zaum.
Blüte: Die kleinen, gelblich-weißen Röhrenblüten stehen versteckt inmitten von je drei, leuchtend farbigen Hochblättern, die wir als »Blüte« kennen. In der Sonne verblassen sie. Sie erscheinen schubweise den ganzen Sommer über.
Standort: Je sonniger und heißer der Standort, umso reicher die Blüte.
Pflege: Im Sommer gleichmäßig feucht halten und wöchentlich düngen. Gießmenge im Winter stark reduzieren, Düngung einstellen. Staunässe lässt die empfindlichen Wurzeln absterben.
Pflanzenschutz: Es treten verschiedene Läuse und Spinnmilben auf.
Überwinterung: Während *B. glabra* eine Ruhephase bei 8 (±5) °C gut tut, bevorzugen Farbvarianten 15 (±5) °C.

Zwergpalme
(Chamaerops humilis)

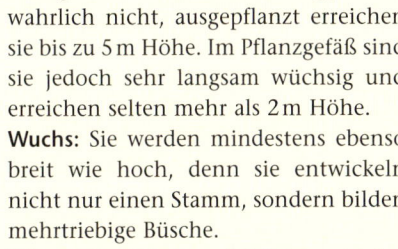

Zwergenhaft sind die Zwergpalmen wahrlich nicht, ausgepflanzt erreichen sie bis zu 5 m Höhe. Im Pflanzgefäß sind sie jedoch sehr langsam wüchsig und erreichen selten mehr als 2 m Höhe.
Wuchs: Sie werden mindestens ebenso breit wie hoch, denn sie entwickeln nicht nur einen Stamm, sondern bilden mehrtriebige Büsche.
Blüte: Mit Blüten und Früchten ist bei Exemplaren in Topfkultur erst ab einem Alter von 15 Jahren zu rechnen.
Standort: Ein vollsonniger Platz ist dieser europäischen Palmenart am liebsten, doch wird auch Halbschatten problemlos toleriert.
Pflege: Wie alle Palmen brauchen Zwergpalmen im Sommer reichlich Wasser, tolerieren aber kurzfristige Trockenheit. Gießen Sie in mehrtägigem Abstand reichlich, und geben Sie wöchentlich Palmendünger dazu.
Pflanzenschutz: An lufttrockenen Plätzen stellen sich Spinnmilben ein.
Überwinterung: (Halb-)Hell, 8 (±8) °C; ausgepflanzt −10 °C ertragend.
Extra-Tipp: Gewöhnen Sie die Blätter im Frühling langsam an die Sonne.

KÜBELPFLANZEN

 ### Zistrosen
(Cistus)

Zwar hält jede der zarten Blüten nur wenige Tage, doch sprießen die Knospen so zahlreich, dass die Blüte 6 bis 8 Wochen im Frühsommer andauert.
Wuchs: Die weichen Triebe wachsen gerne überhängend. *C. ladanifer* und *C. laurifolius* (weißblütig) werden bis zu 2 m hoch, die Mehrzahl der über 20 immergrünen Arten und Sorten wie *C. × purpureus* (rosa) oder *C. × pulverulentus* (pink) selten über 1 m.
Blüte: Wildrosenhaft, zart.

Standort: Volle Sonne ist Voraussetzung für viele Blüten und entlockt den Blättern ihren typisch herben Duft.
Pflege: Unregelmäßige Wasserversorgung führt zu Blattabwurf und Verkahlen. Ein kräftiger Rückschnitt regt den Neuaustrieb an. 14-täglich düngen.
Pflanzenschutz: Im Sommer hat man kaum Schwierigkeiten. Zu eng stehende Kronen im Winter sind anfällig für Pilze. Für guten Luftaustausch sorgen.
Überwinterung: Hell bei 5 (±5) °C; kurzfristig wird leichter Frost vertragen (*C. laurifolius* bis –10 °C).
Extra-Tipp: Nicht blühende Triebspitzen bewurzeln im Sommer sehr leicht.

 ### Zitruspflanzen
(Citrus, Fortunella)

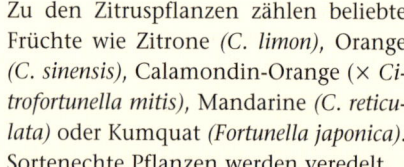

Zu den Zitruspflanzen zählen beliebte Früchte wie Zitrone *(C. limon)*, Orange *(C. sinensis)*, Calamondin-Orange (× *Citrofortunella mitis*), Mandarine *(C. reticulata)* oder Kumquat *(Fortunella japonica)*. Sortenechte Pflanzen werden veredelt.
Wuchs: Buschförmig, als Stämmchen oder am Spalier. Schnitt im Frühjahr.
Blüten und Früchte: Die weißen Blüten erscheinen zu jeder Jahreszeit und duften herrlich. Blütenschwerpunkte sind im April/Mai und im Juli/August. Kleine Früchte sind oft binnen 9 Monaten erntereif, größere erst nach 2 Jahren, z. B. Grapefruit *(C. paradisi)*.
Standort: Sonnig und windgeschützt.
Pflege: Keine Dauernässe! Gießen Sie erst dann mit Regenwasser, wenn die Erde oberflächlich abgetrocknet ist. Im Sommer wöchentlich Zitrusdünger, bei Chlorose Eisendünger verwenden.
Pflanzenschutz: Gut gepflegte Pflanzen bleiben von Schädlingen verschont.
Überwinterung: Artenabhängig, generell hell bei 10 (±5) °C.

Oben: Zitrone, Mandarine und Calamondin-Orange (links); Zitrone (rechts). Unten: Orange am Spalier (links); Buntblättriger Kumquat (rechts).

... FÜR MEDITERRANE TERRASSEN

Mittelmeer-Zypresse
(Cupressus sempervirens)

Mit ihren schlanken Kronen prägen Säulen-Zypressen die Landschaft der Toskana. In Pflanzgefäßen auf der Terrasse sorgen sie auch hierzulande für italienisches Ambiente.
Wuchs: Die 2 bis 5 m hohen, kegelförmigen Säulen brauchen in der Regel keinen Schnitt. Ausufernde Triebspitzen kann man jederzeit einkürzen und damit auch die Höhe regulieren.
Blüte: Die anfangs grünen, später braunen Zapfen kosten die Pflanzen Kraft und können die Optik stören. Sind sie zu zahlreich, entfernt man sie.
Standort: In voller Sonne entwickeln sich die Kronen besonders dicht.
Pflege: Säulen-Zypressen vertragen nur kurzfristig Trockenheit, sonst werfen sie ihre Nadelschuppen ab, die am alten Holz kaum ersetzt werden. Da zugleich durchlässige Erde ratsam ist, häufig gießen. 14-täglich düngen.
Pflanzenschutz: Woll-, Schmierläuse.
Überwinterung: Hell bei 5 (±5)°C. Für häufigen Luftaustausch sorgen.
Extra-Tipp: Ausgepflanzt in durchlässige Gartenböden (z. B. vor der Terrasse) sind –15 °C kein Problem.

Rauschöpfe
(Dasylirion)

Die langen, schmalen Blätter des Rauschopfs gruppieren sich zu perfekten Halbkugeln, die sie zu hervorragenden Solitärpflanzen in enger Verbindung zum Haus machen.
Wuchs: Während *D. glaucophyllum* scharfe Zähnchen an den Blatträndern trägt und sich die Blattspitzen zu Pinselquasten aufspalten, hat *D. longissimum* (Bild) glatte Blätter mit grauen Spitzen, die ihm auch den Namen »Mikadopflanze« eingetragen haben.
Blüte: Die bis zu 3 m hohen, weißen Blütenstände sind bei uns nur selten an alten Exemplaren zu beobachten.
Standort: Vollsonnig, regengeschützt.
Pflege: Erde vor dem nächsten Gießen gut abtrocknen lassen. Die natürlicherweise geometrisch wachsenden Kronen brauchen keinen Schnitt. Lediglich trockene Blätter entfernen (Stammbildung). Monatlich düngen.
Pflanzenschutz: Schädlingsfrei.
Überwinterung: Hell bei 5 (±5)°C; ältere, ausgepflanzte Exemplare vertragen kurzfristig Frost bis –10 °C.
Extra-Tipp: Verwenden Sie beim Umtopfen durchlässige Kakteenerde.

Feigenbaum
(Ficus carica)

Zuckersüße Früchte, vielgestaltige Blätter und ein robustes Wesen – was braucht eine Kübelpflanze mehr, um für Einsteiger und Sammler gleichermaßen unverzichtbar zu sein?
Wuchs: Regelmäßiger Rückschnitt im Frühjahr vor dem frischen Austrieb regt die anfangs sparrigen Kronen zu reicherer Verzweigung an. Zugleich bleiben sie dadurch in einer erntefreundlichen Höhe von 2 bis 3 m.
Blüten und Früchte: Heutige Sorten sind nicht mehr auf die komplizierte Bestäubung angewiesen. Sie tragen schon ab dem zweiten Lebensjahr Früchte.
Standort: Feigen lieben sonnige, aber keine heißen Plätze (Wurzelschäden).
Pflege: Die stark zehrenden Pflanzen benötigen reichlich Wasser, nehmen aber kurzfristige Trockenheit nicht sofort übel. Wöchentlich düngen.
Pflanzenschutz: Keine Anfälligkeit.
Überwinterung: Hell bei 5 (±5)°C, laublose Kronen auch dunkel.
Extra-Tipp: Ältere Feigen können mit Winterschutz draußen überwintern (kurzfristig bis –15 °C).

KÜBELPFLANZEN

Kreppmyrte
(Lagerstroemia indica)

Mit ihrer spätsommerlichen Blüte verlängert die Kreppmyrte, auch »**Toskanischer Flieder**« genannt, die Blütensaison bis in den Oktober hinein.
Wuchs: Die Kronen von Büschen und Hochstämmen sollten nach der Blüte regelmäßig ausgelichtet und zurückgeschnitten werden, da sich die Blüten an den einjährigen Trieben entwickeln. Je kräftiger diese Triebe sind, umso üppiger fällt die Blüte aus. Die Blüten sind gekraust – daher der Name.
Blüte: Die Blütenstände beliebter Sorten wie 'Coccinea' (rot) oder 'Superviolacea' (violett) verblassen in der Sonne oft zu Rosa und rosa Sorten wie 'Rosea' zu Weiß. 'Alba' oder 'Petite Snow' sind dagegen dauerhaft weiß.
Standort: Ein sonnenreicher Sommer und goldener Herbst sind Voraussetzung für ein lange und reiche Blüte.
Pflege: Kreppmyrten schätzen eine gleichmäßige Pflege ohne Feuchteschwankungen bei wöchentlicher Düngung während der Wachstumszeit.
Pflanzenschutz: Blattläuse, Mehltau.
Überwinterung: (Halb-)Hell, 5 (±5)°C; Frost bis –10°C wird toleriert.

Lorbeer
(Laurus nobilis)

Lorbeer stellt seine immergrünen Blätter nicht nur zum Würzen bereit, sondern auch für wunderschöne Blattschmuck- und Formschnittpflanzen.
Wuchs: Ungeschnitten wachsen die Triebe schnurgerade in die Höhe. Regelmäßiges Stutzen formt sie dagegen in vielen Jahren zu Pyramiden, Kegeln, Hochstämmen oder Spiralen.
Blüten und Früchte: Auf grün-gelbe Frühlingsblüten folgen im Herbst schwarze Beeren.
Standort: Im Sommer entlockt ein vollsonniger Platz den Blättern ihr Aroma, doch kommen auch halbschattige Plätze in Frage. Im Frühling stellt man Lorbeer 10 bis 14 Tage halbschattig, damit er sich an die Sonne gewöhnt.
Pflege: Schlappe Blätter zeigen unmissverständlich Wassermangel an. Von März bis August wöchentlich düngen. Zwei- bis dreimaliger Schnitt pro Jahr hält die Kronen in Form.
Pflanzenschutz: Läuse, Raupen.
Überwinterung: (Halb-)hell 5 (±5)°C; kurzer Frost bis –10°C wird toleriert.
Extra-Tipp: Jungpflanzen, die man konsequent an spiraligen Metallstäben festbindet, bilden gedrehte Stämme (Bild).

... FÜR MEDITERRANE TERRASSEN

Myrte
(Myrtus communis)

Mit ihren aromatisch duftenden Blättern und weißen Puschel-Blüten können Myrten auf eine lange Tradition zurückblicken. Noch heute ist es Brauch, der Braut bei der Hochzeit einen Myrtenkranz aufzusetzen.
Wuchs: Die Immergrünen verzweigen sich von Natur aus reich bei 1 m Höhe.
Blüten und Früchte: Auf die Frühjahrs- oder Sommerblüte folgen im Herbst attraktive, dunkelblaue, zart bereifte Beeren.
Standort: Von der Morgen- und Abendsonne verwöhnte Standorte sind ideal, vollsonnige möglich.
Pflege: Durchlässige Erde bewahrt die empfindlichen Wurzeln vor Nässeschäden, mäßiges, aber sehr regelmäßiges Gießen verhindert Laubverlust. Ebenso konstant sollte die wöchentliche Gabe Dünger sein.
Pflanzenschutz: Schädlinge sind weit seltener als Wurzel- oder Stammfäulnis durch allzu reiches Gießen.
Überwinterung: Hell bei 5 (±5) °C.
Extra-Tipp: Myrten, die es auch in bunt- und kleinblättrigen Sorten gibt, lassen sich sehr gut zu Pyramiden schneiden.

Oleander
(Nerium oleander)

Die Leuchtkraft und Fülle seiner Blüten macht den immergrünen Oleander zur Symbolpflanze des Südens.
Wuchs: Oleander wächst buschig, je nach Sorte 2 bis 4 m hoch heran.
Blüte: Die Blüte ist ab Frühjahr möglich, setzt aber meist erst ab Juni ein.
Standort: Oleander verlangt für eine reiche Blüte so viel Sonne wie möglich.
Pflege: Gießen Sie Oleander (kalkverträglich) sehr reichlich, und lassen Sie einen Vorrat im Untersetzer stehen. Wöchentlich ein bis zwei Mal düngen.
Pflanzenschutz: An lufttrockenen Plätzen stellen sich Spinnmilben ein, im Winter oft Schildläuse. Triebe mit Wucherungen (Oleanderkrebs) entfernen.
Überwinterung: (Halb-)hell, 5 (±5) °C; kurzer Frost bis –8 °C wird toleriert.
Extra-Tipp: Beim Rückschnitt im Frühjahr nur ein Drittel der Triebe einkürzen, sonst fällt die Blüte aus, die sich an den Enden der letztjährigen Triebe bildet. Zusätzlich oder alternativ jährlich einige ältere Triebe ganz entfernen.

Links: 'Alsace' (oben); 'Splendens Giganteum Foliis Variegatis' (Mitte); 'Géant des Batailles' (unten). Rechts: Als Hochstämmchen wachsen Oleander weniger sparrig.

KÜBELPFLANZEN

Olive
(Olea europea)

Selbstfruchtbare Sorten wie 'Frangivento', 'Frantoio', 'Pendolino' oder 'Itrana' überzeugen auf der Terrasse nicht nur mit grau-grünem Laub, sondern jedes Jahr mit Olivenfrüchten.
Wuchs: Buschig oder baumförmig. Ohne regelmäßigen Schnitt verzweigen sich Oliven nur spärlich und bilden peitschenartig lange Triebe. Ein leichter Rückschnitt ist ganzjährig möglich.
Blüte: Die gelben, lieblich duftenden Blüten verwandeln sich auch hierzulande in Olivenfrüchte, wenn es sich um veredelte, selbstfruchtbare Sorten handelt. Oder man kultiviert zwei Sorten, die sich gegenseitig befruchten.
Standort: Vollsonnig und warm.
Pflege: Die durchlässige Topferde in größeren Abständen gießen, dann aber reichlich. Trockenheit wird gut vertragen, Staunässe dagegen nicht. Alle zwei Wochen düngen.
Pflanzenschutz: In seltenen Fällen stellen sich Schild- oder Wollläuse ein.
Überwinterung: Hell bei 5 (±5)°C; kurzfristiger Frost bis –10°C wird vertragen, der Wurzelballen im Topf darf jedoch nicht durchfrieren.

Dattelpalmen
(Phoenix)

Süße Datteln sind weder von der Kanarischen (*P. canariensis*, Bild), noch von der Echten Dattelpalme (*P. dactylifera*) auf der Terrasse zu erwarten – und dennoch erobern sie mit ihren fein zerschlitzten Fiederwedeln, die lichten Schatten spenden, einen Stammplatz auf vielen Terrassen.
Wuchs: Die einzelnen Blattwedel können mehr als 3 m Länge erreichen. Die Stammbildung dauert viele Jahrzehnte
Blüte: Ab ca. 25 Lebensjahren möglich.
Standort: Vollsonnig und warm.
Pflege: Gießen Sie in größeren Abständen, dann aber reichlich. Palmen gelten oft als »trockenresistent«. Am Naturstandort haben ihre sehr tief reichenden Wurzeln aber meist Grundwasseranschluss! Wöchentlich düngen. Verwenden Sie hohe Töpfe, da sich die Wurzeln rasch hochdrücken.
Pflanzenschutz: Bei trockener Luft können sich Spinnmilben ansiedeln, im Winter auch Thripse und Schildläuse.
Überwinterung: Hell bei 8 (±8)°C.
Extra-Tipp: *P. roebelenii* wächst sehr langsam (bis 2m) und ist deutlich kälteempfindlicher (nicht unter 10°C).

Klebsamen
(Pittosporum)

Die schwarzen, in knallrotes, klebriges Fruchtfleisch eingebetteten und sehr zierenden Samen sind nicht der einzige Schmuck dieser schnittverträglichen ostasiatischen und neuseeländischen Sträucher mit den glänzenden, immergrünen Blättern. Im Frühling bieten sie intensiv duftende Blüten. Buntlaubige Sorten wie *P. tobira* 'Variegatum' (kl. Bild), *P. tenuifolium* 'Silver Queen' (weiß-grün) oder 'Warnham Gold' (gelb) sind besonders zierend.
Wuchs: Die Sorte *P. tobira* 'Nanum' (Bild) wächst zu kleinen, kompakten Rundkronen heran, alle anderen Formen können auch im Kübel über 3 m Höhe erreichen. Sie lassen sich jedoch durch regelmäßigen Schnitt auch deutlich kleiner halten.
Blüte: *P. tobira* blüht im Frühjahr weißgelb, *P. tenuifolium* rot-braun.
Standort: Sonnig oder halbschattig.
Pflege: Die sehr pflegeleichten Pflanzen lieben eine konstante mäßige Bodenfeuchte und wöchentlich Dünger.
Pflanzenschutz: Schädlingsfrei.
Überwinterung: Hell bei 8 (±8)°C; kurzfristig werden –10°C vertragen.

... FÜR MEDITERRANE TERRASSEN

Granatapfel
(Punica granatum)

Während klein bleibende Sorten wie 'Nana aracilissima' oder 'Nana' (Bild) und gefüllt blühende Sorten wie 'Flore Pleno', 'Legrellei' oder 'Rubra Plena' viele kleine Zierfrüchte tragen, sind von den Fruchtformen mit ihren einfachen Blütenglocken im Spätherbst vereinzelte, essbare Früchte zu erwarten.
Wuchs: Granatäpfel wachsen zu reich verzweigten, sommergrünen Büschen heran, deren Blätter im Austrieb bronzegelb, im Herbst goldgelb sind. 'Nana' erreicht kaum mehr als 1 m, die Fruchtform gut 3 m. Regelmäßiger Schnitt ist nur bei Stämmchen nötig.
Blüte: Die Blüten sind rot bis orange, bei 'Legrellei' weiß-rot bis rosa.
Standort: Reichlich Sonne und Wärme lässt die Blütenknospen sprießen.
Pflege: Granatäpfel sind sehr pflegeleicht. Sie lieben eine konstante, mäßige Bodenfeuchtigkeit und von März bis August jede Woche 1 x Dünger.
Pflanzenschutz: An den jungen Blättern siedeln sich gerne Blattläuse an.
Überwinterung: (Halb-)Hell oder dunkel bei 5 (±5) °C; kurzer Frost (–8 °C) möglich. Erde nur leicht feucht halten.

Rosmarin
(Rosmarinus officinalis)

Rosmarinblätter verströmen ihr würziges Aroma nicht nur in der Sonne und bei Berührung, sondern auch als Badezusatz, getrocknet in Duftkissen oder als Gewürz beim Kochen.
Wuchs: Man glaubt es kaum, aber Rosmarin-Sträucher können bis zu 2 m hoch und ebenso breit werden.
Blüte: Oft schon im März zeigt sich der erste Flor, dem zumeist ein zweiter während des Sommers folgt.
Standort: Nur bei vollsonniger Lage wächst Rosmarin buschig heran und lagert reichlich ätherische Öle ein.
Pflege: Obwohl der Rosmarin mit seinen grau-grünen Blättern suggeriert, dass er Hitze und Trockenheit trotzt, wirft er schon bei kurzer Dürre Blätter ab. Deshalb: Immer feucht halten, aber durchlässige Erde verwenden.
Pflanzenschutz: Schädlingsfrei.
Überwinterung: Hell bei 5 (±5) °C; an geschützter Stelle auch im Freien möglich, wenn man die Pflanzgefäße in Kokosmatten oder Luftpolsterfolie hüllt.
Extra-Tipp: Die Sorte 'Prostratus' (Bild) wächst mit überhängenden Trieben und blüht himmelblau.

Hanfpalme
(Trachycarpus fortunei)

Die Hanfpalme zählt zu den frosthärtesten Palmen. Doch ist es nicht die Kälte allein, die draußen überwinternden Pflanzen zusetzt, sondern vor allem die winterliche Nässe. Auch Hanfpalmen überdauern nur dann im Freien, wenn die Kronen mit Stroh gefüllter Folie vor Feuchtigkeit geschützt und der Topf gut isoliert oder in den Gartenboden eingesenkt wird.
Wuchs: Charakteristisch für Hanfpalmen ist der mit braunen Fasern umgebene Stamm, dem meist weniger als ein Dutzend fächerförmiger, kurz eingeschnittener Wedel aufsitzen. Im Gegensatz zur Zwergpalme (siehe Seite 33) tragen sie keine Dornen. Die Stammbildung beginnt sehr früh.
Blüte: Bei älteren Pflanzen möglich (ab ca. 15 Jahren), aber selten.
Standort: Sonnig bis halbschattig.
Pflege: Ballen stets leicht feucht halten. Trockenheit wird ebensowenig geschätzt wie Nässe. Bis August wöchentlich mit Palmendünger dosieren.
Pflanzenschutz: Spinnmilben sind die Folge von zu trockener Luft.
Überwinterung: (Halb-)hell, 8 (±8) °C.

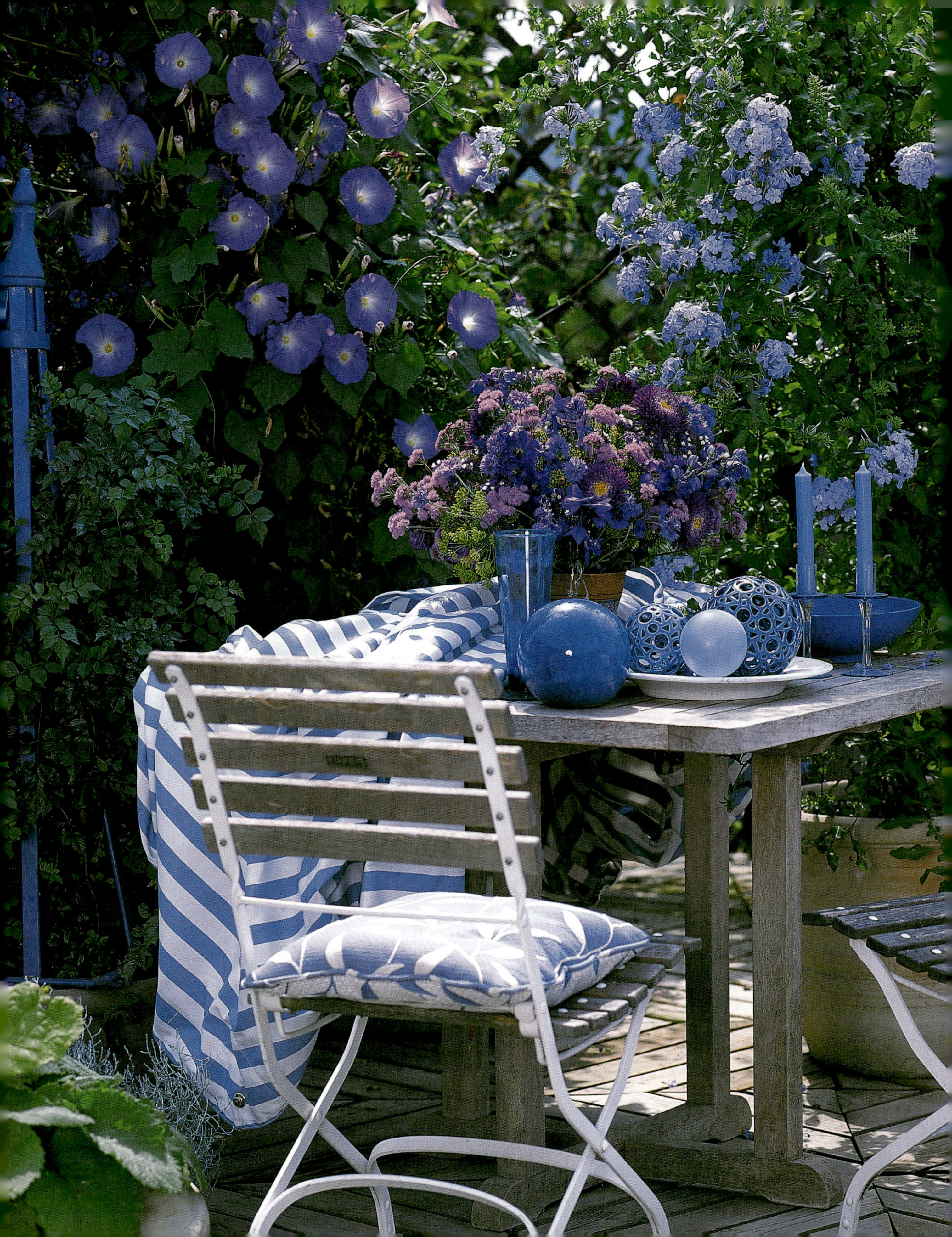

MACHEN SIE EINFACH MAL BLAU

Tiefblau wie das Wasser, hellblau wie der Himmel – Blau ist die Farbe, die uns täglich umgibt. Lebenswichtige Elemente wie Sauerstoff und Trinkwasser verbinden wir mit dieser Farbe. Da ist es nicht verwunderlich, dass Blau für fast die Hälfte aller Europäer die Lieblingsfarbe ist. Dementsprechend stehen auch Blau blühende Pflanzen ganz oben auf der Wunschliste pflanzenbegeisterter Garten- und Terrassenbesitzer. Während es im Garten jedoch oft die Schatten liebenden Pflanzen sind, die blaue Blüten tragen, bietet uns das Sortiment der Kübelpflanzen zahlreiche Arten an, die sich gerne von der Sonne verwöhnen lassen. An einem geeigneten Standort bringt das Sommerlicht ihren Flor richtig zum Leuchten.

Oben: Der Enzianstrauch, auch Blauer Kartoffelstrauch genannt, ist ein violettblauer Dauerblüher par excellence.

Links: Tauchen Sie ein in das Himmelblau von Bleiwurz *(Plumbago)* und Prunkwinde *(Ipomoea)*.

Die himmelblauen Blüten von Blauem Kartoffelstrauch, Himmelsblume (links) und Rittersporn (Mitte) harmonieren wunderschön mit dem Violettrosa der Fächerblume (hängend) und dem Weiß des Kletternden Nachtschattens (rechts).

Entspannung für Geist und Seele

Blau straht Ruhe und Besonnenheit aus, wirkt kühl und distanziert – genau das Richtige, um sich nach einem anstrengenden Arbeitstag zu Hause zu entspannen. Zwischen blau blühenden Pflanzen können die Fantasien eigene Wege gehen, ohne von schreiend grellen Farben abgelenkt zu werden. Man kann klare Gedanken fassen, in sich gehen und Abstand gewinnen zum Alltag. Denn Blau ist still und passiv. Es drängt sich nicht auf. Leben Sie einfach mal ins Blaue hinein, genießen Sie Ihre ganz persönliche »blaue Stunde«. Das Grün der Blätter unterstreicht die beruhigende Wirkung blaublütiger Pflanzen, die man gerne mit Attributen wie »edel« und »adelig« verbindet.

Erfrischende Kühle

In heißen Sommer ist die kühle Wirkung von Blau sehr willkommen, in den Übergangs-Jahreszeiten Frühling und Herbst kann die distanzierte Haltung jedoch unerwünscht sein. Blaublütige Pflanzen wirken auf empfindsame Menschen kalt und abweisend. Sie vermitteln eine Tiefe und Unendlichkeit, in der man sich leicht verlieren kann. Vor allem, wenn die Terrasse genau zu den Mußestunden beschattet ist, verbreiten blaue Blüten eine eher düstere Stimmung. Denn erst die Sonne bringt ihre Blütenblätter zum Leuchten. Die Schattenseite dagegen schluckt den Glanz.

Kombiniert man eine blaue Terrasse mit weißen Blüten, wird die emotionale Kühle noch verstärkt, denn auch Weiß ist ein kalter, farbloser Ton. Allerdings vermögen es weiße Blüten, selbst in schattigen Lagen jeden noch so feinen Sonnenstrahl einzufangen und wie Lichtblitze zu reflektieren, die für mehr Fröhlichkeit sorgen. Gleiches gilt für graulaubige Pflanzen wie Natternkopf (*Echium candicans*), oder Lavendel

Schöne Terrassen zum Nachpflanzen

(Bild siehe Seite 40/41)

① Kapgeißblatt (*Tecomaria capensis*)
② Prunkwinde (*Ipomoea tricolor* 'Heavenly Blue')
③ Blumenstrauß mit Sommeraster (*Callistephus*), Leberbalsam (*Ageratum*), Rittersporn (*Delphinium*) und Frauenmantel (*Alchemilla*)
④ Bleiwurz (*Plumbago auriculata*)
⑤ Trichterwinde (*Convolvulus sabatius*)

(*Lavandula*, siehe Seite 47), deren Blätter in der Sonne glitzern.

Stellt man blau blühenden Kübelpflanzen gelbe oder orangefarbene Blüten (siehe Seite 55ff.) zur Seite, wird die Gestaltung beschwingter und lockerer. Sie sollten jedoch nur in Einzelstücken eingesetzt werden, damit sie den zurückhaltenden »Blauen« nicht die Show stehlen. Mischen Sie zwei bis drei von ihnen in die erste Reihe und eine weitere in den Hintergrund, dann werden Sie der Königsfarbe Blau nicht untreu, und die ruhige Atmosphäre bleibt erhalten.

Variationen in Blau

Blau ist mit Rot und Gelb eine der drei Grundfarben. Mischt man Blau mit Rot, entsteht Violett. Gibt die Natur zum Violett eine Spur Weiß hinzu, entsteht Lila. Die Unterscheidung zwischen violetten und lilafarbenen Schattierungen erfordert einiges Training. Und so nehmen es auch die Gärtner mit der Farben-Zuordnung ihrer Blütenpflanzen nicht immer ganz so genau und zählen auch die violetten und lilafarbenen zu den »blauen« Pflanzen. Dabei üben diese Töne eine deutlich andere Wirkung auf uns aus. Ja, sie werden sogar anders als Blau von vielen Menschen abgelehnt. Violett gilt als Ton der Eitelkeit, der Extravaganz. Auch der Magie und Hexerei wird er zugeordnet. Gemeinsam mit Blau ist Violett hingegen die Liebe zu Orange und Gelb, mit denen es sich gerne zu schönen Terrassenbildern verbündet. Somit ist es gar nicht so falsch von den Gärtnern, Blau und Violett zusammen in einen (Blumen-)Topf zu werfen.

Und dennoch sind die Züchter immer weiter auf der Suche nach »reinblauen« Blüten. Wem es eines Tages gelingt, eine wirklich blaue Rose, Tulpe oder Rhododendronsorte zu züchten, braucht sich um die Nachfrage schon heute keine Sorgen mehr zu machen. Findet man in den Gartenkatalogen jedoch schon jetzt solche »Neuheiten« beworben, kommt das Himmelblau leider oft aus der Retusche und nicht aus dem Farbkasten der Natur.

Königliche Diener

Adelige Blüten kommen nicht ohne Hofstaat aus. Einer der wichtigsten Diener ist das Wasser. Ein Mini-Teich im Holzbottich oder Steintrog, ein Wandbrunnen oder zumindest eine blaue Wasserschale, in der Schwimmkerzen oder frische Blüten treiben, sind auf einer blauen Terrasse unverzichtbar. Bewegtes Wasser unterstreicht die entspannende Atmosphäre am besten. Installieren Sie deshalb kleine Springbrunnen, wann immer es möglich ist. Sie sind im Fachhandel beim Zubehör für Zimmerbrunnen erhältlich. Eine Unterwasserpumpe sorgt bei Wandbrunnen dafür, dass sich ein immer währendes Plätschern einstellt, bei dem es sich

Ein kleiner Tischbrunnen macht die Gestaltung einer blauen Terrasse vollkommen. Bepflanzt man ihn nicht, wird er mit einigen Tropfen ätherischen Öles zum wohltuenden Aromabrunnen.

TIPP

Einer der schönsten blauen Begleiter ist das einjährige Männertreu (*Lobelia erinus*) in seinen blauen, violetten oder lilafarbenen Spielarten. Die zartblättrigen Triebe schmiegen sich über den Rand der Töpfe und sind eine tolle Unterpflanzung für Stämmchen.

Deko-Elemente aus Metall und Glas bringen Licht und Fröhlichkeit in die eher kühle und distanzierte Wirkung blauer Terrassen.

Hortensien wie die Sorten 'Lady Katsuko' und 'Adria' zählen zu den schönsten winterharten Sommerblühern im blauen Terrassengarten.

herrlich schlummern lässt. Schon aus einem großen, wasserundurchlässigem Topf und einem Speier (Ton- oder Steinfigur) lässt sich ein Wandbrunnen selbst bauen. Die Pumpe wird im Topf versenkt und mit einem Drahtgitter abgedeckt, das man mit Kieseln kaschiert. Die Wasserleitung, die von der Pumpe aus an der Hauswand entlang hoch zum Speier führt, kaschiert man mit einer Kletterpflanze, etwa mit Efeu.

Da blaue Blüten ohne Licht leicht düster wirken, sollte man für kleine Blitzgewitter sorgen – mit blauen Glaskugeln, wie man sie aus den Rosenbeeten kennt, mit blau lasierten, glänzenden Tonfiguren oder mit Windspielen aus Metall, wobei hier silberfarbene Legierungen dezenter wirken als goldene.

Bei der Wahl der Töpfe kann man kaum etwas falsch machen. Blau lasierte Ton- oder Steinguttöpfe bieten sich sofort an, da sie für schimmernden Glanz sorgen. Vanille-, cremefarbene oder weiße Lasuren bringen mehr Licht in die Gestaltung. Tonwaren aus Vorderasien harmonieren mit ihrem hellen Ton. Ebenfalls passend sind klassische Terrakotta-Töpfe wie die handgearbeitete Impruneta-Terrakotta aus der Region Florenz mit ihren orangefarbenen Schattierungen. Den edlen Charakter unterstreichen Pflanzgefäße aus Metall wie Edelstahl oder Aluminium. Sie sind jedoch nicht nur hochpreisig, sondern erfordern im Freien auch regelmäßige Pflege, um nicht fleckig und unansehnlich zu werden. Selbst gelbe oder dezent rosafarbene Keramiktöpfe sind erlaubt. Nur von Rot, Braun und Schwarz sollten Sie die Finger lassen. Grüne Töpfen muss man sehr sorgfältig auf die Laubfarbe abstimmen, damit es nicht zu farblichen Unstimmigkeiten kommt.

Ein ganzes Jahr Blau machen

Wir versprechen Ihnen nicht das blaue vom Himmel, wenn wir behaupten: Sie können von Frühling bis Herbst blaue Blüten auf der Terrasse bewundern. Nur im Winter kommen Sie nicht mit einem blauen Auge davon.

Den Anfang im Frühling machen kleine **Zwiebelblumen** wie Zwiebeliris (z.B. *Iris*-Hollandica-, *Iris*-Hispanica-Hybriden), Blaustern *(Scilla)*, Trauben-Hyanzinthe *(Muscari botryoides, M. armeniacum)*, Hyazinthe *(Hyacinthus,* siehe Seite 18), Krokus *(Crocus chrysanthus)* und Schachbrettblume *(Frittillaria)*. Im Mai folgen Hasenglöckchen *(Hyacinthoides)*, Prärielilie *(Camassia)* und spät blühende Trauben-Hyazinthen (*Muscari comosum, M. latifolium*). Den Herbst begleiten Herbst-Krokusse (z. B. *Crocus speciosus, C. sativus, C. pulchellus*).

Im Sommer sind einjährige **Sommerblumen** mit von der Partie wie Leberbalsam (*Ageratum*), Australisches Gänseblümchen (*Brachyscome*), Kapaster (*Felicia*), Vanilleblume (*Heliotropium*), Lobelie (*Lobelia*) und Fächerblume (*Scaevola*). Zweijährige Vergissmeinnicht (*Myosotis*) und Stiefmütterchen (*Viola*, siehe Seite 19) gesellen sich hinzu.

Unter den blau blühenden, **winterharten Sträuchern** im Topfgarten zählt der Flieder (*Syringa*, siehe Seite 23) zu den ersten. Im Sommer folgen Eibisch (*Hibiscus syriacus*), Hortensie (*Hydrangea*, siehe Seite 91) und Schmetterlingsstrauch (*Buddleja*). Bartblume (*Caryopteris*, siehe Seite 153), Säckelblume (*Ceanothus*) und Blauraute (*Perovskia*) brauchen einen Wurzelschutz, ebenso der Rosmarin (*Rosmarinus*, siehe Seite 39).

Von den winterharten **Kletterpflanzen** sind blauviolette Waldreben (*Clematis*, siehe Seite 103) die ungeschriebenen Königinnen des Topfgartens – zusammen mit dem im Alter mächtigen Blauregen (*Wisteria*), der von Anfang an geräumige Pflanzgefäß braucht. Frostempfindliche Kletterer wie Prunkwinden (*Ipomoea*, siehe Seite 104), Passionsblumen (*Passiflora*, siehe Seite 106), Blauglöckchen (*Sollya*, siehe Seite 107) und Thunbergien (*Thunbergia*, siehe Seite 107) gesellen sich gerne hinzu.

Bei den **Stauden** warten Duftnessel (*Agastache*, siehe Seite 126), Glockenblumen (*Campanula*, siehe Seite 126), Funkien (*Hosta*, siehe Seite 129), Schwertlilien (*Iris*, siehe Seite 129), Salbei (*Salvia*, siehe Seite 48) und Katzenminze (*Nepeta*, siehe Seite 130) je nach Sorte mit blauen Sommerblüten auf. Wunderschöne Partner sind diverse Gräser im Topf (siehe Seite 150), die mit ihren zarten Halmen die schlichte Eleganz blauer Terrassen unterstreichen.

Halten Sie es doch wie die kleine Porzellankatze auf der Bank und genießen Sie im Frühsommer die üppig weißen Blütenbälle des Gewöhnlichen Schneeballs (*Viburnum opulus*), der sich von der Japanischen Sumpf-Schwertlilie (links), einer Waldrebe am Obelisk (rechts) und Salbei im blau karierten Pflanzkasten begleiten lässt.

KÜBELPFLANZEN

Schmucklilie
(Agapanthus-Hybriden)

Am beliebtesten sind blau blühende Spielarten wie 'Donau', 'Blue Triumphator' oder 'Purple Cloud', deren Dolden auf bis zu 80 cm langen Stielen stehen. 'Blue Baby', 'Peter Pan' oder 'Queen Anne' erreichen dagegen weniger als 50 cm Höhe. Die weiße Sorte 'Albus' ist nur wenig verbreitet, ebenso buntlaubige Sorten wie 'Tinkerbell'.
Wuchs: Die riemenförmigen Blätter stehen in dichten Horsten zusammen.
Blüte: Das Schauspiel beginnt meist im Juni und dauert 4 bis 6 Wochen an.
Standort: Sonnig und warm. Damit die Stiele nicht abbrechen, für Windschutz oder Stützhilfen sorgen.
Pflege: Im Sommer mäßig gießen. Dauernässe um jeden Preis vermeiden (Wurzelfäulnis). 14-tägig düngen.
Pflanzenschutz: Keine Anfälligkeit.
Überwinterung: Hell bei 10 (±5)°C. Bei dunklem Stand sterben die Blätter ab. Erde dann fast trocken halten. Im Frühjahr erfolgt der Neuaustrieb, die Blüte verzögert sich. Headbourne-Hybriden gelten als frosttolerant (−5°C).
Extra-Tipp: Topfen Sie Schmucklilien selten um, denn Enge im Wurzelbereich fördert die Blühfreudigkeit.

Blauflügelchen
(Clerodendrum ugandense)

Die zartblauen, fein gezeichneten Blüten umflattern diese wüchsigen Sträucher wie eine Schar Schmetterlinge.
Wuchs: Die Triebe zeigen nur wenig Willen zur Verzweigung und streben straff nach oben, bis die Eigenstabilität fehlt und sie umfallen. Deshalb sollten die Triebspitzen während der Saison mehrmals eingekürzt werden. Der eventuelle Verlust einiger Blüten wird dabei umgehend durch eine Fülle neuer Knospen ausgeglichen.
Blüte: Der Flor hält mit wechselnder Intensität von April bis Oktober an.
Standort: Sonnig bis halbschattig.
Pflege: Das schnelle Wachstum fordert im Sommer täglich Wasser, damit die Erde gleichmäßig feucht bleibt, und wöchentlich Sofortdünger.
Pflanzenschutz: Achten Sie auf Weiße Fliegen, Spinnmilben und Blattläuse.
Überwinterung: Hell bei 13 (±5)°C. Ist das Quartier kälter oder zu dunkel, werden die Blätter abgeworfen. Im Frühjahr erfolgt dann der Neuaustrieb.
Extra-Tipp: Besonders schöne und blütenreiche Kronen erzielt man bei regelmäßig geschnittenen Stämmchen.

... FÜR BLAU BLÜHENDE TERRASSEN

Veilchenstrauch
(Iochroma-Arten)

Während die Blüten von *I. cyaneum* (kleines Bild) violette bis lilafarbene Töne zeigen, trägt *I. coccineum* Purpurrot. Ihre Blüten gruppieren sich in dichten Büscheln. Bei der sehr ähnlichen, hellviolett blühenden Gattung *Acnistus* (*A. arborescens*, großes Bild) stehen sie dagegen zu wenigen beisammen.
Wuchs: Nur mehrfacher Rückschnitt während der Saison hält die rasch über 3 m hohen Sträucher in Form.
Blüte: Dauernd von April bis Oktober.
Standort: Zwar lieben die Südamerikanerinnen volle Sonne, doch verdunsten sie hier so viel Wasser, dass die Gefahr von Trockenheit zu groß ist. Ziehen Sie halbschattige Plätze vor.
Pflege: Gegossen wird im Sommer reichlich, meist täglich ein bis zwei Mal. Wöchentlich zwei Mal düngen.
Pflanzenschutz: Weiße Fliegen, Spinnmilben und Blattläuse sind unvermeidbar.
Überwinterung: Hell bei 10 (±5) °C. Je heller und wärmer der Standort, umso mehr Blätter bleiben erhalten.
Extra-Tipp: Möchten Sie die Pflanzen nicht ständig größer topfen, kürzt man beim Umpflanzen die Wurzel ein.

Lavendel
(Lavandula angustifolia)

Nicht nur die violettblauen Blüten sind es, die Lavendel zu einer der beliebtesten Garten- und Terrassenpflanzen machen, sondern auch der würzig-frische Duft seiner immergrünen Blätter.
Wuchs: Die Triebe der Halbsträucher sprießen in dichten Büscheln und formen kompakte, selten mehr als 80 cm hohe Büsche. Ein jährlicher Rückschnitt nach der Blüte hält sie in Form.
Blüte: Die Blüte fällt in den Juni und Juli. Die Sorte 'Alba' blüht weiß.
Standort: Volle Sonne und Hitze bringt die Zweige richtig zum Duften.
Pflege: Obwohl Lavendel Trockenheit verträgt, ist ihm eine gleichmäßige sommerliche Wasserversorgung bei wöchentlicher Düngung am liebsten.
Pflanzenschutz: Schädlingsfrei.
Überwinterung: Hell bei 5 (±5) °C; im Freien möglich, sofern die Töpfe gut isoliert und auf Füße gestellt werden. Triebe vor der Wintersonne schützen.
Extra-Tipp: Nicht frostfest sind dagegen der sehr schön blühende Schopflavendel (*L. stoechas*) und der besonders intensiv duftende Französische Lavendel (*L. dentata*) im Topf.

Bleiwurz
(Plumbago auriculata)

Weder Busch noch Kletterpflanze, macht es der Bleiwurz seinen Besitzern oft nicht einfach. Seine himmelblauen Blüten machen jedoch jedes Figur-Problem im Nu vergessen.
Wuchs: Am besten lehnt man die Triebe an eine Mauer oder ein Geländer an oder stellt ein Holzgerüst auf. Nicht zu empfehlen sind Stämmchen, da auf der Höhe der Blüte schon wieder der nächste Rückschnitt erforderlich ist.
Blüte: Die himmelblauen oder weißen ('Alba') Blütenkronen sind mit klebrigen Drüsen besetzt, die an Kleidung und Haaren hängen bleiben. Sie stehen im Sommer an den Triebenden.
Standort: Am liebsten vollsonnig.
Pflege: Weder Nässe noch Trockenheit – das ist das ganze Pflege-Geheimnis für diese anspruchslosen, sommergrünen Pflanzen. Wöchentlich düngen. Kräftiger Rückschnitt im Winter.
Pflanzenschutz: Zuweilen Blattläuse.
Überwinterung: (Halb-)Hell oder dunkel bei 7 (±5) °C. Im Frühjahr treiben sie aus dem Wurzelstock neu aus.
Extra-Tipp: Bleiwurz lässt sich aus den Wurzelausläufern leicht vermehren.

KÜBELPFLANZEN

Salbei
(Salvia)

Die große Gattung des Salbeis hat über 50 zwei- bis mehrjährige Arten für den Terrassengarten zu bieten. Dabei ziehen uns nicht nur ihre Blüten in blauen (z. B. *S. patens, S. azurea, S. farinacea* (Bild)), weißlichen (z. B. *S. argentea, S. sclarea*) oder feuerroten (z. B. *S. elegans*) Tönen in ihren Bann, sondern auch die Blätter mit ihren diversen Duftnoten und Farbspielen (z. B. *Salvia officinalis* 'Purpurascens' (violett), 'Icterina' (gelbgrün), 'Tricolor').

Wuchs: Die je nach Art krautigen oder verholzenden Triebe wachsen zu Büschen von 0,5 bis 1 m Höhe heran. Regelmäßiges Zurückschneiden und Auslichten älterer Triebe im Frühjahr vor dem Neuaustrieb erhält die Form.
Blüte: Je nach Art im Sommer.
Standort: Sonnig, aber nicht heiß.
Pflege: Durchlässige Erde bewahrt die Wurzeln vor Nässeschäden. Gießen Sie reichlich, aber in größeren Abständen.
Pflanzenschutz: Mehltau; Blattläuse.
Überwinterung: (Halb-)Hell 5 (±5) °C. *S. nemorosa, S. officinalis* und *S. pratensis* können im Freien überwintern; Töpfe isolieren.

Enzianstrauch
(Solanum bzw. Lycianthes rantonnetii)

Neben dunkelvioletten Formen tritt der Enzianstrauch, auch als Blauer Kartoffelstrauch bekannt, mit hellblauen oder rosafarbenen Blüten auf (kl. Bild), die jedoch noch nicht zu eigenständigen Sorten zusammengefasst werden.
Wuchs: Die starkwüchsigen, sommergrünen Sträucher erreichen im Nu Höhen über 2 m. Da sie jedoch sehr schnittverträglich sind, können sie jederzeit in Zaum gehalten werden. Im Handel erhältliche Pflanzen sind meist mit Stauchungsmitteln behandelt. Deren Wirkung lässt nach wenigen Monaten nach, die Pflanzen treiben kräftig durch und die Blüte lässt etwas nach.
Blüte: Die typischen Kartoffelblüten mit der gelben Mitte erscheinen den ganzen Sommer über in großer Zahl.
Standort: Vollsonnig und warm.
Pflege: Von allem reichlich: jeden Tag Wasser, zwei Mal pro Woche Dünger, mehrmaliger Rückschnitt pro Jahr.
Pflanzenschutz: Läuse, Weiße Fliegen und Spinnmilben sind die Regel.
Überwinterung: Die laublosen Kronen hell oder halbhell bei 7 (±5) °C aufstellen. Stets leicht feucht halten.

Costa-Rica-Nachtschatten
(Solanum wendlandii)

Diese kletternden, sommergrünen Sträucher aus Costa Rica zählen mit ihren dichten, hellvioletten Blütenbüscheln zu den schönsten Vertretern unter den Nachtschattengewächsen.
Wuchs: Die Triebe halten sich mit Hilfe kleiner Haken an den bereitgestellten Kletterhilfen fest, sollten jedoch zusätzlich mit Kunststoff ummantelten Drähten festgebunden werden. Lässt man sie ungestört wachsen, können sie bis zu 5 m Höhe erreichen.
Blüte: Die bis zu 2 cm großen Blüten erscheinen im Hoch- bis Spätsommer zwischen den vielgestaltigen, teilweise über 20 cm langen Blättern.
Standort: Sonnig darf es sein, doch nicht heiß. Die Wurzeln sollten sich nicht aufheizen und von Nachbarpflanzen beschattet werden.
Pflege: Wie alle Solanum-Arten braucht auch der giftige Costa-Rica-Nachtschatten reichlich Wasser (an Sonnentagen 1 bis 2 x täglich) und Nährstoffe (1 bis 2 x pro Woche).
Pflanzenschutz: Weiße Fliege, Spinnmilben und diverse Läuse.
Überwinterung: (Halb-)Hell; 13 (±5) °C.

... FÜR BLAUBLÜTIGE TERRASSEN

Prinzessinnenblume
(Tibouchina urvilleana)

Mit ihren samtweichen Blättern und den seidenzarten Blüten macht sich die brasilianische Prinzessinnenblume wahrlich um ihren Namen verdient.
Wuchs: Die natürlicherweise wenig verzweigten Triebe, deren Blätter in weiten Abständen sprießen, lassen sich nur durch mehrmaligen Schnitt im Frühjahr und Sommer zur Verzweigung anregen. Ende Juni erfolgt jedoch die letzte Korrektur, damit die Blütenknospen reifen können.
Blüte: Die bis zu 6 cm großen Blüten bilden sich an den Trieb-Enden.
Standort: Ein sonniger, aber vor Mittagshitze geschützter Platz im Sommer ist ideal. Im Herbst ermöglicht ein sehr heller Platz im Haus, die Blüte oft noch bis Weihnachten zu genießen.
Pflege: Eine gleichmäßige Wasserversorgung und wöchentlich Dünger stellt die Prinzessinnen vollauf zufrieden.
Pflanzenschutz: Die behaarten Blätter sind in der Regel schädlingsfrei.
Überwinterung: Hell bei 10 (±5) °C.
Extra-Tipp: Die abgefallenen Blütenblätter färben sehr stark ab und sollten vom Boden aufgehoben werden.

Mönchspfeffer
(Vitex agnus-castus)

Die späten Blütenrispen des Mönchspfeffers sind besonders wertvoll für alle, die ihre Terrasse ganz mit blauen Kübelpflanzen einrichten möchten.
Wuchs: Die ahornähnlichen, je nach Lichtintensität grauen oder grünen, aromatischen Blätter stehen locker an den nach oben strebenden Trieben, die lang-ovale, sommergrüne Kronen von bis zu 3 m Höhe bilden können.
Blüten und Früchte: Aus den hellvioletten Blüten entwickeln sich kleine, graue Samen, die scharf wie Pfeffer riechen und der Überlieferung nach früher von Mönchen gegessen wurden, um ihre Libido zu zügeln.
Standort: Hochsommerliche Wärme lässt ab August immer neue Rispen an den mediterranen Pflanzen aufblühen.
Pflege: Die robusten Sträucher nehmen keinen Pflegefehler übel. Nur Staunässe führt zu Wurzelschäden. 14-tägige Düngung ist ausreichend.
Pflanzenschutz: Keine Schädlinge.
Überwinterung: (Halb-)Hell oder dunkel bei 5 (±5) °C; die Blätter werden abgeworfen. Frost bis –15 °C wird toleriert. Auspflanzung ist möglich.

Australischer Rosmarin
(Westringia fruticosa)

Wer die Chance hat, diese Australier im Winter an einen sehr hellen Platz zu stellen (z. B. Wintergarten), kann sich zusätzlich zum frühsommerlichen Flor schon im Winter an den kleinen, aber sehr zahlreichen Blüten erfreuen, denen in schönen Sommern bis zum Herbst weitere folgen werden.
Wuchs: Die immergrünen Sträucher, deren Laub graugrün wie das des Rosmarins, aber duftlos ist, wachsen natürlicherweise zu gut verzweigten, selten mehr als 1,5 m hohen Büschen heran. Kleine Kronenkorrekturen nach der Blüte genügen daher meist.
Blüte: Neben hellvioletten Blüten sind rein weiße Spielarten bekannt.
Standort: Volle Sonne kommt den hitzeverträglichen Pflanzen zu Pass.
Pflege: Kurzfristige Trockenheit kann die pflegeleichten Sträucher nicht aus der Fassung bringen, Dürre führt jedoch zum Verlust von Blättern und Verkahlen der sonst dichten Kronen.
Pflanzenschutz: Schädlingsfrei.
Überwinterung: Hell bei 7 (±5) °C. Erde nur leicht feucht halten. Staunässe unbedingt vermeiden.

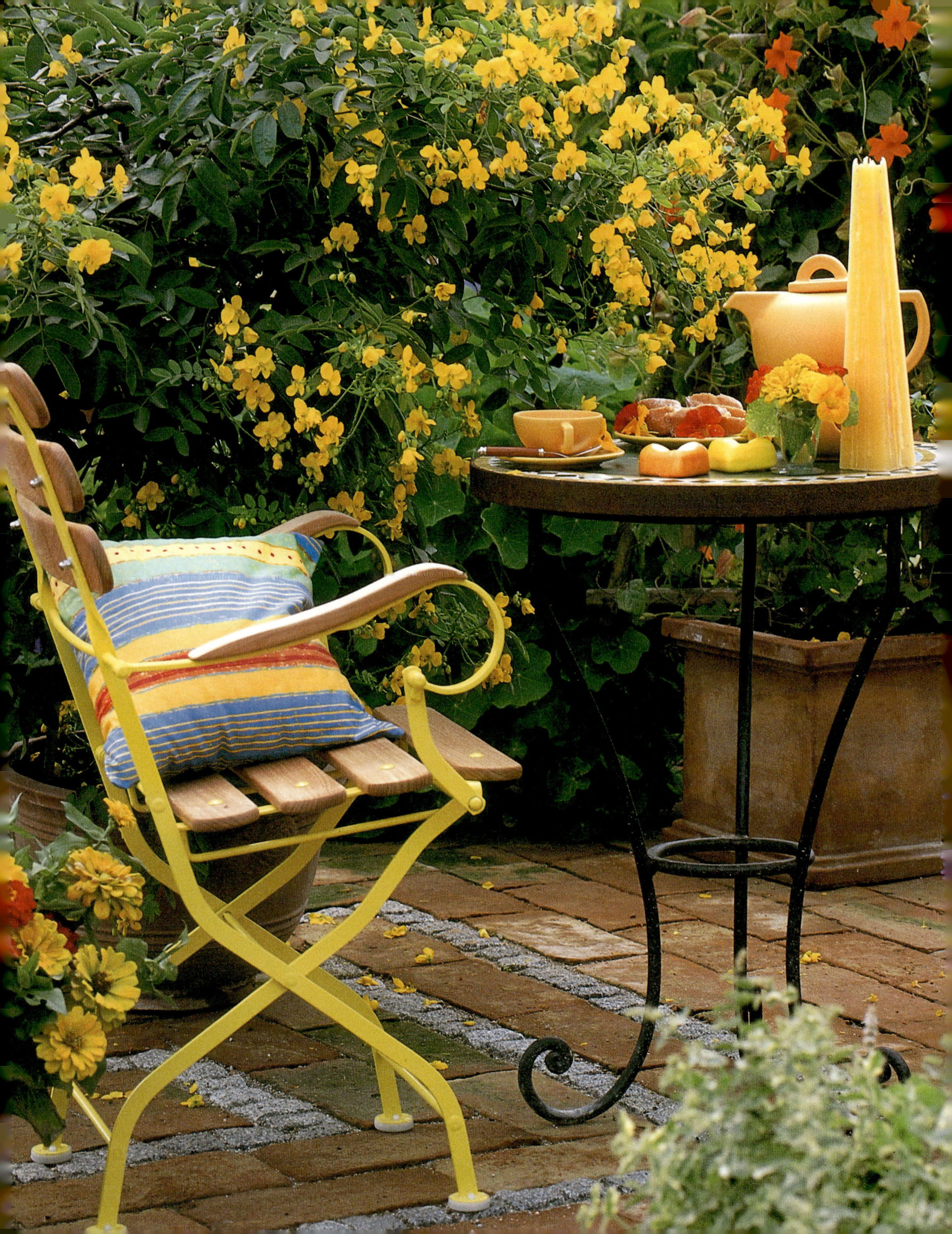

LASSEN SIE DIE SONNE IN IHR HERZ

Gelb ist die Farbe der Sonne. Sie verheißt Frohsinn und Unbeschwertheit. Schließlich ist es von Gelb zu Gold nur ein kleiner Schritt. Verschönern Sie sich die Zeit auf Ihrer Terrasse mit »Goldenen Äpfeln«, wie die Früchte der Zitruspflanzen (siehe Seite 34) auch genannt werden, mit »Sonnen-Blumen« in allen Facetten und einem »goldenen Herbst« in seinen leuchtenden Laubfarben. Ebenso wie gelb blühende Pflanzen lassen auch orangefarbene selbst dann die Sonne auf Ihrer Terrasse scheinen, wenn es draußen kühl und regnerisch ist – ein Farbklang also für alle, die nach Lebensfreude und Entspannung suchen, wenn sie nach einem anstrengenden Tag nach Hause kommen.

Oben: Wandelröschen sind wahre Meister des Farbdreiklangs von Gelb, Orange und Rot, den ihre Blüten beim Aufblühen durchlaufen.

Links: Gelbe Blütenpflanzen sorgen selbst an trüben Tagen für Sonnenschein und laden ein zum Rendezvous bei Kerzenschein.

Schöne Terrassen zum Nachpflanzen

(Bild siehe Seite 50/51)

① Strauß mit Zinnien *(Zinnia elegans)*
② Gewürzrinde *(Cassia corymbosa)*
③ Thunbergie *(Thunbergia gregorii)*
④ Wandelröschen *(Lantana camara)*
⑤ Fächerblume *(Scaevola saligna)*
⑥ Dukatentaler *(Asteriscus maritimus)*

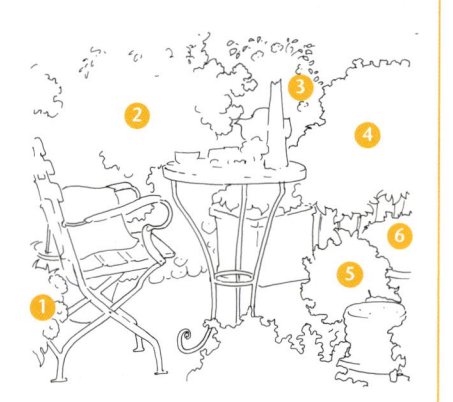

Selbst aus der Ferne schon ganz nah

Gelb ist die häufigste Blütenfarbe unserer heimischen Flora. Und das nicht ohne Grund. Denn gelbe Blüten haben eine große Fernwirkung, vor allem dann, wenn sie vor einem dunklem Hintergrund stehen, wie ihn das grüne Laub bietet. Da die Hauptfunktion vieler Blüten darin besteht, Insekten anzulocken, die sie bestäuben, ist Gelb eine vortreffliche Wahl, da viele von ihnen diese Farbe besonders gut wahrnehmen. Auch wir Menschen lassen uns von diesem Ton rasch verführen. Unserere Augen nehmen gelbe Farben blitzartig war. Sie fesseln unsere Blicke – und lassen sie auch nicht so schnell wieder los.

Sie müssen bei der Wahl der Accessoires für ihre sonnengelbe Terrasse ja nicht gleich nach den Sternen greifen. Sonne und Mond – handgetöpfert und lustig bemalt – tun es doch auch schon!

Ein sanfter Übergang

Wem diese Anziehungskraft zu viel ist, der sollte seine Terrasse nicht ausschließlich mit gelb blühenden Pflanzen gestalten. Die Impulsivität der Farbe kann für introvertierte Charaktere zuviel des Guten sein. Mischen Sie stattdessen einige orangefarbene Blüten unter. Sie schaffen einen harmonischen Übergang zu einer weiteren Partnerfarbe: Rot. Das Trio Gelb, Orange und Rot strahlt vor der Bühne grüner Blätter besonders viel Wärme aus.

Kombiniert man gelbe mit weißen Blüten, erzeugt man Helligkeit. Das kann vor allem bei halbschattigen Terrassen ein großer Vorteil sein. In sonnigen Lagen wirkt sie hingegen leicht grell. Die bessere Wahl sind hier rosafarbene Begleiter.

Ebenfalls gut kombinieren lassen sich Gelb und Orange mit Violett und Blau. Während das Farbenpaar Gelb-Blau fröhlich und beschwingt wirkt, schaffen Orange und Violett in Kombination mit dem grünen Laub der Pflanzen eine gedämpfte, heimelige Atmosphäre.

Sonnige Accessoires

Die Farben-Paare, die soeben für die Blüten beschrieben worden sind, gelten auch für die Pflanzgefäße. Orangefarbene Ton- und Terrakottatöpfe, blau lasierte und weiße bis cremefarbene Gefäße passen hervorragend zu gelb blühenden Pflanzen. Rotbraune oder schwarze Töpfe sind ebenfalls gut geeignet, um die überschwängliche Fröhlichkeit gelber Blüten zu dämpfen und zu erden. Rote Töpfe sollten hingegen nur in Einzelstücken und gedämpftem Bordeaux-Rot eingesetzt werden.

Für die Accessoires gilt: Um gegenüber der Dominanz gelber Blüten bestehen zu können, sollten sie groß sein. Kleinkram geht leicht unter. Setzen Sie auf ein oder zwei wirklich markante Beisteller.

Nicht fehlen sollte auf einer gelben Terrasse das Element »Licht«. Verlängern Sie die gemütlichen Abende mit Kerzenschein. Er bringt die gelben Blüten noch einmal zum Funkeln, wenn die Sonne längst untergegangen ist. Wenn Sie die Kerzen in Windlichter oder große Glasvasen stellen, kann selbst eine Böe sie nicht

Die Sonnenblumen in der Mitte lassen sich hier von drei Großblütigen Mädchenaugen *(Coreopsis grandiflora)* begleiten. Kästen und Schalen sind mit Nachtkerze *(Oenothera)*, Strohblume *(Helichrysum)* und Fetthenne *(Sedum)* bepflanzt.

TIPP

Wer beim Sommerspaziergang ein gelbes T-Shirt trägt, weiß, wie viele Insekten auf Gelb »fliegen«. Bei gelben Blüten ist es kaum anders. Damit die nützlichen Gäste jedoch nicht lästig werden, sollten Sie Duftkerzen aufstellen, die Insekten fern halten.

Gelb mit Violett und Blau ist ein wunderschöner Farbklang, der hier mit gelben Pantoffelblumen (*Calceolaria*, vorne rechts) und Goldmargeriten (*Euryops*, hinten rechts und vorne links), blauer Katzenminze (*Nepeta*, vorne), Vanilleblume (*Heliotropium*, auf dem Tisch) und Blauglöckchen (*Sollya*, links) sowie violett blühenden Veilchensträuchern (*Iochroma*, Mitte hinten) verwirklicht ist. Eine weiße Strauchmargerite (*Argyranthemum*) und eine Calamondin-Orange (× *Citrofortunella mitis*) gesellen sich dazu.

Niedrige Strohblumen (*Helichrysum*) und reich blühende Taglilien (*Hemerocallis*) umgarnen diesen kleinen Sitzplatz mit ihren zartgelben Blüten.

ausblasen. Denken Sie auch an kleine Lichterketten, die ihr Dasein außerhalb der Weihnachtszeit meist in einer Kiste auf dem Dachboden fristen. Holen Sie diese schon im Mai heraus, um die Terrasse zu schmücken!

Sonnenschein das ganze Jahr

Neben den ab Seite 55 vorgestellten Kübelpflanzen bereichern **winterharte Sträucher** Ihre gelbe Terrasse. Zu denen, die in Pflanzgefäßen schon im Februar für Blüten sorgen, gehören Winterjasmin (*Jasminum nudiflorum*) und Zaubernuss (*Hamamelis mollis*). Ab April stimmen Ranunkelstrauch (*Kerria*), Goldglöckchenstrauch (*Forsythia*), Mahonie (*Mahonia*) und Ginster (*Genista, Cytisus*) ein. Den Sommer verschönern goldgelbe Fingersträucher (*Potentilla fruticosa*), Erbsenstrauch (*Caragana*) und Schmalblatt-Berberitze (*Berberis stenophylla*). Gelblaubige Sorten wie die Kriechspindel 'Emerald 'n' Gold' (*Euonymus fortunei*) oder der Gelbbunte Hartriegel (*Cornus alba* 'Spaethii') dürfen sich als Einzelstücke untermischen. Im Herbst ziehen die Früchte des Feuerdorns (*Pyracantha*) die Blicke auf sich, Ginkgo (*Ginkgo*), Katsurabaum (*Cercidiphyllum*) und Liebesperlenstrauch (*Callicarpa*) kleiden sich in leuchtend gelbes Herbstlaub. Bei den **Kletterpflanzen** sind es neben den Trompetenblumen (*Campsis*, siehe Seite 103) die Geißblätter, die mit gelben oder orangeroten Blüten aufwarten (z.B. *Lonicera caprifolium, L.* × *brownii, L. periclymenum, L. tellmanniana*).

Auch unter den **Stauden und Zwiebelblumen** finden sich zahlreiche gelb- und orangeblühende Vertreter (ab Seite 121).

Stellvertretend für die vielen gelben, **einjährigen Sommerblumen** stehen Löwenmäulchen (*Antirrhinum*), Pantoffelblume (*Calceolaria*), Studentenblume (*Tagetes*), Ringelblume (*Calendula*), Goldlack (*Cheiranthus*), Goldmohn (*Eschscholzia*), Mädchenauge (*Coreopsis*) und Sonnenblume (*Helianthus*).

KÜBELPFLANZEN FÜR ORANGE-GELBE TERRASSEN

Schönmalven
(Abutilon)

Diese südamerikanischen Sträucher bieten ein reichhaltiges Angebot gelber, roter, weißer und orangefarbener Züchtungen mit glockenförmigen Blüten. *A. megapotamicum* präsentiert kanariengelbe Blütenblätter auf roten, bauchigen Kelchen, *A. vitifolium* hellvioletten Flor. *A. pictum* 'Thompsonii' trägt gelb geflecktes, die Sorte 'Drummondii' weiß geflecktes Laub.
Wuchs: Die sehr dünnen Triebe brauchen für kompakte Kronen unter 2 m Höhe häufigen Schnitt in der Saison.
Blüte: Schönmalven sind bei guter Pflege wahre Dauerblüher mit Knospen von Frühling bis Spätsommer, bei warmer Überwinterung auch ganzjährig.
Standort: Halb sonnige, halb schattige Ost- und Westterrassen sind ideal.
Pflege: Eine gleichmäßige Bodenfeuchte und Dünger 1 x pro Woche garantieren die Dauerblüte.
Pflanzenschutz: Neben Spinnmilben, Blattläusen und Weiße Fliege plagen die Blätter im Winterquartier Pilze.
Überwinterung: (Halb)Hell, 10 (±8)°C; je heller, umso mehr Laub bleibt erhalten. Starker Neutrieb im Frühjahr.

Seidenpflanze
(Asclepias curassavica)

Die leuchtend orange-gelben Blütendolden dieser mehrjährigen, maximal 2 m hohen Halbsträucher erscheinen unermüdlich von Frühjahr bis Herbst.
Wuchs: Die mit schmalen Blättern besetzten, Milchsaft führenden Triebe streben rasch in die Höhe. Für dauerhaft kompakte Kronen ist daher mehrmaliges Entspitzen während der Wachstumszeit und kräftiges Einkürzen im Spätwinter ratsam. Den Verlust einiger Blüten macht die Vielzahl neuer, endständiger Knospen mehr als wett.
Blüte: Auf die Blüte folgen Samenhülsen, aus denen mit langen, mit seidig weißen Haaren besetzte Samen herausquellen, die sehr leicht keimen.
Standort: Vollsonnig bis halbschattig und windgeschützt (brüchige Triebe).
Pflege: Der Wuchskraft wird in der Wachstumszeit tägliches Gießen und 1 bis 2 x Dünger pro Woche gerecht.
Pflanzenschutz: Blattläuse und Weiße Fliege können lästig werden. Hängen Sie daher ab Mai Gelbtafeln auf.
Überwintern: (Halb-)Hell bei 10 (±8)°C.
Extra-Tipp: Die Triebspitzen der meist kurzlebigen Pflanzen bewurzeln rasch.

Paradiesvogelbusch
(Caesalpinia gilliesii)

Die bizarren gelben Blüten mit den langen, roten Staubfäden machen dem Paradiesvogelbusch alle Ehre.
Wuchs: Der Kronenaufbau ist locker und macht die fiederblättrigen Pflanzen zu dezenten Begleitern, die selten mehr als 1,5 m Höhe erreichen.
Blüte: Die Blüten erscheinen einzeln oder zu mehreren im Hochsommer ab einem Lebensalter von etwa 4 Jahren.
Standort: Sonne und Wärme sind Voraussetzung für die Blütenentwicklung.
Pflege: Trockenheit beantworten die sommergrünen Südamerikanerinnen mit Rieseln der Blätter, längere Trockenheit und Staunässe mit Absterben der Triebe. Verwenden Sie durchlässige Erde. 14-täglich düngen.
Pflanzenschutz: Spinnmilben möglich.
Überwinterung: (Halb-)Hell oder dunkel bei 5 (±5)°C; nur leicht feucht halten. Kurzzeitiger Frost wird vertragen.
Extra-Tipp: Fast noch schöner ist die Art *C. pulcherrima*, »Stolz von Barbados« oder »Pfauenstrauch« genannt, mit überwiegend roten Blüten. Sie ist jedoch nur selten erhältlich und hat deutlich höhere Temperaturansprüche.

KÜBELPFLANZEN

Gewürzsträucher
(Cassia bzw. Senna)

Die dichten Blütenwolken bescheren den Gewürzsträuchern einen Stammplatz auf jeder gelben Terrasse. Ihr Name rührt daher, dass andere Kassia-Arten (z. B. *C. fistula*) medizinisch wirksame Stoffe enthalten.
Wuchs: Ein Rückschnitt im Vorfrühling und Frühsommer bewahrt die raschwüchsigen, sommergrünen Sträucher davor, im Nu übermannshoch zu werden und lässt sie buschiger wachsen.
Blüte: Während *C. corymbosa* (Bilder) bereits im Frühsommer erste Blüten zeigt, beginnt der Flor bei *C. floribunda* Ende August. Letztere erkennt man an schmaleren, spitz zulaufenden Blättern und kompakteren Kronen.
Standort: Ein vollsonniger, warmer Platz fördert die Blühfreudigkeit.
Pflege: Den vielen Fiederblättern wird man im Sommer mit täglichem Gießen und wöchentlichem Düngen gerecht.
Pflanzenschutz: Häufig Blattläuse am frischen Austrieb, selten Spinnmilben.
Überwinterung: (Halb-)Hell, 10 (±5) °C; je heller, desto mehr Laub bleibt.
Extra-Tipp: Für eine lange Blüte sollte man die Samenansätze entfernen.

Erdnussbutter-Kassie
(Cassia bzw. Senna didymobotrya)

Schon bei leichter Berührung verströmen die weich behaarten Fiederblättchen dieser Kassie ein überaus intensives Aroma nach Erdnussbutter.
Wuchs: Die Triebe wachsen kandelaberartig und lassen sich nur durch konsequenten Rückschnitt zu buschigen Kronen erziehen. Als Stämmchen machen sie die weitaus beste Figur.
Blüte: Die gelben Blüten sind zunächst in schwarzen Knospen verborgen. Während die unteren Blüten aufblühen und abfallen, bilden sich an der Spitze immer wieder neue, sodass sich der Blütenstand im Hochsommer auf bis zu 1 m langen Stielen in die Höhe schiebt.
Standort: Vollsonnig und geschützt.
Pflege: Eine gleichmäßige Versorgung mit Wasser und 1 x Dünger pro Woche beugen Blattabwurf vor.
Pflanzenschutz: Blattläuse und Spinnmilben saugen sich an Laub und Blüten. Wechselnde Luftfeuchte führt zu kleinen Höckern auf den Blättern.
Überwinterung: Hell bei 15 (±5) °C.
Extra-Tipp: Die Blätter falten sich bei Dunkelheit natürlicherweise zusammen. Es besteht kein Grund zur Sorge.

Paradiesvogelblume
(Strelitzia reginae)

Mit ihren bizarren, an einen bunt gefiederten Vogelkopf erinnernden Blüten, trägt die Paradiesvogelblume den paradiesisch schönen Namen zurecht.
Wuchs: Die paddelförmigen, bis zu 80 cm langen Blätter gruppieren sich in dichten Horsten, die mit den Jahren stattliche Durchmesser erreichen.
Blüte: Die Blütezeit ist sehr variabel, da sie durch Kälte- oder Trockenperioden beeinflusst wird. Während so manches Exemplar im Frühling Blüten zeigt, überlegen es sich andere oft erst im Herbst. An sehr hellen Überwinterungsplätzen sind Blütezeiten von Dezember bis Februar keine Seltenheit. Strelitzien erreichen etwa ab dem 5. Lebensjahr die Blühreife.
Standort: Vollsonnig, regengeschützt.
Pflege: Vor dem nächsten Gießen sollte die Erde abtrocknen, da die dicken Wurzeln bei Nässe leicht faulen. Gießen Sie lieber zu wenig als zu viel und düngen Sie 2 x im Monat.
Pflanzenschutz: Schädlingsfrei.
Überwinterung: Hell bei 12 (±8) °C.
Extra-Tipp: Die Blüten sind ein schöner und lange haltbarer Vasenschmuck.

... FÜR ORANGE-GELBE TERRASSEN

Flanellstrauch
(Fremontodendron californicum)

Die Blüten der zumeist angebotenen Sorte 'California Gold' können stattliche 8 cm Durchmesser erreichen.
Wuchs: Die natürlicherweise wenig verzweigten Triebe werden durch regelmäßiges Entspitzen buschiger. Der Blütenfülle tut dies keinen Abbruch, denn sie entwickeln sich auch in den Achseln unterer Blätter.
Blüte: Flanellsträucher warten den ganzen Sommer über mit Blüten auf, verstärkt jedoch im Mai und Juni.
Standort: Sonnige, aber vor praller Mittagssonne geschützte Plätze.
Pflege: Flanellsträucher sind sehr genügsam und nehmen es nicht übel, wenn man einmal das Gießen oder die wöchentliche Düngergabe vergisst. Staunässe wird jedoch nicht verziehen. Die Wurzeln faulen rasch, und die Pflanzen sind nicht mehr zu retten.
Pflanzenschutz: Selten Blattläuse an den Blütenknospen und Blüten.
Überwinterung: Hell bei 10 (±8) °C; kurzer Frost bis –10 °C wird toleriert.
Extra-Tipp: Die braunen Pflanzenhärchen können bei empfindlichen Menschen leicht hautreizend sein.

Kanarischer Fingerhut
(Isoplexis canariensis)

Trotz ihrer bis zu 30 cm langen, orangegelben Blütenstände ist diese auf den kanarischen Inseln heimische Pflanze noch viel zu wenig als Kübelpflanze verbreitet. Das sollte sich ändern, zumal diese Braunwurzgewächse im Gegensatz zu ihrem Namensvetter, dem Fingerhut, nicht giftig sind.
Wuchs: Die wenigen, krautigen, knapp über 1 m langen Triebe sind rundherum dicht mit dunkelgrünen, tief geaderten Blättern besetzt.
Blüte: Die sommerlichen Blütenstände überragen das Blattwerk und erreichen dadurch besondere Fernwirkung.
Standort: Vollsonnig und warm.
Pflege: Je gleichmäßiger und maßvoller die Versorgung mit Wasser und Nährstoffen ist, umso üppiger entwickeln sich Laub und Blüten. Staunässe führt dagegen in Kürze zum Absterben der Wurzeln und Triebe.
Pflanzenschutz: Zuweilen Spinnmilben.
Überwinterung: Hell bei 10 (±5) °C.
Extra-Tipp: Das Auslichten älterer Stängel im Frühjahr fördert die Bildung neuer Triebe, der Rückschnitt welker Blüten immer neue Knospen.

Don-Juan-Pflanze
(Juanulloa mexicana)

Don-Juan-Pflanze oder Guacamaya-Strauch – egal, wie Sie diese immergrüne Pflanze nennen möchten: Ihre Blüten haben die schönste und klarste Orangefärbung aller Kübelpflanzen.
Wuchs: Da die sehr langsam verholzenden Triebe wenig Eigenstabilität haben, stellt man ihnen anfangs Stützstäbe zur Seite. Im Alter bilden sie bis zu 2 m hohe, lockere Büsche.
Blüte: Die langen Röhrenblüten verstecken sich in leuchtenden Kelchblättern, die sie nur wenig überragen. Jede einzelne hält viele Wochen. Den ganzen Sommer über ist Blütezeit.
Standort: Ein wechselsonniger Platz ohne pralle Mittagssonne bewahrt die zwar derben, aber empfindlichen Blätter vor Hitze und Trockenheit.
Pflege: Gießen Sie erst, wenn die Erde abgetrocknet ist, was an heißen Tagen sehr schnell gehen kann. Gedüngt wird 1 x jede Woche.
Pflanzenschutz: Häufig Wollläuse.
Überwinterung: Hell bei 15 (±5) °C.
Extra-Tipp: Stellen Sie die wärmebedürftigen Nachtschattengewächse nicht vor Mitte Mai nach draußen.

KÜBELPFLANZEN

Wandelröschen
(Lantana)

Die Blüten dieser mehrjährigen Dauerblüher wechseln im Verblühen ihre Farbe. Neben Züchtungen, die von Gelb über Orange zu Rot changieren (z.B. 'Radiation', 'Orange Lampant'), gibt es Sorten in Weiß-Gelb-Rosa (z.B. 'Feston Rose', 'Fabiola') und einfarbige (z.B. 'Mine d' Or' (gelb), 'Snowflake' (weiß)). Von der kleinblättrigen *L. montevidensis*, deren Triebe kriechen oder hängen, gibt es gelbe, weiße und rosafarbene Sorten.
Wuchs: Buschig. Wandelröschen vertragen Schnitt sehr gut und werden gerne zu Stämmchen erzogen.
Blüte: Dauerblüte von Mai bis Oktober.
Standort: Sonnig; Blätter im Frühjahr langsam an die Sonne gewöhnen.
Pflege: Während der Wachstumszeit reichlich gießen, 1 x pro Woche düngen und mehrfach entspitzen.
Pflanzenschutz: Weiße Fliege sind unvermeidlich (Abhilfe: Gelbtafeln). In der Folge häufig Rußtaupilze.
Überwinterung: (Halb-)Hell bei 10 (±5) °C; bei Lichtmangel Laubabwurf.

Links: 'Radiation'. Rechts: 'Goldsonne' (oben); 'Fabiola' (unten).

Löwenohr
(Leonotis leonurus)

Die weich behaarten, orangeroten Blütenzungen brachten dieser Südafrikanerin ihren Namen ein. Sie stehen im Spätsommer in dichten Quirlen in Etagen übereinander. Die Staubfäden ragen in kleinen Büscheln hervor.
Wuchs: Die über 1 m langen Jahrestriebe, in deren oberem Drittel sich die Blüten bilden, verzweigen sich nicht von allein. Helfen Sie mit regelmäßigem Entspitzen von April bis Juli nach.
Blüte: Erste Blüten meist ab Juli. Der Flor hält oft bis Ende Oktober an.
Standort: Sonnig und windgeschützt. Die weichen, krautigen Triebe brechen sehr leicht ab (gute Bewurzelung). Nicht an Durchgängen aufstellen.
Pflege: Eine konstante, aber nur mäßig hohe Ballenfeuchte und Dünger 1–2 x pro Woche verhindern, dass die älteren Blätter gelb werden und abfallen. Kronen nach der Blüte kräftig einkürzen. Verkahlte Pflanzen kann man auch schon im Sommer stutzen.
Pflanzenschutz: Weiße Fliege und Spinnmilben sind recht häufig.
Überwinterung: (Halb-)Hell, 10 (±5) °C; Kronen sind in der Regel laublos.

... FÜR ORANGE-GELBE TERRASSEN

Hornklee
(Lotus)

Die von den kanarischen Inseln stammenden Pflanzen ziehen mit ihrem feinen, grauen Laub und den spitzen Blüten die Blicke auf sich.
Wuchs: Die selten mehr als 30 cm langen Triebe neigen sich elegant über und machen den Hornklee zu exzellenten Ampel- oder Säulenpflanzen.
Blüte: Während *L. maculatus* (Bild) gelbe bis orangefarbene Blüten trägt, zeigt *L. berthelotii* leuchtendes Rot. Die Hauptblütezeit liegt im Frühjahr.
Standort: Volle Sonne facht das Blütenfeuerwerk erst so richtig an. Am besten in Ampeln regengeschützt aufhängen.
Pflege: Mit kurzer Trockenheit kommen die Insulaner gut zurecht, obwohl sie einige Blätter kosten kann, mit Nässe nicht (Wurzelfäulnis). Verwenden Sie durchlässige Erde, die Sie möglichst gleichmäßig auf niedrigem Niveau feucht halten, und düngen Sie im Sommer alle zwei bis drei Wochen. Regelmäßiges Entspitzen der Triebe hält die Pflanzen buschig.
Pflanzenschutz: Wenig anfällig, selten Läuse.
Überwinterung: Hell bei 10 (±5) °C.

Kanarenblümchen
(Streptosolen jamesonii)

Wegen ihrer farbenfrohen, orange-gelben Blüten werden diese immergrünen, südamerikanischen, auf den Kanaren verwilderten Sträucher zuweilen auch »Marmeladenbüsche« genannt.
Wuchs: Die dicht mit kleinen Blättchen besetzten, krautigen Triebe haben nur wenig Eigenhalt und hängen gerne über die Topfränder. Stützt man sie dagegen mit Stäben oder Drahtgestellen, lassen sie sich zu hübschen, kleinen Stämmchen heranziehen.
Blüte: Beginnt meist im Juni.
Standort: Nur ein sonnenreicher Sommer und hohe Einstrahlungswerte (UV-Licht) entlocken den Sträuchern die volle sommerlange Blütenpracht.
Pflege: Auf Wasser- oder Nährstoffmangel reagieren die Blätter sofort mit Verfärbungen und anschließendem Fall, die Blüte setzt aus. Deshalb ist Gleichmäßigkeit oberstes Gebot.
Pflanzenschutz: Spinnmilben, Blattläuse und Weiße Fliege treten auf.
Überwinterung: Hell bei 10 (±5) °C.
Extra-Tipp: Verwenden Sie durchlässige, mit Kies oder Blähton durchsetzte, aber nährstoffreiche Erde.

Gelber Oleander
(Thevetia peruviana)

Zu Unrecht stehen diese immergrünen Verwandten des Oleanders in dem Ruf, anspruchsvoll und kompliziert zu sein. Stattdessen verzaubern sie ihre Besitzer den ganzen Sommer über mit einzelnen ihrer betörend duftenden, bis zu 8 cm langen Trichterblüten.
Wuchs: Die schmalen, hellgrünen Blätter lassen die Silhouette dieser wüchsigen, übermannshohen Südamerikaner locker und luftig erscheinen. Im Alter nehmen die anfangs buschig wachsenden Pflanzen Baumform an. In Pflanzgefäßen unter 50 Liter Volumen bleiben sie jedoch dauerhaft buschig.
Blüte: Neben der am weitesten verbreiteten gelben Form sind weiße und lachsfarbene Spielarten bekannt.
Standort: Vollsonnig und warm.
Pflege: Die Wurzeln kommen mit ständiger Feuchte auf niedrigem Niveau am Besten zurecht. Gießen Sie lieber etwas zu wenig als zu viel, und in größeren Abständen. 2 x pro Monat düngen. Leichte Kronenkorrekturen sind jederzeit möglich.
Pflanzenschutz: Keine Anfälligkeit.
Überwinterung: Hell bei 15 (±5) °C.

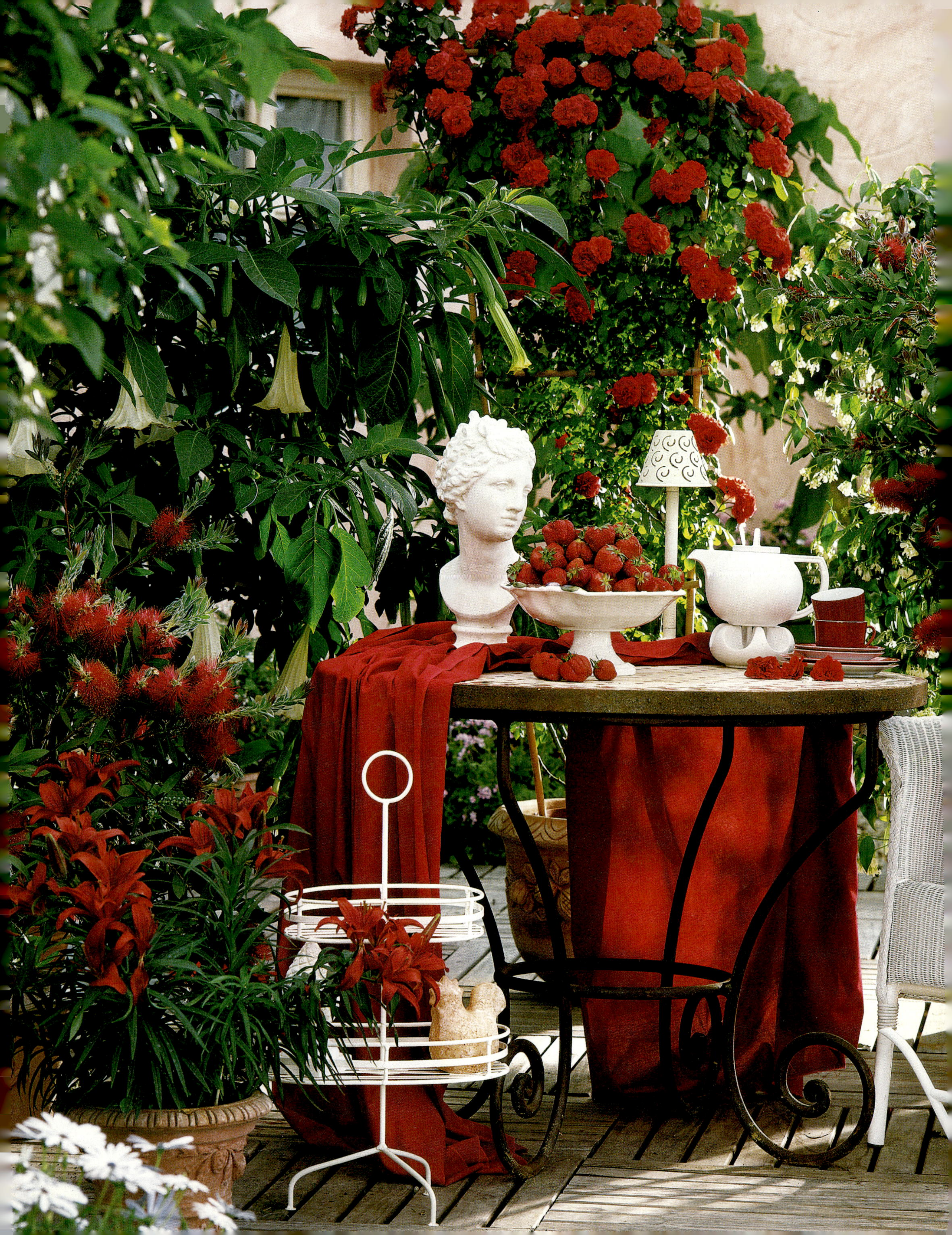

TERRASSEN IN FEURIGEM ROT

Wer seine Terrasse ganz mit rot blühenden Pflanzen gestaltet, zeigt Selbstbewusstsein und Leidenschaft. Vielleicht sind Sie frisch verliebt oder mögen das Spiel mit dem Feuer, Sie haben den Mut, etwas zu wagen, oder sind ein Rebell. Denn Rot ist nicht nur kraftvoll, es hat aggressive und bedrohliche Züge. Rot ist eine »laute« Farbe, die sich in den Vordergrund spielt, obwohl sie kaum Fernwirkung hat.

Vor dem dunklen Hintergrund grüner Blätter schwindet die Kraft roter Blüten rasch. Sie entwickeln nur aus der Nähe betrachtet ihr Feuer. Je weiter man weggeht, desto mehr überwiegt die Wärme, die sie ausstrahlen. Man muss sich also auch an ihnen nicht die Finger verbrennen, wenn man sie richtig einsetzt.

Oben: Der einjährige Zier-Tabak *(Nicotiana-*Hybride) besticht nicht nur mit der leuchtenden Farbe, sondern vor allem mit dem Duft seiner Blüten, der abends am intensivsten ist.

Links: Die Wirkung roter und weißer Blüten könnte nicht gegensätzlicher sein – und gerade deshalb ergeben sie besonders reizvolle Parnter.

Den beiden stattlichen Zylinderputzern (*Callistemon*), als Busch und Halbstamm gezogen, sind hier ein Eisenholzbaum (*Metrosideros*, links) und ein Neuseeländer Flachs (*Phormium*, rechts) zur Seite gestellt. Nach der ersten Blüte im Mai oder Juni blühen die australischen Zylinderputzer im August ein zweites Mal.

Was passt zu Rot?

Rote Blüten sind nicht leicht zu kombinieren. Am einfachsten ist es, wie bei den Pelargonien, unterschiedliche Rottöne zu gruppieren und Blattschmuckpflanzen zu ergänzen. Grüne Blätter bringen Ruhe in die Gestaltung. Rotlaubige Arten wie die Zier-Banane 'Maurelii' (*Ensete ventricosum*, siehe Seite 112), der Wunderbaum (*Ricinus*, siehe Seite 117) oder der Neuseeländer Flachs 'Atropurpureum' (*Phormium*, siehe Seite 116) greifen das Farbthema auf.

Weiß ist ein guter Partner für Rot, denn Weiß ist ein neutraler Ton, der das Feuer abzukühlen vermag. Ebenfalls mit wenig Stolperfallen behaftet ist ein Mix mit Rosa, denn Rosa ordnet sich unter und hellt rot blühende Arrangements etwas auf. Auch satte Gelbtöne sind gute Partner für Rot. Sie geben gemeinsam mit dem Grün der Blätter ein stilvolles Trio ab. Wer ein gutes Gespür für Farben hat, kann rot blühende Pflanzen mit Orange, Violett oder Pink kombinieren. Dazu ist jedoch eine hohe Farbsicherheit erforderlich, sonst drohen Misstöne.

Den roten Teppich ausrollen

Bienen können kein Rot wahrnehmen. Deshalb ist es vielen Pflanzen verwehrt, Rot zu tragen. Ausnahmen bei den **winterharten Sträuchern** im Sommertopfgarten sind Gewürzstrauch (*Calycanthus*), Rote Sommerspiere (*Spiraea × bumalda* 'Anthony Waterer') und Weigelie (*Weigela* 'Bristol Ruby'), im Frühling Zaubernuss (*Hamamelis × intermedia*-Hybriden) und Scheinquitte (*Chaenomeles*). Eine schöne Ergänzung sind Rotlaubige, allen voran die Sorten des Fächer-Ahorns (*Acer palmatum*), aber auch Rote Hecken-Berberitzen (*Berberis thunbergii* 'Atropurpurea'), Perückensträucher (*Cotinus coggygria* 'Royal Purple') oder Blut-Haseln (*Corylus avellana* 'Purpurea').

Bei den **einjährigen Sommerblumen** sind Sorten von Celosie (*Celosia*), Köcherblümchen (*Cuphea*), Springkraut (*Impatiens*) und Zinnie (*Zinnia*) glutrot.

Schöne Terrassen zum Nachpflanzen

(Bild siehe Seite 60/61)

① Lilie (*Lilium*, Asiatische Hybride 'Nerone')
② und ⑤ Zylinderputzer (*Callistemon citrinus*)
③ Engelstrompete (*Brugmansia*-Hybride)
④ Kletterrose (*Rosa*)
⑥ Strauchrose (*Rosa*)
⑦ Edel-Pelargonie (*Pelargonium*-Grandiflorum-Hybride)

FEURIG-ROTE KÜBELPFLANZEN

Brasilianische Guave
(Acca sellowiana)

Dieser südamerikanische Strauch bietet einfach alles: attraktives Laub, hübsche Blüten und essbare Früchte.
Wuchs: Das Laub der **Feijoa**, wie sie auch genannt wird, ist grau-grün. Die Triebe verzweigen sich gut, bei regelmäßigem Frühjahrsschnitt reicher.
Blüten und Früchte: Auf die Blüten (Bild) mit ihren roten Staubfäden und weißlichen, dicken Kelchblättern folgen grün-gelbe, eigroße, süße Früchte.
Standort: Vollsonnig, gerne heiß.
Pflege: Gleichmäßig feuchte Erde ist den anspruchslosen Sträuchern willkommen. Auf Trockenheit reagieren die Blätter Tage später mit braunen Rändern, im Extremfall mit Abwurf. Von April bis August wöchentlich düngen, bei Früchten bis zu deren Reife.
Pflanzenschutz: Völlig schädlingsfrei.
Überwinterung: Hell bei 10 (±8)°C. Damit die Früchte ausreifen können, ist ein Platz im Wintergarten ideal.
Extra-Tipp: Zwar können sich die Blüten eines Strauchs gegenseitig befruchten, doch ist der Fruchtansatz reicher, wenn man zwei veredelte Sorten hat (z.B. 'Mammouth', 'Triumph').

Puderquastensträucher
(Calliandra)

Die Blütenpinsel dieser mittelamerikanischen Sträucher, die aus unzähligen Staubfäden bestehen, sind ein Schmuck von besonderer Exotik.
Wuchs: Die Blätter bestehen aus zahllosen, sehr kleinen Fiederblättchen, die leise im Wind rascheln und für zarte Licht- und Schattenspiele sorgen. Die immergrünen Pflanzen wachsen zu mehrtriebigen, lockerkronigen Büschen von über 2,5 m Höhe heran.
Blüte: Während *C. tweedii* (Bild) feuerrote Blüten zeigt, bekennt sich *C. surinamensis* zu kräftigem Rosa und *C. portoricensis* zu reinem Weiß. Die Blüten erscheinen einzeln oder zu wenigen während der ganzen Saison.
Standort: Vollsonnig muss es sein.
Pflege: Lassen Sie die Wurzeln nicht austrocknen, sonst rieseln die Blätter. Zuvor falten sie sich jedoch zusammen, was sie normalerweise nur nachts tun. Im Sommer 14-täglich düngen. Entfernt man jeden 3. Spätwinter einige ältere Triebe, regt man die Sträucher zur Verjüngung an.
Pflanzenschutz: Sehr selten Läuse.
Überwinterung: Hell bei 10 (±5)°C.

Zylinderputzer
(Callistemon)

Angesichts der bis zu 10 cm langen Blütenstände, die aus unzähligen Staubfäden zusammengesetzt sind, liegt der Vergleich mit Zylinder- oder Flaschenputzern auf der Zunge.
Wuchs: Die gut verzweigten, über 2 m hohen Sträucher schmücken sich mit harten, nach Zitrus duftenden Blättern, die im Austrieb weich, flaumig und rötlich überzogen sind. Bei Arten wie *C. viminalis*, *C. salignus* oder *C. linearis* sind die Blätter sehr schmal.
Blüte: Am bekanntesten sind die rot blühenden Formen von *C. laevis*, *C. citrinus* und *C. viminalis*. *C. salignus* und *C. pallidus* blühen gelb, *C. citrinus* 'Mauve Mist' rosa. Nach der Frühjahrsblüte im April/Mai folgt eine zweite Blüte im August/September.
Standort: Volle Sonne versetzt diese Australier so richtig in Blühlaune.
Pflege: Obwohl die Blätter derb sind, verbrauchen sie reichlich Wasser, das im Sommer nahezu täglich nachzufüllen ist. Trockenheit unbedingt vermeiden und 1 x pro Woche düngen.
Pflanzenschutz: Keine Anfälligkeit.
Überwinterung: Hell bei 7 (±5)°C.

KÜBELPFLANZEN

Hammersträucher
(Cestrum)

So blühfreudig Hammersträucher sind, so unterschiedlich geben sie sich: Während *C. elegans* (Bild) und *C. × newelli* rot blühen, zeigt *C. aurantiacum* orangegelbe Töne. *C. nocturnum* und *C. parqui* bezaubern mit sehr schmalen, weißen bzw. gelben, im Dunkeln betörend duftenden Blütenbüscheln.
Wuchs: Gemeinsam ist ihnen der starke Wuchs, der sich nur durch regelmäßigen Schnitt zügeln lässt. Die blühenden Triebspitzen neigen sich elegant über.
Blüte: Bei guter Pflege blühen die Südamerikaner von Mai bis Oktober, im Wintergarten sogar ganzjährig.
Standort: Zwar lieben Hammersträucher die Sonne, doch verdunsten sie hier riesige Wassermengen, die man kaum nachliefern kann. Ein wechselsonniger Standort ist daher geeigneter.
Pflege: Schlappes Laub zeigt den häufigen Durst der Pflanzen unmissverständlich an. Wöchentlich 2 x düngen.
Pflanzenschutz: Alle klassischen Kübelpflanzenschädlinge treten auf.
Überwinterung: Halbschattig oder hell bei 10 (±5)°C; Das Winterquartier regelmäßig durchlüften.

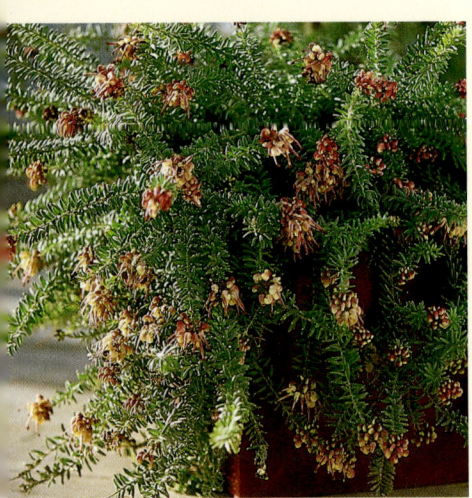

Australische Silbereichen
(Grevillea)

Obwohl man beim Namen »Silbereiche« sogleich an große Bäume denkt, bilden die meisten der für die Kübelkultur empfehlenswerten Arten wie *G. juniperina*, *G. × semperflorens* (im Bild) oder *G. rosmarinifolia* selten über 1,5 m hohe Büsche. Ausnahmen sind *G. banksii* und *G. robusta*, die zu über 3 m hohen Bäumen heranwachsen.
Wuchs: Die elegant überhängenden oder kriechenden Triebe sind dicht mit nadelartig schmalen Blättern besetzt.
Blüte: Die Blüten sind von bizarrer Schönheit, die sogleich spüren lassen, dass es sich hier um Kleinode vom anderen Ende der Welt handelt, die in unserem gegenläufigen Jahreszeiten-Rhythmus mal schon im Februar, mal erst im Sommer zu blühen beginnen.
Standort: Am liebsten vollsonnig.
Pflege: Silbereichen kommen mit eher trockener Erde weit besser klar als mit nasser. Gießen Sie deshalb kalkarmes Regenwasser mit viel Fingerspitzengefühl. 14-täglich düngen.
Pflanzenschutz: Schädlingsfrei.
Überwinterung: Hell bei 10 (±8)°C.

Hibiskus
(Hibiskus rosa-sinensis)

Die Vielfalt an Blütenfarben und -formen ist bei diesen Tropenkindern so riesig, dass schon so mancher der Sammelleidenschaft gefüllter oder einfacher, weißer, roter, gelber, rosa- oder lachsfarbener Sorten erlegen ist.
Wuchs: Als Busch oder Stämmchen macht der Hibiskus eine tolle Figur. Gekaufte Pflanzen sind meist mit Stauchungsmitteln behandelt. Lässt deren Wirkung nach, erreichen Hibiskus durchaus mehr als 2 m Wuchshöhe.
Blüte: Von Mai bis Oktober.
Standort: Vor einer Hauswand, windgeschützt, sonnig und warm.
Pflege: Sorgen Sie für gleichmäßige Bodenfeuchte auf mäßigem Niveau und düngen Sie 1 x pro Woche.
Pflanzenschutz: Blattläuse an jungen Blättern und Blüten sind eine Plage.
Überwinterung: Hell bei 15 (±5)°C; der Laubverlust bei zu dunklem, kühlem Stand schadet nicht, kann aber die Blüte deutlich verzögern. Laublose Pflanzen nur wenig gießen.
Extra-Tipp: *H. syriacus*, auch Garten-Eibisch genannt, kann mit Wurzelschutz im Winter draußen bleiben.

... FÜR FEURIG-ROTE TERRASSEN

Eisenholzbäume
(Metrosideros)

In seiner Heimat Neuseeland blüht der Eisenholzbaum passend zur hochsommerlichen Weihnachtszeit im Dezember. Daher nennt man ihn auch »Neeseeländischer Weihnachtsbaum« oder, in der Maori-Sprache, »Pohutukawa«. Bei uns zeigen sich die Blütenbüschel in der Regel zwischen Mai und Juli.
Wuchs: Die graugrünen, samtweichen Blätter machen die immergrünen Sträucher auch außerhalb der Blütezeit zu Schmuckstücken. Während *M. excelsa* (Bild) straff aufwärts strebende Triebe mit kleinen Blättern bildet, neigen sich die großblättrigen Zweige von *M. robusta* 'Thomasii' über. Zuweilen sind buntblättrige Sorten erhältlich.
Blüte: Das üppige Blütenfeuerwerk dauert drei bis vier Wochen an.
Standort: Sonnig; an halbschattigen Plätzen lässt die Blühfreudigkeit nach.
Pflege: Eisenholzbäume sind ausgesprochen pflegeleicht und nehmen kaum einen Pflegefehler übel. Trotzdem sollte man sie konstant feucht halten und 1 x pro Woche düngen.
Pflanzenschutz: Schädlingsfrei.
Überwinterung: Hell bei 10 (±8) °C.

Korallenstrauch
(Erythrina crista-galli)

Die feuerroten Blütenschiffchen dieser anspruchslosen Pflanzen entwickeln im Hochsommer eine Leuchtkraft, die ihresgleichen sucht. Ihre Form hat zu dem lateinischen Namen »crista-galli« geführt, übersetzt »Hahnenkamm«.
Wuchs: Die Triebe sprießen jedes Frühjahr aus schlafenden Augen hervor, die an den knorrigen Stämmen sitzen, vergleichbar mit Weinstöcken.
Blüte: Die bis zu 30 cm langen Blütenstände entwickeln sich an den Triebenden, in der Regel nicht vor August.
Standort: Ein sonniger, aber zur Mittagszeit kühler, halbschattiger Platz ist ideal. Regengeschützt aufstellen.
Pflege: Korallensträucher brauchen nicht viel Wasser, schätzen aber eine gleichmäßige Bodenfeuchte. 14-täglich düngen. Durchlässige Erde verwenden.
Pflanzenschutz: An heißen und lufttrockenen Plätzen oft Spinnmilben.
Überwinterung: (Halb-)Hell oder dunkel bei 7 (±5) °C, fast trocken halten.
Extra-Tipp: Die Triebe trocknen ab Herbst natürlicherweise zurück. Man kürzt sie im Februar/März bis ins saftiggrüne Gewebe ein.

Springbrunnenpflanze
(Russelia equisetiformis)

Wie ein Wasserfall quellen die dicht mit schmalen Röhrenblüten besetzten, immergrünen Triebe über den Rand der Pflanzgefäße.
Wuchs: Die sporadisch vorhandenen Blätter sind zu Schuppen zurückgebildet, sodass die Pflanzen scheinbar nur aus Zweigen bestehen.
Blüte: Neben der rot blühenden Art blüht auch die weiße Sorte 'Alba' den ganzen Sommer über unermüdlich.
Standort: Volle Sonne treibt den sommerlangen Springbrunnen aus Zweigen und Blüten erst so richtig an.
Pflege: Gleichmäßige Bodenfeuchte und Dünger alle 1 bis 2 Wochen halten den Kreislauf in Schwung. Lichtet man vor dem neuen Austrieb im März einige der älteren Zweige aus, verjüngen sich die Pflanzen kontinuierlich.
Pflanzenschutz: Schädlingsfrei.
Überwinterung: Hell bei 10 (±5) °C.
Extra-Tipp: Bindet man die Triebe an Kletterhilfen auf, können sie mit den Jahren bis zu 2 m hohe Blütenwände bilden. Ihr überhängender Wuchs kommt hingegen erhöht auf einer Säule am besten zur Geltung.

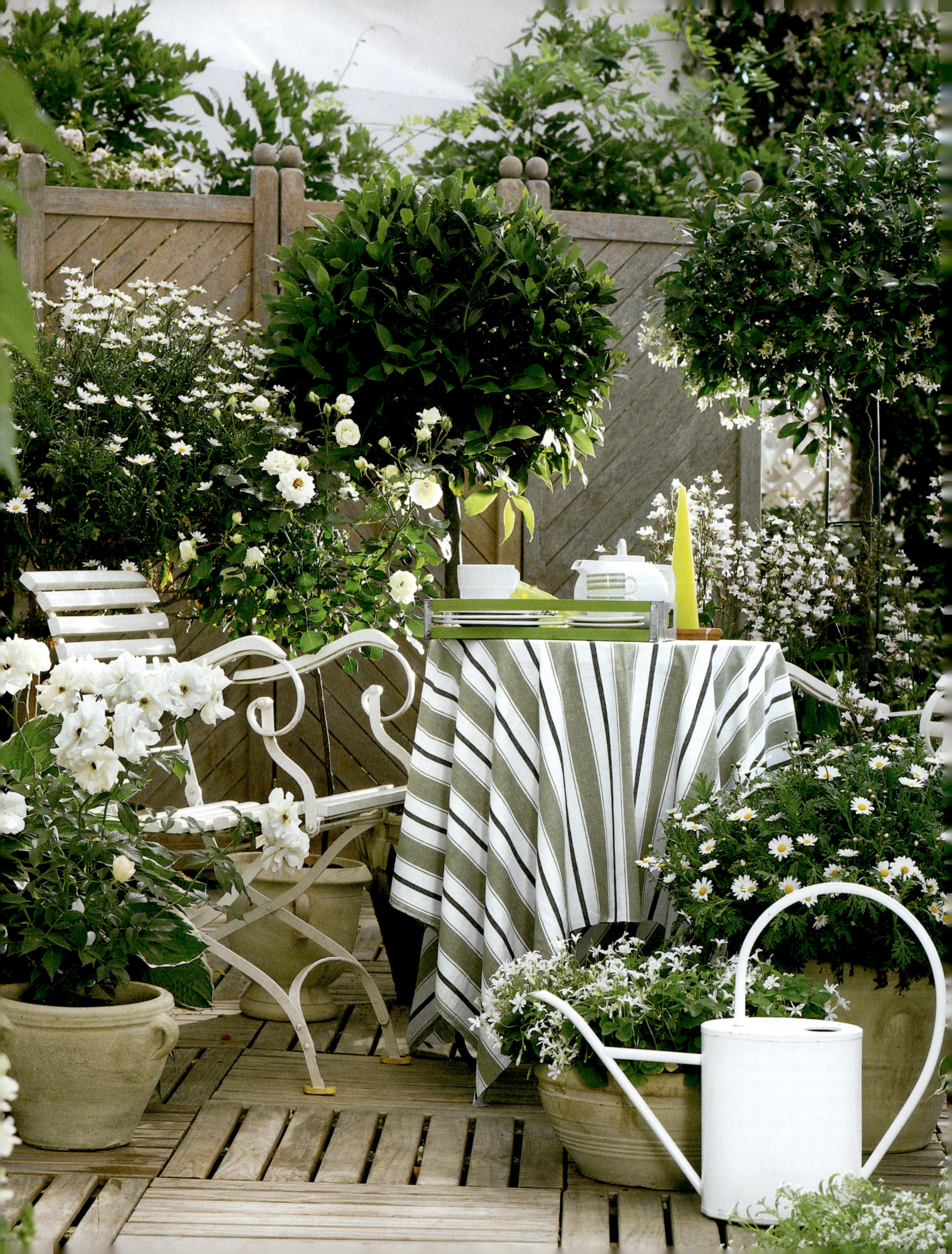

TERRASSENTRÄUME IN WEISS UND ROSA

Weiß ist die höchste aller Farben, denn es besteht aus allen Farben des Lichts. Erst der Regenbogen zeigt, wie viele Töne im »weißen« Licht enthalten sind. Weiß ist deshalb keine »Nicht-Farbe«. Zumal sie mit so vielen positiven Begriffen wir Reinheit, Klarheit und Unschuld verbunden wird. Eine mit weiß blühenden Pflanzen gestaltete Terrasse wirkt vollkommen. Sie hat nichts Grelles oder Schreiendes, sie ist zurückhaltend und leise. Weiße Blüten strahlen Ruhe aus. Sie wetteifern nicht um die Aufmerksamkeit des Betrachters – als ob sie sich ihrer Eleganz bewusst wären. Vor dem Hintergrund dunkelgrüner Blätter funkeln weiße Blütenblätter im Sonnenlicht. In den Abendstunden beginnen sie selbst im Licht der Kerzen zu leuchten.

Bei näherem Hinsehen erkennt man, dass Weiß nicht gleich Weiß ist. Manche Blüten tragen eine Spur Gelb in sich, was sie champagner-, elfenbein- oder cremefarben macht, andere enthalten einen Spritzer Blau, der sie in Marmor-, Perlmutt-, Mehl- oder Porzellanweiß verwandelt. Das reinste Weiß, das keinerlei »Schmutz« enthält, bezeichnen wir meist als Schnee-Weiß.

Mischt sich ein wenig Rot darunter, dann werden die Blüten Rosa.

Die Natur macht uns die Liebe zu weißen Pflanzen einfach, denn sie bietet uns wie im Tierreich von alleine viele »Albinos« an. Selektiert man diese heraus und vermehrt sie weiter, kommen immer neue, weiße Sorten hinzu, denen die genetischen Informationen fehlen, um es der Farbe ihrer Eltern gleich zu tun.

Zu den weiß blühenden Pflanzen zählen auch sehr viele Duftpflanzen (siehe ab Seite 75) wie die Engelstrompeten *(Brugmansia)* oder der Nachtjasmin *(Cestrum nocturnum)*, die versuchen, nachtaktive Insekten zur Bestäubung anzulocken. Denn wenn man in der Dämmerung und Dunkelheit überhaupt eine Farbe wahrnimmt, dann ist es sicher Weiß, das selbst im Schein des Mondes reflektiert.

Oben: Die Blüten der Strauchmargerite *(Argyranthemum)* zeigen, wie gut Weiß und Gelb harmonieren.

Links: Nicht nur das Auge, auch die Nase sagt »Ja« zu duftenden Rosen, Sternjasmin *(Trachelospermum)*, Lorbeer *(Laurus)* und Sauerklee *(Oxalis)*.

Die grauen Silberwinden *(Convolvulus cneorum)* mausern sich mit ihren überhängenden Trieben im Sommer zu wunderschönen Ampelpflanzen, die sich mit weißen Trichterblüten überziehen. Auch auf einer Säule kommt der silbrig schimmernde Flaum ihrer Blätter, der sie vor Hitze und Trockenheit schützt, gut zur Geltung.

Ein Traum in Weiß

Weiß passt zu allen Farben, doch nicht alle Farben passen zu Weiß. Kombiniert man Weiß mit Rot (siehe Seite 62), geht die ruhige Wirkung des Weißen verloren. Das wesentlich auffälligere, kontrastierende Rot drängt sich in den Vordergrund. Auch eine Mischung mit Orange oder Violett sucht Gegensätzliches miteinander zu verbinden. Anders ist es mit Blau und Gelb. Beide Farben harmonieren mit dem zarten Weiß, vor allem dann, wenn es helle Töne sind. Gelb ist auch in der Natur ein beliebter Begleiter von Weiß. Denken Sie nur an die gelb-weißen Blütenköpfchen der Margeriten oder die vielen weißen Blüten (z. B. Buschwindröschen, Apfelbäume), in deren Mitte gelbe Pollen leuchten.

Besonders edel – aber auch gleichzeitig kühl und distanziert – wirken weiße Kombinationen mit grauem Laub, wie es weißer Lavendel *(Lavandula,* siehe Seite 47), weiße Zistrosen *(Cistus,* siehe Seite 34), Salbei *(Salvia,* siehe Seite 48) oder Silberwinde *(Convolvulus cneorum)* bieten. Wem diese edle Gesellschaft jedoch zu gefühlskalt ist, der streut zwei bis drei Farbtupfer hinein. Denken Sie hierbei nicht nur an bunte Blüten, sondern auch an ausgewählte Accessoires in leuchtenden Farben.

Weiß und Weiß passt perfekt

Die optimalen Töpfe für weiß blühende Pflanzen sind – Sie ahnen es sicher schon – vanille- oder beigefarben, rein weiß, aber auch grau, lasiert oder naturbelassen. Auf geschützten Terrassen, die der Witterung nicht direkt ausgesetzt sind, sind Pflanzgefäße mit Metall-Verkleidung (Aluminium, Edelstahl, Verzinkung) eine stilvolle Ergänzung. Holzbottiche aus Eiche oder Robinie bringen mit ihrem hellen Ton mehr Bodenständigkeit in die eleganten Arrangements. Dunkle Hölzer wirken gegenüber dem Glanz der weißen Blüten leicht zu düster und bedrohlich. Ebenso nur mit viel Fingerspitzengefühl sind dunkelblaue Töpfe zu verwenden. Ihr Ton sollte mit den verschiedenen Grün-Nuancen des Blattwerks harmonieren, sonst lenken blaue Töpfe zu sehr vom eigentlichen Gestaltungsziel ab.

Für winterharte und einjährige Pflanzen, deren Gefäße man im Frühjahr und Herbst nicht ins Haus tragen muss, eignen sich ferner Modelle aus Naturstein oder Betonguss, die auf Grund ihres Gewichts an Ort und Stelle verbleiben.

Schöne Terrassen zum Nachpflanzen
(Bild siehe Seite 66/67)

① Strauchrose 'Schneewittchen' *(Rosa)*
② und ⑥ Strauchmargerite *(Argyranthemum frutescens)*
③ Hochstammrose *(Rosa)*
④ Lorbeer *(Laurus nobilis)*
⑤ Sternjasmin *(Trachelospermum jasminoides)*
⑦ Sauerklee *(Oxalis triangularis)*

Ein schneeweißer Sommer

Wie schon eingangs gesagt, ist es eine der einfacheren Übungen, weiße Sorten zu selektieren. Vor allem bei **einjährigen Balkonblumen** ist die Auswahl deshalb riesengroß. So finden sich bei Leberbalsam (*Ageratum*), Bartnelke (*Dianthus barbatus*), Nierembergie (*Nierembergia*) und Eisenkraut (*Verbena*) weiß blühende, niedrige Sorten zum Unterpflanzen. Hohe Schmuckkörbchen (*Cosmos*), Sommerastern (*Callistephus*), Marien-Glockenblumen (*Campanula medium*) und Spinnenpflanzen (*Cleome*) sind besondere Hingucker, wenn sie solitär in Töpfen stehen. Von Haus aus auf Weiß eingestellt sind Kapkörbchen (*Dimorphotheca*), Feinstrahl (*Erigeron karvinskianus*), Schleierkraut (*Gypsophila elegans*), Schneeflockenblume (*Sutera*) und Kapmargerite (*Osteospermum*). Duftsteinrich (*Lobularia*) und Ziertabak (*Nicotiana*) duften herrlich.

Unter den **winterharten Gehölzen** zieren den weißen Topfgarten bereits im April Stern-Magnolien (*Magnolia stellata*) und Felsenbirnen (*Amelanchier ovalis*), im Mai Maiblumensträucher (*Deutzia gracilis*), Prunkspieren (*Exochorda macrantha*) und Federbüsche (*Fothergilla*). Im Juni kommen duftender Gartenjasmin (*Philadelphus*-Hybriden) und im August Strauchkastanien (*Aesculus parviflora*) hinzu.

Diese gemütliche Sitzecke wird abgeschirmt von einer stattlichen Schmucklilie (*Agapanthus*) in der Mitte, einer weißen Schale mit Strauchmargerite (*Argyranthemum*), Blauem Gänseblümchen (*Brachyscome*) und Salbei (*Salvia*) sowie einem blauen Kasten voller Milchsternen (*Ornithogalum*).

Weitere weiß blühende Kübelpflanzen

Deutscher Name (*Botanischer Name*)	Höhe	Blütezeit	Bemerkungen	siehe Porträt
Schmucklilie (*Agapanthus*)	bis 80 cm	Mai–Juni	weiße Sorte 'Albus'	Seite 46
Erdbeerbaum (*Arbutus*)	bis 200 cm	August–Sept.	essbare Früchte	Seite 32
Orangenblume (*Choisya*)	bis 150 cm	April–März	weiße Blüten mit Zitrusduft	Seite 81
Zitrus (*Citrus*)	bis 400 cm	je nach Art	essbare Früchte, Duft	Seite 34
Wollmispel (*Eriobotrya*)	bis 500 cm	August–Sept.	essbare Früchte	Seite 114
Jasmin (*Jasminum*)	bis 500 cm (kletternd)	je nach Art	Duft, ebenso: *Trachelospermum*	Seite 82 bzw. 83
Myrte (*Myrtus*)	bis 150 cm	Juni–Juli	weiße Blütenpinsel, Blattduft	Seite 37
Heiliger Bambus (*Nandina*)	bis 200 cm	Sept./März	rote Herbstfärbung	Seite 116
Bleiwurz (*Plumbago*)	bis 250 cm (kletternd)	Juni–August	weiße Sorte 'Alba'	Seite 47
Australischer Rosmarin (*Westringia*)	bis 150 cm	Mai–Oktober	weiße Form	Seite 49

Dem Veilchenstrauch (Iochroma) sind hier eine Bougainvillee (Bougainvillea, rechts), ein kleiner Oleander (Nerium, Mitte) und ein Sternjasmin (Trachelospemum, links) zur Seite gestellt.

Auf rosaroten Wolken schweben

Rosafarbene Blüten sind in ihrer Wirkung ähnlich sanft und zurückhaltend wie Weiß, weshalb man beide Farben gerne und häufig miteinander kombiniert. Allerdings reift die Vorliebe für Rosa erst mit den Lebensjahren. Junge Menschen empfinden Rosafarbenes oft als kindisch, kitschig oder als Zeichen von Schwäche. Ältere Menschen verbinden mit Rosa dagegen die Jugend, das Zarte, Niedliche und Kleine. In die Liebe zu Rosa muss man erst hineinwachsen.

Dabei ist Rosa nicht gleich Rosa. Die Palette reicht vom zarten Baby-Rosa, bei dem der weißen Grundierung nur ein Hauch Rot beigemischt ist, bis zum intensiven Pink. In lachsfarbene Blüten mischen sich eine Spur Blau, Schwarz oder Gelb. Dementsprechend lang ist die Liste rosafarbener Blüten. Selbst eine Terrasse ganz in Rosa wird auf diese Weise nie langweilig. Allerdings ist es nicht ganz einfach, einer geschlossenen, rosafarbenen Terassen-Gesellschaft andere Gäste zuzuordnen. Rot kann zu Misstönen führen. Blau widerspricht dem Zarten, Romantischen und

Weitere Kübelpflanzen mit rosafarbenen oder weißen Blüten

Deutscher Name (Botanischer Name)	Höhe	Blütezeit	Bemerkungen	siehe Porträt
Bougainvillee (Bougainvillea)	bis 800 cm (kletternd)	April–Oktober	rosafarbene und weiße Sorten	Seite 33
Engelstrompete (Brugmansia)	bis 200 cm	Juni–Oktober	rosaf. und weiße Sorten, Duft	Seite 80
Zistrose (Cistus)	bis 100 cm	Juni–Juli	rosafarbene und weiße Arten	Seite 33
Fuchsie (Fuchsia)	bis 200 cm	Mai–Oktober	rosafarbene und weiße Sorten	Seite 91
Hibiskus (Hibiscus)	bis 300 cm	April–Oktober	rosafarbene und weiße Sorten	Seite 64
Kreppmyrte (Lagerstroemia)	bis 400 cm	Juni–August	rosafarbene und weiße Sorten	Seite 36
Mandevilla (Mandevilla)	bis 800 cm (kletternd)	April–Juli	rosafarbene und weiße Arten	Seite 105
Oleander (Nerium)	bis 300 cm	Juni–September	rosafarbene und weiße Sorten	Seite 37
Rosa Trompetenwein (Podranea)	bis 800 cm (kletternd)	Sept.–Oktober	ebenso: Pandorea	Seite 105

Der Oleander ist der unbestrittene König unter den rosafarbenen Blütenpflanzen, denn seine Sorten sind in unzähligen Farbnuancen erhältlich. Den Hofstaat bilden hier gefüllte, buntlaubige Pelargonien *(Pelargonium)*, Strauchmalve *(Lavatera)* und Strauchveronika *(Hebe)*.

wirkt rasch zu kühl. Einfacher tut man sich bei der Gestaltung mit violetten Blütenpartnern. Hierzu zählen z. B. Prinzessinnenblume *(Tibouchina,* siehe Seite 49), Kreuzblume *(Polygala)* oder Veilchenstrauch *(Iochroma,* siehe Seite 47). Ebenfalls gerne unter sich sind Pastelltöne. Mischt man zu Rosa ein wenig Himmelblau oder Hellgelb, bleibt die romantische Atmosphäre erhalten.

Rosarote Begleiter

Zu den rosafarbenen Alleskönnern unter den **einjährigen Sommerblumen** zählen Atlasblumen *(Godetia)*, Petunien *(Petunia*-Hybriden), Begonien *(Begonia*-Hybriden), Levkojen *(Matthiola)*, Fleißige Lieschen *(Impatiens)*, Sommerphlox *(Phlox drummondii)*, Bartnelke *(Dianthus barbatus)*, Sommerastern *(Callistephus)*, Elfensporn *(Diascia)* und Ziertabak *(Nicotiana)*. Es gibt sie auch in rein weißen Sorten.

Bei den **winterharten Gehölzen** im Topf setzen sich auf der Sommerterrasse in erster Linie Hortensien *(Hydrangea,* siehe Seite 91) und Rosen in Szene (siehe ab Seite 93). Doch auch Spiersträucher *(Spiraea)*, Weigelien *(Weigelia)* und kleine Schneeball-Arten *(Viburnum)* zeigen rosa Blütentöne.

TIPP

Eine weiße Terrasse sollte vollkommen sein. Die grüne Patina auf Tontöpfen stört. Um den Belag loszuwerden, bürstet man sie regelmäßig mit Seifenlauge ab. Hartnäckige Flecken lösen sich, wenn man die Töpfe mit Kartoffelschalen einreibt oder einen Tag in Kartoffelwasser einlegt.

KÜBELPFLANZEN

Kapmalve
(Anisodontea capensis)

Diese südafrikanischen Sträucher umgeben sich von Frühjahr bis Sommer unermüdlich mit einer Wolke aus rosafarbenen, fein gezeichneten Blüten.
Wuchs: Nur mehrfacher Rückschnitt pro Jahr hindert die überaus wüchsigen Sträucher daran, binnen Jahresfrist über 1 m Trieblänge zuzulegen. Schneiden Sie den neuen Zuwachs zwischen zwei Blütenschüben um zwei Drittel zurück. Der frische Austrieb wird rasch neue Knospen ansetzen. Während das Laub von *A. capensis* (Bild) und *A. × hypomadarum* hellgrün ist, trägt *A. malvastroides* Graugrün.
Blüte: Die rosafarbenen Malvenblüten verblassen in der Sonne allmählich.
Standort: Volle Sonne ist willkommen.
Pflege: Wassermangel wird umgehend mit schlappen Blättern angezeigt. Der Bedarf ist sehr hoch. Düngermangel führt zu sehr kleinen Blättern. Reagiert man nicht, verkahlen die Pflanzen. Daher 2 × wöchentlich düngen.
Pflanzenschutz: Weiße Fliege.
Überwinterung: Hell bei 7 (±5)°C. Ein halbdunkler Stand ist ebenso möglich, schwächt jedoch die Pflanzen.

Strauchmargerite
(Argyranthemum frutescens)

Mit ihren unverkennbaren Blüten zählen Strauchmargeriten zu den am weitesten verbreiteten Kübelpflanzen. Vor allem als Stämmchen sind sie beliebt.
Wuchs: Die fiederteiligen Blätter schimmern grau und bilden einen hübschen Hintergrund für die Blüten.
Blüte: Oft schon im April sind blühende Pflanzen erhältlich. Zu Hause überwinterte Pflanzen beginnen jedoch meist erst ab Juni mit der Blüte, die dann oft bis in den Oktober hinein anhält. Neben Züchtungen mit rosafarbenen Blüten überzeugen auch rein gelbe Formen, die man der Gattung *Euryops* (**Goldmargerite**) zuordnet.
Standort: Volle Sonne facht die Blüte erst so richtig an. Stämmchen windgeschützt stellen oder sichern, damit sie nicht umfallen und abbrechen.
Pflege: Die üppigen Kronen brauchen reichlich Wasser – oft 2 × am Tag – und 1 × wöchentlich Dünger.
Pflanzenschutz: Blattläuse, Weiße Fliege und Spinnmilben sind häufig.
Überwinterung: Hell bei 10 (±5)°C. Halten Sie im Winter den Ballen nur leicht feucht. Je heller der Standort ist, desto vitaler bleiben die Pflanzen.

... FÜR TERRASSEN IN WEISS/ROSA

Strauchmalven
(Lavatera)

Diese im Mittelmeerraum weit verbreiteten Dauerblüher verzaubern die Terrasse mit seidig-zarten Malven-Blüten.
Wuchs: Die krautigen, nur langsam verholzenden Triebe erreichen in Kübelkultur selten mehr als 2 m Höhe.
Blüte: Neben Arten wie *L. arborea*, *L. olbia*, *L. trimestris* und *L. thuringiaca* sind zahlreiche Sorten wie 'Rosea' (Bild) oder 'Barnsley' entstanden, deren Blütenfarben sich zwischen Dunkel- und Hellrosa sowie Weiß bewegen.
Standort: Sonnig und warm.
Pflege: Bedingt durch den Standort verdunsten die weichen Blätter reichlich Wasser, das bei sonnigem Wetter jeden Tag nachgefüllt werden sollte. Verwenden Sie großzügige Pflanzgefäße und humusreiche, aber durchlässige Erde. 1 x pro Woche düngen.
Pflanzenschutz: Weiße Fliege sind ebenso häufig wie Blattläuse.
Überwinterung: (Halb-)Hell, 7 (±5) °C. Je heller der Standort, desto mehr Blätter bleiben erhalten.
Extra-Tipp: Sorgen Sie mit Stecklingen laufend für Nachwuchs, da Strauchmalven recht kurzlebig sind.

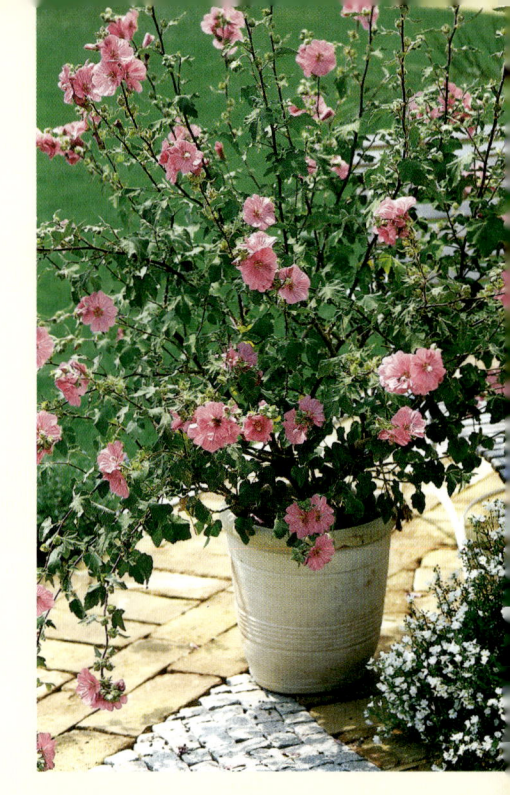

Südseemyrten
(Leptospermum)

Von den über 50 Arten dieser australisch-neuseeländischen Gattung hat sich bislang nur *L. scoparium* (Bild) mit seinen Sorten als Kübelpflanze durchsetzen können. Ebenso attraktive Arten wie *L. rotundifolium* oder *L. lanigerum* warten noch auf ihre Entdeckung.
Wuchs: Die kleinen, zumeist nadelförmigen Blätter erinnern an Heidekraut. Die Triebe stehen von Natur aus dicht, regelmäßiger Schnitt macht sie noch kompakter. Schön sind Stämmchen.
Blüte: Neben zahlreichen rosafarbenen Sorten bietet *L. scoparium* mit 'Red Damask' und 'Ruby Glow' tiefrote, gefüllte Blüten samt rötlichen Blättern, mit 'Leonard Wilson' oder 'Snow Flurry' sogar rein weiße Blüten.
Standort: Vollsonnig und warm.
Pflege: Leider zeigen es die Blätter nicht, wenn sie darben. Man bemerkt den irreparablen Schaden oft erst, wenn die Kronen braun dastehen. Sorgen Sie deshalb im Sommer für eine konstante, aber maßvolle Wasserversorgung und 1 x pro Woche Dünger.
Pflanzenschutz: Häufig Wollläuse.
Überwinterung: Hell bei 7 (±5) °C.

Kletternder Nachtschatten
(Solanum jasminoides 'Alba')

Obwohl man dieses weiß blühende Nachtschattengewächs zumeist wie eine Kletterpflanze an Stützelementen hochleitet, sind die langen Triebe auch bei Hängepflanzen attraktiv.
Wuchs: Die schnellwüchsigen, dünnen und krautigen Triebe verzweigen sich nur spärlich, doch sprießen sie so zahlreich aus dem Wurzelstock hervor, dass sich dichte Pflanzen bilden.
Blüte: Auch wenn sie häufig mit dem Jasmin verglichen werden, sind die Blüten, die den ganzen Sommer in üppiger Fülle erscheinen, ohne Duft.
Standort: Volle Sonne ist besser als Halbschatten, doch auch hier lässt die weiße Blüte nicht spürbar nach.
Pflege: Wie alle Vertreter der Nachtschattengewächse verlangen die Pflanzen reichlich Wasser und 2 x pro Woche Nährstoffe. Im Sommer kann jederzeit ein Rückschnitt erfolgen.
Pflanzenschutz: Blattläuse, Weiße Fliege und Spinnmilben sind lästig.
Überwinterung: (Halb-)Hell, 7 (±5) °C. Leichter Frost wird toleriert. Wurzelausschläge im Frühjahr ersetzen eventuell abgestorbene Triebe.

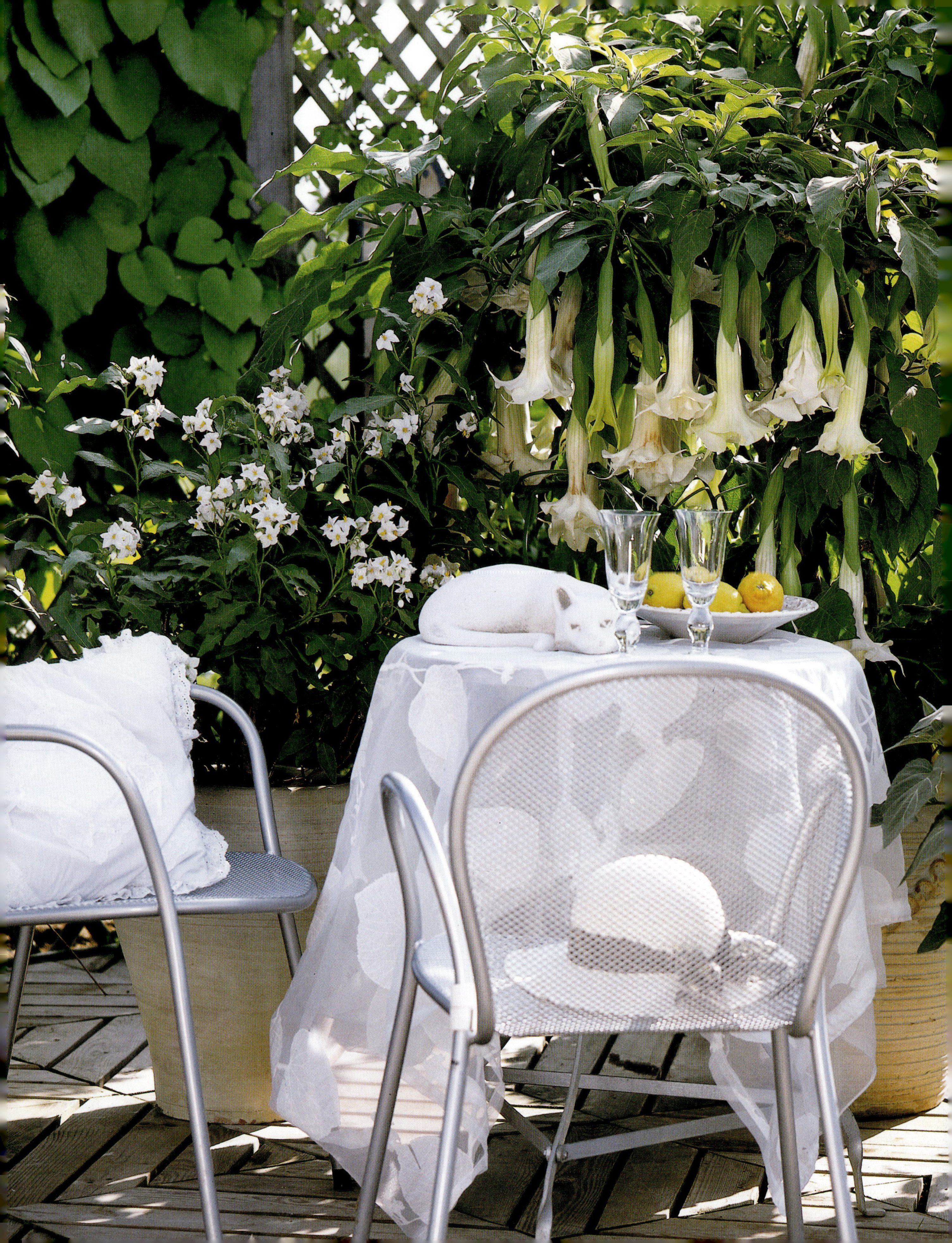

ZARTE DÜFTE – IMMER DER NASE NACH

Während wir die Blüten mit unseren Augen sehen und mit den Händen ertasten können, ist der Blütenduft etwas subtiles. Er ist unsichtbar und unfassbar. Nicht jeder kann ihn wahrnehmen, denn nicht jeder hat einen guten Riecher. Düfte sprechen nicht unseren Verstand, sondern vor allem unsere Gefühle an. Sie lassen uns aufatmen oder entspannen, wirken erfrischend oder beruhigend.

Deshalb gebühren duftenden Blüten und aromatischen Blättern stets Standorte in direkter Nähe Ihres Lieblings-Sitzplatzes, der Terrassenliege oder der geöffneten Wohnzimmertür. Denn erst wenn man den Blütenduft lange und intensiv einatmet, entfaltet er seine ganze Kraft. Jasmin-Blüten beispielsweise enthalten bis zu 400 verschiedene Inhaltsstoffe, die es zu entdecken gilt.

Oben: Die frisch gepflückten Blüten von Jasmin *(Jasminum)*, Ziertabak *(Nicotiana)* und Vanilleblume *(Heliotropium)* duften in einer Wasserschale viele Stunden.

Links: Duftender Nachtschatten *(Solanum bonariense)*, Engelstrompete *(Brugmansia)* und Stechapfel *(Datura metel)* sind ein ideales Gespann für Duftterrassen, die sie vor allem am Abend in süße Parfümwolken hüllen.

Terrassen, die im Duft schwelgen

So schwer es ist, Düfte zu erfassen, so schwierig ist es auch, sie zu beschreiben. Man bedient sich dabei Vergleichen, die jeder kennt. Als »würzig« bis »herb« bezeichnet man zum Beispiel das Aroma von Zistrose (*Cistus*, siehe Seite 34), Rosmarin (*Rosmarinus*, siehe Seite 39), Zypresse (*Cupressus*, siehe Seite 35) und Salbei (*Salvia*, siehe Seite 48), als »scharf« das Aroma von Eukalyptus (*Eucalyptus*). Der Duft von Pfefferminze (*Mentha × piperita*) ist »kühl«, von Lavendel (*Lavandula*, siehe Seite 47) und Myrte (*Myrtus*, siehe Seite 37) »frisch«.

Von »blumig« spricht man beim Duft von Rosen (siehe Seite 92) und Lilien (siehe Seite 130), wobei man sie oft auch als »süß« deklariert. Bei Jasmin (*Jasminum*, siehe Seite 82), Duftblüte (*Osmanthus*, siehe Seite 83) und Frangipani (*Plumeria*, siehe Seite 83) kommen Adjektive wie »exotisch« oder »sinnlich«, aber auch »schwer« hinzu.

Der Begriff »fruchtig-frisch« ist wie gemacht für Zitrusfrüchte (*Citrus*, siehe Seite 84). Oft hört man auch die Charakterisierung »lebendig«, »spritzig« oder »aktiv«. Reibt man kräftig an der Schale, wird das unverwechselbare Aroma frei. Noch intensiver ist es, wenn Sie die Schale raspeln. Präparieren Sie jedoch immer nur wenig auf einmal, denn Zitrusöl ist einer der flüchtigsten Duftstoffe. Jede Zitrusfrucht hat eine eigene Zusatznote. So schwingen bei Bitterorange und Bergamotte leicht bittere Töne mit, bei Mandarine und Limette herbe. Das reinste, klarste Zitrus-Aroma hat in jedem Fall die Zitrone.

Zitrus-Blüten fallen dagegen in die Kategorie »blumig-süß«. Am intensivsten duften die Blüten von Mittelmeer-Mandarine (*Citrus deliciosa*), Grapefruit (*C. paradisi*), Zitronat-Zitrone (*C. maxima*) und Bitterorange (*C. aurantium*). Aus den Blüten der Bitterorange wird eines der wertvollsten Öle gewonnen, das Neroli, das Grundlage vieler Parfums ist (z.B. Eau de Cologne) und Spirituosen wie Cointreau und Curaçao verfeinert.

Duft ist reine Gefühlssache

Denselben Duft empfinden verschiedene Menschen anders, mal angenehm oder abstoßend, mal fad oder aufdringlich. Ja

---

Schöne Terrassen zum Nachpflanzen

(Bild siehe Seite 74/75)

① Pfeifenwinde (*Aristolochia macrophylla*)
② Duftender Nachtschatten (*Solanum bonariense*)
③ Engelstrompete (*Brugmansia*-Hybride)
④ Stechapfel (*Datura metel*)

Die Orientalischen Hybriden zählen zu den besonders intensiv duftenden Lilien (siehe Seite 130).

selbst der einzelne Mensch kann Pflanzendüfte je nach Stimmungslage unterschiedlich auffassen. Brauchen Sie ein wenig Aufmunterung sollten sie an frischen Zitrusfrüchten schnuppern. Sind sie dagegen vom Tag abgehetzt und suchen nach Ruhe, tut das harzig-herbe Aroma einer Zypresse wohl. Auch mit einem Lavendel-, Salbei- oder Myrtenstrauch in Sitzplatznähe sind Sie gut beraten. Suchen Sie aber nach neuen Ideen, öffnen einige Blätter Eukalyptus oder Rosmarin, die man zwischen den Fingerspitzen zerreibt, den Geist.

Auch zwischen den Geschlechtern gibt es deutliche Unterschiede: Die kraftvolle, klare, frisch-herbe Note von Lorbeerblättern spricht Männer mehr an als Frauen. Diese fühlen sich dagegen eher von blumigen Düften wie Rose (siehe Seite 92), Iris *(Iris,* siehe Seite 129) oder Narzisse *(Narcissus,* siehe Seite 181) angezogen. Dem Duft von Jasmin sagt man sogar eine erotisierende Wirkung nach.

Dufterlebnisse am Abend

Viele Duftpflanzen für die Terrasse entfalten ihr Parfüm erst am Abend, wenn es sich unter den heißen Strahlen der Sonne weniger schnell verflüchtigt und mehr Insekten anlocken kann. Hierzu zählen der Nachtjasmin *(Cestrum nocturnum,* siehe Seite 81) und die Engelstrompeten *(Brugmansia,* siehe Seite 80), die in ihren Duft je nach Sorte eine Spur Zitrone, Vanille und vieles andere mischen.

Weniger ist oft mehr

Machen Sie es nicht wie die Parfümeure, die eine Vielzahl von Düften zu immer neuen Akkorden mischen, denn das geht mit den natürlichen Aromen der Pflanzen oft schief. Unangenehme Überkreuzungen wären die Folge. Oder aber einzelne

Allein schon der weiße Madeira-Jasmin *(Jasminum azoricum)* im Hintergrund würde genügen, um diese Terrasse in eine süße Duftwolke zu hüllen. Doch auch die weiße Duftnessel *(Agastache)* in der Mitte, Duft-Pelargonie *(Perlargonium)* und Lavendel *(Lavandula,* vorn) steuern ihr Parfüm bei, wenn die Sonne ihre Blätter erwärmt. Oleander (hinten links) rundet die Gestaltung ab.

Da Duftterrassen vor allem abends ihre Reize entfalten, sind Windlichter unverzichtbar, um die Terrasse bis weit in die Nacht hinein genießen zu können.

Ein Traum: Katze Minka hat sich von dem intensiven Ananas-Aroma des roten Ananas-Salbeis *(Salvia elegans* 'Pineapple Scarlet') und dem Vanille-Duft der Vanilleblumen *(Heliotropium)* in ferne Katzenhimmel entführen lassen.

Pflanzen sind so dominant, dass zartere Töne völlig untergehen würden. Gut gelingen dagegen Duftpflanzen-Potpourris mit ähnlichen Noten, die sich gegenseitig verstärken als sich zu übertrumpfen. Besonders gut gelingt dies mit Blattduftpflanzen. Eine Duftecke mit Zitrus *(Citrus,* siehe Seite 34), von der Bergamotte bis zur Zitrone, kann gut von Zitronenstrauch *(Aloysia,* siehe Seite 80), Orangenblume *(Choisya,* siehe Seite 81) und Zitronen-Eukalyptus *(Eucalyptus × citriodora)* ergänzt werden. Winterharte Kräuter wie Orangen-Minze *(Mentha × piperita* var. *citrata* 'Orangina'), Zitronen-Thymian *(Thymus × citriodora),* Zitronenmelisse *(Melissa officinalis)* oder Zitronen-Bohnenkraut *(Satureja montana* ssp. *montana* var. *citrata)* begleiten sie.

Zarte oder kräftige Düfte

Jasminblüten duften so intensiv, dass eine einzige blühende Pflanze auf der Terrasse genügt, um bei empfindlichen Menschen Kopfschmerzen zu verursachen. Weit weniger aufdringlich gibt sich dagegen der im Duft sehr ähnliche Sternjasmin *(Trachelospermum,* siehe Seite 83). Während Zitronenstrauch und Ananas-Salbei *(Savia elegans* 'Pineapple Scarlet') ihren Blattduft schon bei seichter Berührung im Vorbeistreichen aktivieren, muss man die Blätter von Eukalyptus, Lorbeer oder Myrte mehrfach brechen, um ihnen den Duft zu entlocken. Auch die Sonne schafft es, indem sie die feinen Inhaltsstoffe verdampft – die einzige Möglichkeit, um den herben Duft der Zistrose wahrzunehmen, die zerrieben nur grasig-grün riechen.

Duft geht durch den Magen

Currykraut *(Helichrysum italicum)* beispielsweise lässt Sie nicht nur tief im Bauch an das letzte Indische Curry denken – man kann die Blätter tatsächlich für selbiges nutzen. Gleiches gilt für den Lorbeer, dessen Blätter man zum Würzen mit kocht, vor dem Servieren aber entfernt. Wahre Multitalente sind die Blätter von Duft-Pelargonien *(Pelargonium,* siehe Seite 82), die klein geschnitten frische Salate verfeinern, und Minzen im Topf. Winterharte Apfel-Minze *(Mentha suaveolens* 'Bowles Variety'), Ananas-Minze *(M. suaveolens* 'Variegata'), Ingwer-Minze *(M. × gentilis* 'Variegata') und Basilikum-Minze *(M. × piperita* var. *citrata* 'Basilika') sind nur ein Vorgeschmack auf das reiche Angebot. Viele Blätter ergeben obendrein leckere Tees.

Und noch mehr Duftpflanzen

Neben den auf den Seiten 80 bis 83 vorgestellten **klassischen Kübelpflanzen** duften auch Gelber Oleander *(Thevetia,* siehe Seite 59), Klebsame *(Pittosporum,* siehe Seite 38) Zier-Ingwer *(Hedychium,* siehe Seite 115), Bananenstrauch *(Michelia figo),* Stechwinde *(Smilax aspera)* oder Mandeville *(Mandevilla,* siehe Seite 104) herrlich.

Bei den **winterharten Sträuchern** machen duftende Schneebälle (z. B. *Viburnum × bodnantense, V. carlesii, V. × burkwoodii),* Scheinhasel *(Corylopsis pauciflora),* Schmuck-Mahonien *(Mahonia bealei)* und Stern-Magnolie *(Magnolia stellata)* den Anfang im Frühling. Es folgen Federbusch *(Fothergilla),* Besen-Ginster *(Cytisus scoparius),* Flieder *(Syringa,* siehe Seite 23), Gartenjasmin *(Philadelphus*-Hybriden), Gewürzstrauch *(Calycanthus),* Ölweide *(Elaeagnus),* Schmetterlingsstrauch *(Buddleja)* und **Kletterpflanzen** wie Jelängerjelieber *(L. caprifolium* und andere Geißblatt-Arten, z. B. *Lonicera heckrottii, L. periclymenum).*

Von den **einjährigen Sommerblumen** betören Vanilleblume *(Heliotropium),* Ziertabak *(Nicotiana),* Goldlack *(Cheiranthus),* Duftsteinrich *(Lobularia)* und Levkoje *(Matthiola)* mit intensivem Duft. Bei den **Stauden** tragen einige Taglilien-Sorten *(Hemerocallis,* siehe Seite 129), Primel-Arten (z. B. *Primula florindae, P. veris)* und Veilchen *(Viola odorata)* duftende Blüten.

Pelargonien, umgangssprachlich meist «Geranien» genannt, warten nicht nur mit schmucken Blüten auf. Ihre Blätter duften je nach Art und Sorte in unzähligen Noten von Anis bis Zitrone.

KÜBELPFLANZEN

Zitronenstrauch
(Aloysia triphylla, Syn.: *Lippia citriodora)*

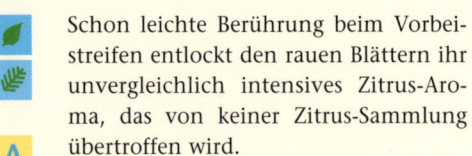

Schon leichte Berührung beim Vorbeistreifen entlockt den rauen Blättern ihr unvergleichlich intensives Zitrus-Aroma, das von keiner Zitrus-Sammlung übertroffen wird.
Wuchs: Die selten mehr als 100 cm hohen, halbimmergrünen Sträucher wachsen recht sparrig. Konsequenter Rückschnitt im Spätwinter und mehrmaliges Entspitzen während des Sommers helfen, die Form zu verbessern.
Blüte: Die kleinen, weißen Blüten erscheinen reichlich im Hochsommer.
Standort: Die Sonne bringt das in den Blattzellen eingelagerte, ätherische Öl zum Verdampfen und erfüllt die Luft mit Zitrusduft. Am besten sind Plätze mit Morgen- und Abendsonne.
Pflege: Zwar verbrauchen die Pflanzen bei Sonnenschein reichlich Wasser, doch sollten sie nie staunass stehen. Verwenden Sie durchlässige Erde. Gedüngt wird 1 x pro Woche.
Pflanzenschutz: An den jungen Triebspitzen sitzen oft Blattläuse.
Überwinterung: (Halb-)Hell, 5 (± 5) °C.
Extra-Tipp: Die überbrühten Blätter ergeben einen erfrischenden Tee.

Engelstrompeten
*(Brugmansia-*Hybriden)

Engelstrompeten findet man auf der Beliebtheitsskala der Kübelpflanzen unter den Top 10. Schließlich sind Pflanzen mit 400 Blüten in einem Sommer keine Seltenheit. Da sich die Südamerikanerinnen obendrein sehr leicht kreuzen lassen und ihre Sämlinge immer neue Blütenfarben und -formen hervorbringen, lädt die riesige Auswahl zum Sammeln ein. Mehr als 200 Sorten, ergänzt durch mehrere Wildarten, sind hierzulande erhältlich.
Wuchs: Die sommergrünen, giftigen Sträucher wachsen sehr zügig heran und sprengen rasch den Rahmen jedes Pflanzgefäßes und jeder Terrasse, wenn man sie nicht ständig einkürzt. Schneiden Sie jedoch im Herbst vor dem Einwintern oder im Frühjahr vor dem neuen Austrieb nicht zu viel weg. Jeder Trieb sollte mindestens eine Verzweigung behalten, denn oberhalb dieser bilden sich die Blütenknospen. Besonders kompakt und Platz sparend sind Stämmchen.
Blüte: Zwar verströmen alle Engelstrompeten-Blüten einen lieblichen Duft, doch ist er je nach Sorte unterschiedlich intensiv. Besonders viel Parfüm haben Sorten, bei deren Züchtung *B. suaveolens, B. arborea, B. aurea* oder *B. candida* als Elternteile beteiligt waren. In den Abendstunden ist das Aroma am intensivsten, welkende Blüten lassen an Kraft nach. Der Flor zeigt sich je nach Sorte von Mai bis Oktober in Rosa-, Weiß-, Gelb-, Orange- und Lachstönen, selten in Rot. Die Trompeten sind einfach oder gefüllt.
Standort: Da die großen Blätter viel Wasser verdunsten, ist ein Platz mit Morgen- und Abendsonne, der von der Mittagshitze verschont bleibt, am besten. An allzu sonnenarmen Plätzen kann hingegen die Blüte nachlassen.
Pflege: Im Sommer täglich 1 bis 2 x gießen und 2 x pro Woche düngen.
Pflanzenschutz: Neben klassischen Schädlingen wie Blattläusen und Spinnmilben fressen Schnecken, Raupen und Käfer gerne an den Blättern, wobei die Dickmaulrüssler zu den unangenehmsten zählen. Ihre Larven, die in der Topferde leben, nagen an den Wurzeln.
Überwinterung: (Halb-)Hell, 7 (± 5) °C; Erde nur leicht feucht halten.
Extra-Tipp: Engelstrompeten lassen sich recht einfach aus Triebspitzen vermehren, die aus dem verzweigten Kronenbereich stammen. Schon im Wasserglas treiben sie rasch Wurzeln.

... FÜR DUFT-TERRASSEN

Nachtjasmin
(Cestrum nocturnum)

Die zunächst unspektakulären, gelblich-weißen Blütenröhren entpuppen sich als wahre Duftquellen, sobald die Dämmerung einsetzt – genau das Richtige für den Feierabendbalkon.
Wuchs: Wie bei allen Hammerstrauch-Arten ist das Wachstum äußerst rasch und sollte durch regelmäßigen Rückschnitt auch während des Sommers in die richtigen Bahnen gelenkt werden.
Blüte: Die Hauptblüte fällt zumeist in die Monate Juli bis Oktober, bei sehr heller Überwinterung kann sie jedoch auch schon im Frühjahr beginnen.
Standort: Halbschatten bewahrt die weichen Blätter vor allzu starker Verdunstung. Plätze mit Morgen- und Abendsonne sind am besten geeignet.
Pflege: Tägliche Wassergaben während sonniger Wetterphasen im Sommer sind ebenso Pflicht wie Dünger 1 bis 2 x pro Woche.
Pflanzenschutz: Weiße Fliege, Blattläuse und Spinnmilben sind häufig.
Überwinterung: (Halb-)Hell, 10 (± 5) °C; Ballen nicht austrocknen lassen.
Extra-Tipp: Laufendes Ausschneiden welker Blüten regt neue Knospen an.

Orangenblume
(Choisya ternata)

Die weißen Blütendolden verströmen einen zarten Zitrusduft, der sie zu hervorragenden Begleitern für Zitruspflanzen (siehe Seite 34) macht. Die Blätter haben allerdings kein Aroma.
Wuchs: Im Alter können die natürlicherweise gut verzweigten, immergrünen Sträucher 1,5 m Höhe erreichen. Die Sorte 'Aztek Pearl' zeichnet sich durch grazile, schmale Blätter aus.
Blüte: Die etwa vierwöchige Blütezeit fällt in die Frühlings- und Frühsommermonate. Eine schwächere Nachblüte im Spätsommer ist möglich.
Standort: Sonnig bis halbschattig.
Pflege: Wie alle Vertreter der Rautengewächse verabscheuen die Wurzeln Kalk. Gießen Sie nur mit Regenwasser und sehr dosiert, denn Staunässe führt rasch zu schweren Schäden.
Pflanzenschutz: Zuweilen Spinnmilben.
Überwinterung: Hell bei 5 (± 5) °C, verträgt kurzzeitig Frost bis –10 °C.
Extra-Tipp: Eine nahe verwandte Art mit sehr ähnlichem Wuchs ist der wärmebedürftigere Orangenjasmin *(Murraya paniculata)*, dessen weiße Blüten noch intensiver duften (12 (± 5) °C).

Gardenie
(Gardenia jasminoides)

Da diese immergrünen Sträucher mit den betörend duftenden, weißen Blüten, keinen Kalk im Boden vertragen, gelten sie gemeinhin als heikle Kübelpflanzen. Gießt man sie jedoch nur mit Regenwasser und düngt sie richtig (siehe »Pflege«), sind sie jahrelange Begleiter, die auf keiner Duftterrasse fehlen sollten.
Wuchs: Auch ohne Schnitt bilden die langsam wüchsigen Chinesinnen knapp über 1 m hohe, sehr dichte Büsche.
Blüte: Die meist gefüllten Blüten stehen im Sommer an den Triebspitzen.
Standort: Ein heller, aber nicht besonnter, luftfeuchter Platz im Schatten lichter Kübelpflanzen ist ideal.
Pflege: Verwenden Sie beim Umtopfen Rhododendronerde und geben Sie zusätzlich zur wöchentlichen Düngung 1 x im Monat Rhododendrondünger. Alternativ kann von März bis September Zitrusdünger 1 x pro Woche verwendet werden. Die Erde gleichmäßig, aber mäßig feucht halten. Trockenheit wie Nässe vermeiden.
Pflanzenschutz: Spinnmilben, Läuse.
Überwinterung: Hell bei 10 (± 5) °C.

KÜBELPFLANZEN

Jasmin
(Jasminum)

Obwohl der Echte Jasmin (*J. officinale*, Bild), dessen Blüten zur Parfümherstellung genutzt werden, am häufigsten ist, warten noch viele weitere als Kübelpflanzen geeignete Jasmin-Arten mit intensiv duftenden Blüten auf.
Wuchs: Bis auf die strauchförmig wachsenden Arten *J. humile* und *J. nitidum* sind alle anderen schnellwüchsige, kletternde Kübelpflanzen.
Blüte: Mit Ausnahme der gelb blühenden Arten *J. humile*, *J. mesnyi* (kein Duft) und *J. fruticans* tragen alle anderen einschließlich *J. angulare*, *J. azoricum* und *J. sambac* weiße Blüten. Die Blütezeit liegt im Frühling und Sommer. *J. polyanthum* blüht zumeist erst im Spätwinter (Wintergartenpflanze).
Standort: Vollsonnig ohne Mittagshitze.
Pflege: Die dicht belaubten Pflanzen brauchen viel Wasser, verabscheuen aber Staunässe. Wöchentlich düngen.
Pflanzenschutz: Zuweilen siedeln sich Spinnmilben und Blattläuse an.
Überwinterung: Hell bei 10 (± 5) °C; 12 (± 5) °C für *J. sambac* und *J. polyanthum*. *J. officinale* verträgt bis −8 °C und ist im Winter meist laublos.

Duft-Pelargonien
(Pelargonium)

Duft-Pelargonien liegen voll im Trend. Ihre z. T. mehrfarbigen Blätter sind nicht nur attraktiv geformt, sondern verströmen aus ihren Drüsenhäärchen je nach Sorte Duftnoten, die von »Rose« über »Zitrone« und »Muskat« bis hin zu »Zimt« und »Pfirsich« reichen. Auch Pfefferminz- und Zedernduft kommen vor. Ein breites Sortiment wird von Spezial-Gärtnereien angeboten.
Neben diesen Duft-Wundern haben jedoch auch die klassischen Blüten-Pelargonien bzw. -Geranien nichts an Beliebtheit eingebüßt. Die aufrechten *P.*-Zonale-Hybriden (sie heißen jetzt *P. × hortorum*) und die hängenden *P.*-Peltatum-Hybriden mit ihren unzähligen roten, weißen, rosa- und pinkfarbenen Sorten sind nach wie vor die beliebtesten Balkonblumen.
Wuchs: Die Mehrzahl der Duft-Pelargonien wächst buschig heran, manche mit überhängenden Trieben.
Blüte: Weder Hitze noch Wind kann die robusten Pelargonien, deren Vorfahren aus Südafrika stammen, davon abhalten, den ganzen Sommer zu blühen. Die Blüte der Duft-Pelargonien ist dabei oft weniger üppig als die der Blüten-Geranien, doch dafür von wildhafter Schönheit. Probieren Sie es auch einmal mit *Pelargonium*-Wildarten. Sie halten so manche faszinierende Blütenüberraschung für Ihre Terrasse bereit.
Standort: Volle Sonne ist willkommen.
Pflege: Da die Pflanzen in ihren verdickten Trieben und Blättern Wasser- und Nährstoffvorräte anlegen, können sie Durststrecken gut überdauern. Staunässe sollte dagegen niemals aufkommen, da sie zu Wurzelfäulnis und dem Absterben der langlebigen Pflanzen führt. Verwenden Sie durchlässige, mit Kies oder Blähton vermischte Erde. 14-täglich düngen.
Pflanzenschutz: Pelargonien sind anfällig für diverse Pilz- und Bakterienkrankheiten, Blattläuse und Weiße Fliege.
Überwinterung: Die langlebigen Pflanzen werden hell bei 10 (± 5) °C überwintert. Dunkle Standorte sind ungeeignet. Im Vorfrühling vor dem frischen Austrieb erfolgt ein kräftiger Rückschnitt, damit sie zu einer reichen Neuverzweigung angeregt werden.
Extra-Tipp: Mit den Blättern der Duft-Pelargonien lassen sich Gerichte und Salate hübsch dekorieren, klein geschnitten sind sie eine interessante Würze.

Oben: 'Secret Mimose'. Unten: *P. grandiflorum*.

... FÜR DUFT-TERRASSEN

Duftblüten
(Osmanthus)

Die kleinen, direkt dem Stamm entspringenden Blüten verströmen den lieblichsten, intensivsten und zugleich feinsten Duft aller Kübelpflanzen.
Wuchs: Die mit dunkelgrün-glänzenden, immergrünen Blättern besetzten Triebe stehen in dichten, selten mehr als 2 m hohen Büschen zusammen. Attraktiv sind buntlaubige Sorten. Schnittmaßnahmen sind kaum nötig.
Blüte: Nicht nur die Blüten von *O. fragrans* duften bezaubernd, auch die von *O. delavayi, O. armatus, O. heterophyllus* (Bild) oder *O. × burkwoodii*. Die weißen, selten gelblichen oder lachsfarbenen Blüten erscheinen bei uns meist im Hochsommer und Herbst.
Standort: Ein sonniger Platz ohne Mittagshitze ist ideal, Halbschatten ist möglich, kann aber die Blüte mindern.
Pflege: Das derbe Laub verdunstet nur wenig Wasser, daher in Maßen oder in größeren Abständen gießen. Staunässe vermeiden. 14-täglich düngen.
Pflanzenschutz: Keine Anfälligkeit.
Überwinterung: Hell bei 7 (± 5) °C, die frosttoleranteste Art ist *O. heterophyllus* (bis −8 °C).

Frangipani
(Plumeria)

Während sich hawaiianische Mädchen aus den lieblich duftenden Blüten Kränze flechten, genügt auf der Terrasse schon eine kleine Pflanze, damit Gäste erstaunt fragen »Was duftet denn hier so fein?«.
Wuchs: Die zunächst unverzweigten, wasserspeichernden Triebe gleichen dicken Zigarren. Sie bilden jeweils an den Enden einen Schopf von Blättern.
Blüte: Obwohl es weltweit über 200 Varietäten von *P. rubra* gibt, ist hierzulande meist nur eine weiß-gelbe Form erhältlich (*P. rubra* f. *acutifolia* 'Singapore White').
Standort: Vollsonnig, regengeschützt.
Pflege: Gießen Sie in größeren Abständen. Kakteenerde und 1 x pro Woche Kakeendünger verwenden.
Pflanzenschutz: Häufig Spinnmilben.
Überwinterung: Hell bei 15 (± 5) °C. Weitgehend trocken halten. Ab April mit dem Austrieb neuer Blätter die Gießmenge langsam erhöhen.
Extra-Tipp: Im Frühling kann man die Triebe stutzen. Das Schnittgut bewurzelt, wenn die Schnittstellen gut antrocknen. Vorsicht: giftiger Milchsaft!

Sternjasmin
(Trachelospermum)

Die Blüten haben die gleiche Duftnote wie der Echte Jasmin, jedoch weit weniger aufdringlich und etwas lieblicher.
Wuchs: Unüblich für eine Kletterpflanze wächst der immergrüne Sternjasmin nur recht langsam heran. Oft muss man sich mit weniger als 30 cm Jahreszuwachs begnügen.
Blüte: Die Blüte dauert etwa 6 bis 8 Wochen während der Sommermonate an. Dabei zeigt *T. jasminoides* (Bild) rein weiße, *T. asiaticum* gelbliche Blüten.
Standort: Ein halbschattiger Platz ist den Schlingern ebenso willkommen wie ein sonniger ohne Mittagshitze.
Pflege: Gießen Sie in Maßen oder in größeren Abständen. Vor allem im Halbschatten verbrauchen die Asiaten nur wenig. Die Erde darf nicht vernässen, kurzzeitiger Wassermangel wird hingegen toleriert. 14-täglich düngen.
Pflanzenschutz: Im Winterquartier zuweilen Läuse und Spinnmilben.
Überwinterung: Hell bei 8 (± 8) °C; frosttolerant bis −10 °C. Bei Winterschutz für Wurzeln und Triebe ist eine Auspflanzung in durchlässigen Boden an geschütztem Standort möglich.

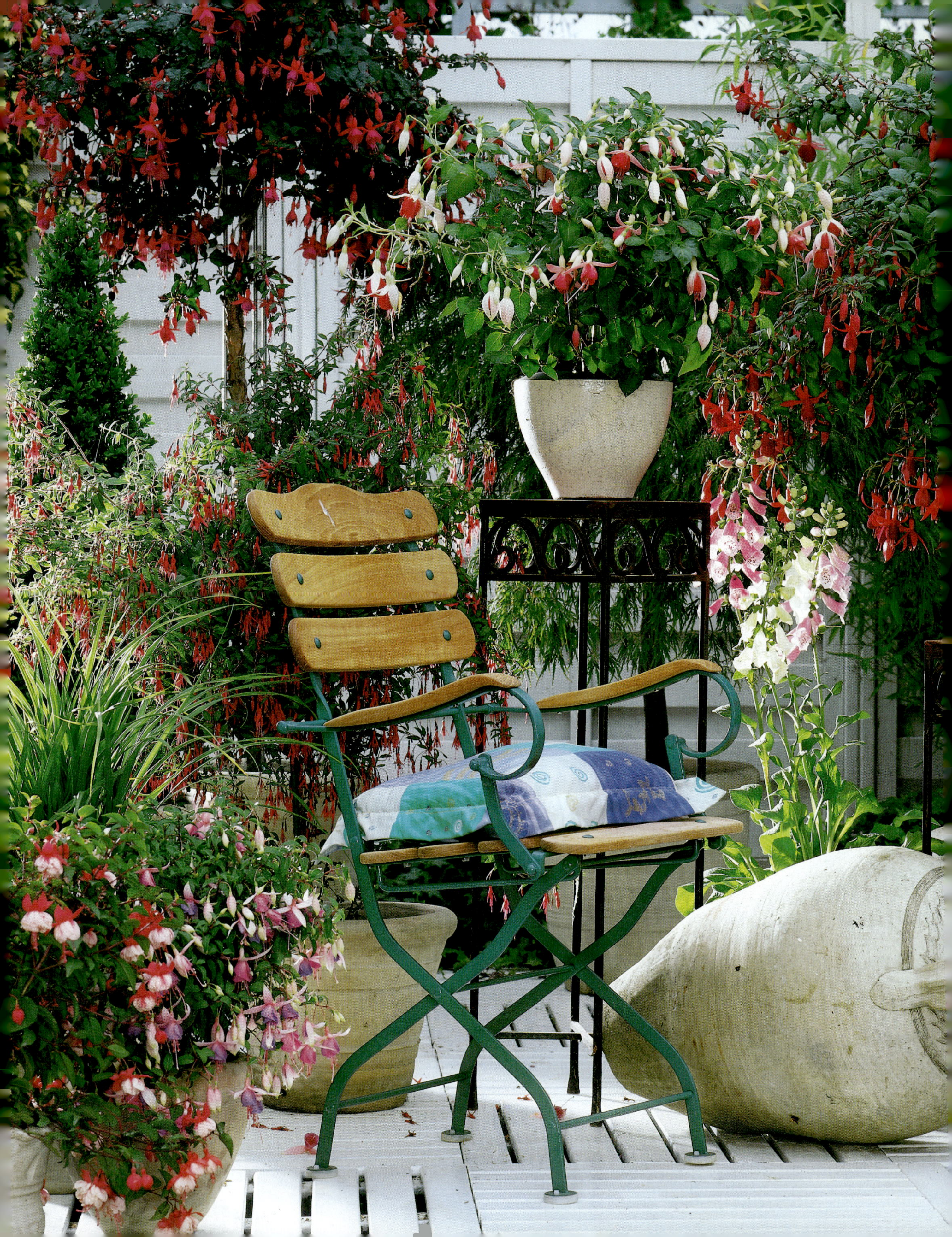

SCHATTEN KANN SO SCHÖN SEIN

Wo Sonne ist, dort ist auch meist Schatten. Doch auch wenn Ihre Terrasse nicht auf der Sonnenseite des Lebens liegt, müssen Sie nicht traurig sein. Denn im Hochsommer, wenn die Sonne unbarmherzig vom Himmel brennt, wird Sie sogar so mancher darum beneiden, der sich vor ihr in die kühlen Wohnräume verkriechen oder aufwändige Beschattungseinrichtungen installieren muss. Sie dagegen können gemütlich auf der Terrasse Platz nehmen, ohne dass die Buchseiten beim Lesen gleißend blenden und sich die Limonade im Nu auf pappsüße 30 °C erhitzt. Lernen Sie die Sonnenseiten des Schatten-Gärtnerns kennen und nutzen Sie die Vielfalt der Möglichkeiten aus!

Oben: Mit ihren weißen oder violetten Blütentrauben geizen Funkien *(Hosta)* auch im Schatten nicht.

Links: Fuchsien gibt es in einer solchen Sortenfülle, dass schon so manchen Terrassengärtner der Sammelleidenschaft verfallen ist.

Schatten ist nicht gleich Schatten

Die Definition eines vollsonnigen Standorts ist einfach. Doch was versteht man genau unter schattigen, halbschattigen oder wechselsonnigen Plätzen?

Echter **Schatten** herrscht lediglich auf Nordterrassen, die hinter hohen Gebäuden, Mauern oder dichten Holzzäunen verborgen sind. Da kaum eine Pflanze ganz ohne Sonne auskommt, sind diese Standorte für Blütenpflanzen meist ungeeignet. Was bleibt, sind Blattschmuckpflanzen wie die Farne (siehe Seite 88).

Halbschatten herrscht im Bereich von Baumkronen, durch die gedämpftes Licht fällt. Dabei schirmen Nadelgehölze vor der Terrasse deutlich mehr Sonne ab als Laubbäume, deren Blattwerk die Sonne immer wieder einmal durchlässt. Der Begriff **wechselsonnige Lage** wird in der Regel für Standorte verwendet, die einen Teil des Tages besonnt, einen Teil unbesonnt sind, was bei Ost- und Westterrassen der Fall sein kann. Diese Standorte sind für viele Pflanzen schwierig zu meistern, denn hier sind die Schwankungen zwischen Hitze mit niedriger Luftfeuchte und frischer Kühle sehr hoch.

Zwar überleben viele Pflanzen im Schatten – doch fehlt ihnen hier die Kraft und der Anreiz zu blühen. Im Halbschatten dagegen fühlt sich bereits eine Vielzahl wunderschön blühender Kübelpflanzen wohl. In wechselsonnigen Lagen heisst es aufpassen. Stellen Sie fest, dass sehr zarte, weiche Blätter oder Blüten der Hitze in den sonni-

Weiße Möbel bringen Licht in halbschattige Terrassen, auf der das bunte Laub der Funkie *(Hosta*, rechts) die Blicke ebenso auf sich zieht wie das Fuchsien-Stämmchen *(Fuchsia*, Mitte) mit seinen unzähligen Blütenröckchen und die weiße Blütenkaskade der Schneeflockenblume *(Sutera)* auf der Säule.

gen Stunden nicht gewachsen sind, und zu welken beginnen oder Verbrennungen zeigen, sorgt ein Sonnenschirm für stundenweisen Schatten. Scheuen Sie sich also nicht davor, »im Schatten für Schatten« zu sorgen, wenn die Blütenröckchen der Fuchsien oder die Blütenbälle der Hortensien, der beiden Königinnen im sonnenarmen Terrassengarten, fleckig werden!

Licht in den Schatten bringen

Schattenterrassen müssen keineswegs düster und kühl wirken. Für Helligkeit sorgen weiße Elemente. Schon der Bodenbelag für Ihre Schattenterrasse sollte aus hellem Material wie Kies, Betonstein oder Granit gewählt sein, der zu funkeln beginnt, wenn ihn ein Lichtsttrahl trifft. Eingestreute Mosaiken aus glänzenden Fliesenstücken sorgen für Zusatz-Effekte, die keine Sonne brauchen, um aufzufallen. Bei den Sitzgarnituren sind weiß lackierte Modelle erste Wahl. Sind sie aus Holz, ist das Sitzen selbst im Schatten nicht zu kühl. Bei gusseisernen Modellen greift man besser zu Sitzkissen. Auch silberfarbene Möbel aus Aluminium bringen mit ihren Reflektionen Licht in den Schatten. Helle Tonwaren, wie sie in Vorderasien und Nordafrika hergestellt werden, machen bei den Gefäßen das Rennen.

Mit allen Sinnen genießen

Was der Schatten an Leuchtkraft fürs Auge vermissen lässt, macht er mit anderen Qualitäten wett. Die feuchte Kühle tut unserer Haut wohl, um sich von der stechenden Sonne zu erholen. Zahlreiche Duftpflanzen (siehe Seite 80) fühlen sich im Halbschatten wohl und sprechen unseren Geruchssinn an. Schließen Sie die Augen und hören Sie dem Rauschen der Blätter zu. Ein Klangspiel, dessen Röhren von einem Klöppel angeschlagen werden, der sich im Wind bewegt, helfen Ihnen, sich vollkommen zu entspannen. Auch ein Wasserspiel, das die frische Kühle des Schattens unterstützt, sorgt für eine beruhigende Atmosphäre.

Vereinfachte Pflege

Die Pflanzenpflege im Halbschatten ist um ein Vielfaches leichter als in der Sonne. Die Blätter verdunsten weit weniger Wasser und die Erde trocknet nicht so schnell aus. Ist die Erde schon mittags trocknen, gießen Sie einfach nach. Auf Sonnenterrassen wäre dies unmöglich. Denn hier muss man zum Gießen die Morgen- und Abendstunden nutzen. Tagsüber sind die Töpfe und

Neben den in leuchtenden Rosatönen blühenden Astilben *(Astilbe*, links) und dem prachtvollen Fuchsien-Stämmchen im Hintergrund *(Fuchsia)* zieht hier das tiefrote, grün umrandete bzw. dunkelgrüne, gelb umrandete Laub der beiden Buntnesseln *(Solenostemon)* die Blicke auf sich. Rosafarbene Hortensienblüten und ein Buchskegel begleiten das Ensemble.

Wurzeln zu stark aufgeheizt und es kann zu Kälteschocks durch das kältere Gießwasser kommen.

Auch die Schädlingsbekämpfung ist auf weniger sonnenverwöhnten Terrassen jederzeit möglich. Da viele Pflanzenschutzmittel ölhaltig sind, dürfen die Blätter nach der Behandlung ein bis zwei Tage lang nicht von der Sonne beschienen werden, da es sonst zu Verbrennungen kommt. Auf sonnenarmen Terrassen ist das kein Thema. Hier kann man jederzeit mit der Schädlingsbekämpfung beginnen und muss nicht auf die nächste Schlechtwetterfront warten.

Was für den einen ein Vorteil schattiger Terrassen ist, mag ein anderer vielleicht als Nachteil ansehen: die Pflanzgefäße setzen schneller Patina an. Kleinste Algen und Moospolster lassen sich nieder und überziehen Tonfiguren und Töpfe mit einem grünen Pelz. Die Patina nimmt ihnen den Glanz des Neuen, sorgt aber gleichzeitig für mehr Geborgenheit. Sie vermittelt das Gefühl einer »eingewachsenen« Terrasse, auf der schon Generationen gelebt haben. Wer dieses Antike liebt, lässt den grünen Überzug gewähren. Wer ihn nicht gerne sieht, bürstet seine Töpfe einmal im Jahr ab (siehe Tipp Seite 71). Gegen rutschige Holzbohlen auf der Terrasse hilft eine Salzkur. Streuen Sie dazu im Frühjahr haushaltsübliches Kochsalz auf das feuchte Material und lassen Sie es einige Tage einwirken. Falls es nicht regnet, mit Wasser abspülen. Das Salzwasser darf jedoch nicht in angrenzende Beete rinnen. Bei Stein- und Betonböden hilft der Druckstrahler nach.

Im Reich des Schattens

Wahre Meister des Schattens unter den Stauden sind neben den Astilben (*Astilbe*, siehe Seite 126) und Funkien (*Hosta*, siehe Seite 129) winterharte Farne. Leider schenkt man ihnen im Garten wie auf der Terrasse nur wenig Beachtung. Dabei sind die Wedel filigrane Kunstwerke, die nicht erst ein Tautropfen zum Glitzern bringt. Schon der Wind dreht sie so zum Licht, dass sie funkeln. Im Frühjahr beginnen sie ihren Auftritt mit kunstvoll eingerollten Blättern, die an Zauberstäbe erinnern. Tag für Tag rollen sie sich ein Stück weiter auf, bis die Wedel voll entfaltet sind. Damit sich der robuste Wurmfarn (*Dryopteris filix-mas*), der stattliche Königsfarn (*Osmunda regalis*), der gewellte Hirschzungenfarn (*Phyllitis scolopendrium*) oder der Glänzen-

Die Farbe der Hortensienblüten hängt vom Säuregrad der Erde (pH 4–4,5) und der Verfügbarkeit von Aluminium ab. Denn nur mit Hilfe von Aluminium können rosafarbene Sorten blaue, rote Sorten violette Blüten hervorbringen. Stimmen die Bodenbedingungen nicht, fallen »blaue« Hortensien in ihre Ursprungsfarben zurück. Weißen Sorten fehlt die Fähigkeit zu blauen Blüten völlig.

canthus), Spiersträucher (Spiraea) und Weigelien (Weigela), bei den Kletterpflanzen Jelängerjelieber (Lonicera). Bunte Blätter für den Halbschatten tragen die auf Seite 62 genannten, rotblättrigen Arten bei, immergrüne der Buchs (Buxus). Skimmie (Skimmia), Berglorbeer (Kalmia) und Schattenglöckchen (Pieris) zeigen neben immergrünen Blättern rosafarbene und weiße Frühjahrsblüten.

Setzen Sie bei der Wahl **einjähriger Sommerblumen** als Begleiter auf weiße und rosafarbene Blüten wie sie Begonien (Begonia), Fleißiges Lieschen (Impatiens) oder Vergissmeinnicht (Myosotis sylvatica 'Weiße Kugel') bieten. Weißbunte Blätter wie die von Gundelrebe (Glechoma hederacea 'Variegata'), Mottenkönig (Plectranthus forsteri bzw. coleoides) oder Taubnessel (Lamium maculatum 'White Nancy') gesellen sich dazu.

Ein Blütenschauspiel, das den Mangel an Sonne sofort vergessen lässt, bieten diese Hortensien (Hydrangea). Die Mitte beherrscht die Sorte 'Blaumeise'. Sie wird überragt von einem Schneeball-Stämmchen (Viburnum opulus 'Sterile'). An der Wand präsentiert 'Adriana' ihrer lilafarbenen Blüten, rechts Hortensie 'San Remo'.

Weiße Hortensien (Hydrangea) wie die Sorten 'Schneeball' und 'Libelle' lassen Ihre Terrasse ebenso erstrahlen wie der Gemeine Schneeball (Viburnum opulus). Eine Strauchveronika (Hebe) ergänzt das Ensemble mit violettblauen Blüten und gelbbuntem Blattschmuck.

de Schildfarn (Polysticum aculeatum) im Topfgarten wohl fühlen, sind eine lockere, humose, saure Erde und große Pflanzgefäße wichtig. Denn umtopfen sollte man so selten wie möglich. Mit Rhododendronerde und -dünger hält man die sauren Bedingungen aufrecht.

Noch mehr Schattengäste

Neben den Hortensien, die mit immer neuen Züchtungen aufwarten und zu den schönsten Blütenpflanzen für halbschattige Terrassen zählen, sind weitere, **winterharte Gehölze** empfehlenswert. Im Frühlingstopfgarten sind dies Winter-Jasmin (Jasminum nudiflorum), Schmuck-Mahonie (Mahonia bealei), Zaubernuss (Hamamelis), Schneebälle (Viburnum) und Felsenbirnen (Amelanchier). Im Sommer folgen Strauch-Kastanie (Aesculus parviflora), Liebesperlenstrauch (Callicarpa), Gewürzstrauch (Caly-

Für Schönmalven (*Abutilon*) ist eine halbschattige bis wechselsonnige Terrasse ideal. Hier bleiben ihre weichen, empfindlichen Blätter saftig-grün und laufen nicht Gefahr, in der Sonne zu verbrennen. Die Blütenglocken öffnen sich unermüdlich von Frühling bis Herbst.

Pflücken Sie jeden Tag einige der in Hülle und Fülle erscheinenden Fuchsienblüten, um damit dekorative Wasserschalen zu schmücken. Übersprüht man die Blüten mit Zuckerwasser, kann es sein, dass sich sogar Schmetterlinge oder andere Insekten niederlassen, um davon zu naschen.

Weitere Kübelpflanzen für den Halbschatten:

- Aukube (*Aucuba*; siehe Seite 112)
- Bambus (siehe Seite 114)
- Blauflügelchen (*Clerodendrum*, siehe Seite 46)
- Duftblüte (*Osmanthus*; siehe Seite 83)
- Eisenholzbaum (*Metrosideros*, siehe Seite 65)
- Engelstrompete (*Brugmansia*, siehe Seite 80)
- Heiliger Bambus (*Nandina*, siehe Seite 116)
- Himmelsblume (*Thunbergia*, siehe Seite 107)
- Ionischer Liguster (*Ligustrum*, Seite 119)
- Kirschmyrte (*Syzygium*)
- Klebsame (*Pittosporum*, siehe Seite 38)
- Lorbeer (*Laurus*, siehe Seite 36)
- Mittelmeerschneeball (*Viburnum*)
- Myrte (*Myrtus*, siehe Seite 37)
- Natalpflaume (*Carissa*)
- Orangenblume (*Choisya*, siehe Seite 81)
- Palisanderbaum (*Jacaranda*, siehe Seite 115)
- Schönmalve (*Abutilon*, siehe Seite 55)
- Seidenbaum (*Albizia*)
- Sternjasmin (*Trachelospermum*, siehe Seite 83)
- Weißdolde (*Rhaphiolepis*)
- Wollmispel (*Eriobotrya*, siehe Seite 114)
- Zitronenstrauch (*Alyosia*, siehe Seite 80)

KÜBELPFLANZEN FÜR SCHATTEN-TERRASSEN

Buntnessel
(Solenostemon scutellarioides,
Syn.: *Coleus*-Blumei-Hybriden)

Der Zierwert dieser Tropenpflanzen, die derzeit eine Renaissance erleben, rührt von den vielfarbigen, leuchtend bunten Blättern her. Sie werden meist ohne Sortennamen im Zimmerpflanzen-Sortiment angeboten.
Wuchs: Damit die buschigen Halbsträucher auf Dauer kompakt bleiben, kneift man die Triebspitzen im Sommer immer wieder mit den Fingerspitzen ab oder kappt sie mit der Schere, damit sie sich neu verzweigen.
Blüte: Die Blüten sind unscheinbar.
Standort: Die zarten Blätter würden bei direkter Sonneneinstrahlung verbrennen oder welken. Sie kommen daher im Halbschatten besser zurecht.
Pflege: Die Erde mit Regenwasser stets feucht halten und während der Wachstumszeit wöchentlich düngen.
Pflanzenschutz: Blattläuse möglich.
Überwinterung: Hell bei 15 (± 5) °C, auch auf der Fensterbank möglich. Da Temperaturen unter 5 °C nicht vertragen werden, frühzeitig einräumen.
Extra-Tipp: Die beim Rückschnitt anfallenden Triebspitzen bewurzeln sehr rasch in Wasser oder in Erde.

Fuchsien
(Fuchsia-Hybriden)

Mit ihren bunten Blütenröckchen blühen sich die über 10 000 Fuchsien-Sorten jedes Jahr in unsere Herzen.
Wuchs: Die sommergrünen Büsche werden gerne als Stämmchen gezogen. Im Frühjahr vor dem frischen Austrieb kürzt man die Kronen ein, damit sie klein und kompakt bleiben. Zusätzlich werden die Triebe von März bis Mai des öfteren entspitzt. Danach gibt man den Blütenknospen Zeit, sich an den Triebenden zu bilden.
Blüte: Voherrschende Blütenfarben sind Violett, Pink, Rot, Rosa und Weiß. Die Blüte dauert den ganzen Sommer.
Standort: Fuchsien gelten als klassische »Schattenpflanzen«. Doch ohne Sonne kommen auch sie nicht aus. Ein Platz mit Morgen- und Abendsonne ist ideal (Ost-/Westterrassen).
Pflege: Die Bodenfeuchte sollte auf niedrigem Niveau konstant sein. Sprühen erhöht die Luftfeuchte. 1 x pro Woche düngen.
Pflanzenschutz: Neben Weißer Fliege und Blattläusen Grauschimmelbefall.
Überwinterung: Dunkel bei 10 (± 2) °C. *F. magellanica* verträgt leichten Frost.

Hortensien
(Hydrangea)

Als Kübelpflanze spielt die Garten-Hortensie (*H. macrophylla*) mit ihren etwa 20 Sorten die größte Rolle.
Wuchs: Die sommergrünen Sträucher erreichen im Kübel 1,5 bis 2 m Höhe.
Blüte: Die zu Dolden, Tellern oder Rispen zusammengefassten Kelchblätter sind rosa, rot, weiß oder blau gefärbt. Für die Blaufärbung ist saure, aluminiumhaltige Erde notwendig. Aluminiumsulfat ist als Dünger erhältlich.
Standort: Wechselsonnig, luftfeucht, kühl, nach der Blüte auch sonniger.
Pflege: Die Erde sollte stets leicht feucht sein, was im Hochsommer nur mit täglichem Gießen zu erreichen ist. Gedüngt wird 1 x pro Woche. Nach der Blüte schneidet man die abgeblühten Triebteile kräftig zurück, da nur die neuen Triebe im Folgejahr blühen.
Pflanzenschutz: Diverse saugende Schädlinge und Pilzkrankheiten.
Überwinterung: Draußen oder hell bei 0 (± 5) °C. Pflanzgefäße gut isolieren und auf Füße stellen. Vorsicht: Im Frühjahr angebotene, blühende Pflanzen stammen aus dem Glashaus und sind zunächst keine Kälte gewohnt.

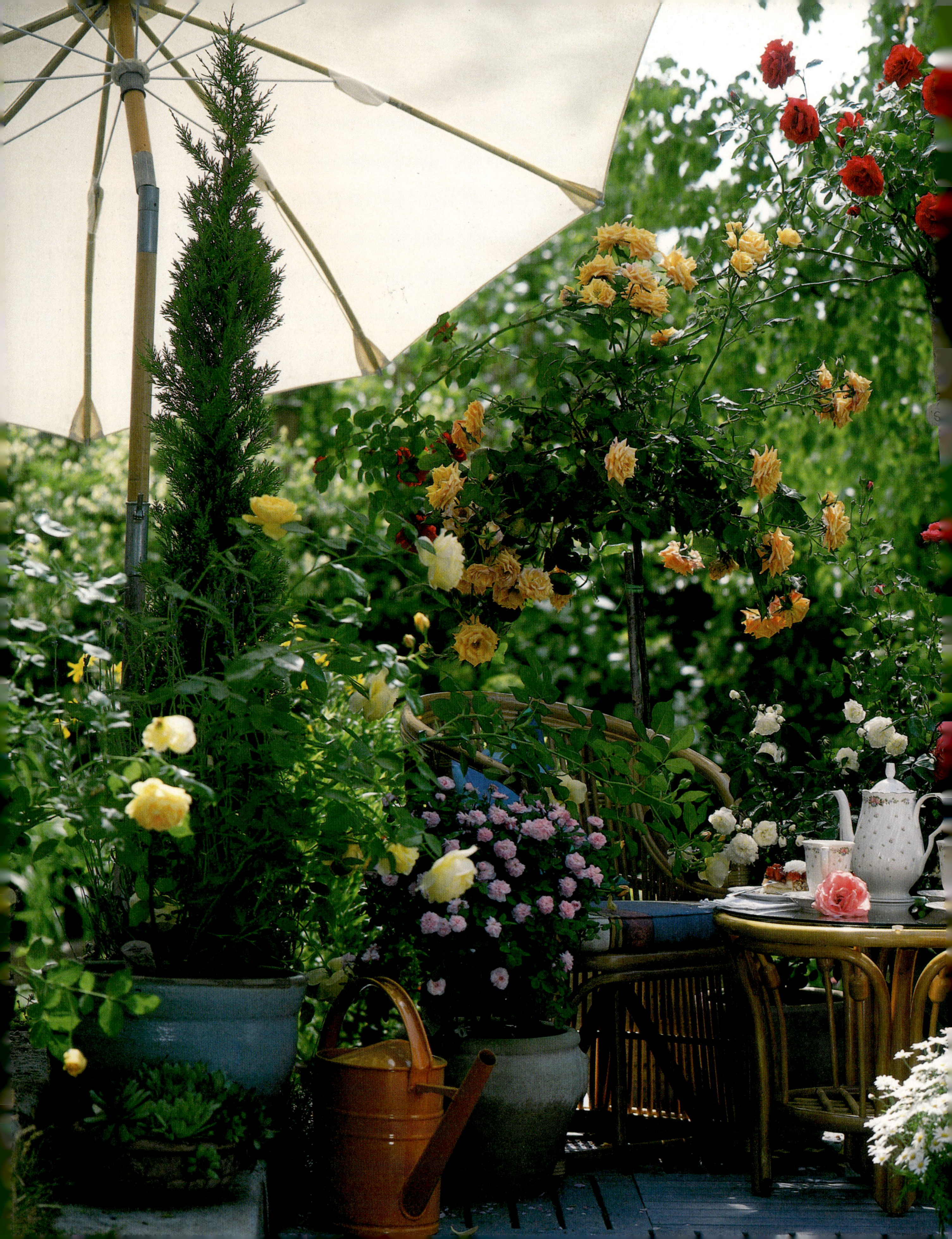

ROSIGE ZEITEN AUF DER TERRASSE

Ein Garten ohne Rosen? Undenkbar! Und auch als Terrassengärtner sollte man nicht auf die »Königin der Blumen« verzichten. Unter den Zwergrosen, Hochstamm- und Kletterrosen, aber auch unter den Bodendecker-, Beet- und Strauchrosen finden sich bewährte Sorten für die Topfkultur. Achten Sie auf robuste Sorten, die nicht anfällig für Krankheiten sind. Wichtig ist, dass Sie allen geräumige und vor allem tiefe Pflanzgefäße bieten. Im Fachhandel sind hierfür extra hohe Rosentöpfe erhältlich. Ebenso sollten Sie auf die richtige Erde achten. Rosen lieben lehmhaltige Erde, die reichlich Wasser und Nährstoffe speichert, aber gleichzeitig locker und durchlässig ist. Eine gute Mischung für Kübelrosen ist je ein Drittel lehmiger Gartenboden, Kübelpflanzenerde und Sand. Platzieren Sie Ihre Schätze sonnig, aber setzen Sie sie nicht der Hitze aus.

Oben: Die Fülle an Blüten ist auch bei Topfrosen so groß, dass man ruhig einige abschneiden und zu blumigen Tischdekorationen arrangieren kann.

Links: Während der heißen Mittagsstunden ist selbst den sonnenliebenden Rosen der leichte Schatten eines Schirms willkommen. Nehmen Sie Platz und genießen Sie den Duft.

Links: Die öfterblühenden Strauchrosen 'Schneewittchen' und 'Prosperity' finden sich hier mit einem Farn zu einem Set zusammen, wie es Engländer lieben würden.

Rechts: Bauchige Obelisken aus Metall geben höheren Topf-Rosen Halt. Verankern Sie die Kletterhilfen in schweren Töpfen mit breiter Basis, damit sie auch bei Wind nicht umfallen.

Bodendecker-, Strauch- und Beetrosen für Töpfe und Kübel

Sorte, Blüte	Höhe	Blüte	Rosenklasse
'Bischofsstadt Paderborn', orange-rot	bis 150 cm	öfter blühend	Strauchrose; sehr robust
'Duftwolke', rot	bis 70 cm	lang blühend	Beetrose (Teehybride), stark duftend; buschig
'Friesia', gelb	bis 60 cm	einmal blühend	Beetrose (Floribunda-Rose), buschiger Wuchs
'Heideröslein Nozomi', rosa	bis 30 cm	einmal blühend	Bodendeckerrose, lange Blüte; leichter Duft
'Heideschnee', weiß	bis 70 cm	öfter blühend	Bodendeckerrose, leichter Duft
'IGA '83 München', rosa	bis 80 cm	lang blühend	Beetrose (Floribunda-Rose), sehr robust
'Lavender Dream', rosa	bis 70 cm	öfter blühend	Bodendeckerrose, intensiver Duft
'Marlena', rot-orange	bis 40 cm	lang blühend	Beetrose (Floribunda-Rose), buschiger Wuchs
'Mirato', rosa	bis 60 cm	öfter blühend	Bodendeckerrose, buschiger Wuchs
'Meidiland'-Serie, weiß, rosa, rot	bis 80 cm	öfter blühend	Bodendeckerrose, diverse Züchtungen
'Muttertag', rot	bis 30 cm	reich blühend	Beetrose (Polyantha-Hybride), buschiger Wuchs
'Rebecca', gelb-rot	bis 80 cm	reich blühend	Beetrose (Teehybride), buschiger Wuchs
'Rosarium Uetersen', rosa	bis 200 cm	öfter blühend	Strauch- bis Kletterrose, für Kaskaden-Hochstämm
'Schneewittchen', weiß	bis 150 cm	öfter blühend	Strauchrose, starker Duft, für Hochstamm-Rosen
'Sissinghurst Castle', rot	bis 90 cm	einmal blühend	Strauchrose, Duft
'The Fairy', rosa	bis 70 cm	öfter blühend	Bodendeckerrose, sehr robust
'Wildfang', rosa	bis 60 cm	reich blühend	Bodendeckerrose, sehr robust, wintergrün
'Westerland', gelb-orange	bis 200 cm	öfter blühend	Strauch- bis Kletterrose, braucht Platz

Rosenblüten für jede Gelegenheit

Von ganz klein bis ganz groß reicht die Palette der Rosensorten, die sich für die Kübelkultur eignen. Die kleinsten sind die Zwerg- oder Minirosen, die größten die Kletterrosen mit bis zu drei Metern Höhe.

Zwergrosen

Mit weniger als 40 cm Höhe haben die duftlosen Zwergrosen keinen großen Platzbedarf und lassen sich in normal dimensionierten Töpfen und Kästen einzeln oder in Gruppen pflanzen. Zu den rot blühenden Sorten zählen 'Maidy', 'Scarletta', 'Starina', 'Vatertag' oder 'Zwergkönig '78', zu den orangeroten 'Orange Meillandina', 'Clementine' oder 'Zwergenfee'. Rosa erblühen 'Amulett', 'Pink Symphonie' oder 'Zwergkönigin '82', gelb 'Baby Maskerade', 'Goldjuwel', 'Guletta' oder 'Sonnenkind'. Die weiße Fahne zeigen 'White Gem' oder 'Schneeweißchen' (weitere Sorten siehe Bildreihe rechts).

Hochstammrosen

Keine andere Rosenform bietet auf der Terrasse so viele Vorteile wie die Stämmchen.

Oben: Die Minirosen 'Amber', 'Goldy' und 'Champagner' zeigen attraktive Gelb-Tönungen.

Mitte: Der Sorte 'Anabell' sind hier zwei 'Rebell'-Rosen zur Seite gestellt.

Unten: 'Ballett Kordana' (Zwergrose) und Schleierkraut *(Gypsophila)* passen wunderschön zusammen.

Diese Szenerie beherrschen im Hintergrund zwei üppig blühende Hochstammrosen. Von Hochstämmchen spricht man bei einer Veredlungshöhe von etwa 90 cm, von Halbstämmchen bei etwa 60 cm, von Fußstämmchen bei etwa 40 cm Stammhöhe. Bei Trauerstämmen (Veredlungen mit Kletterrosen) liegt die Veredlungshöhe meist bei 140 cm. Als Rosenbegleiter konkurrieren Waldrebe *(Clematis)*, Salbei *(Salvia)*, Rittersporn *(Delphinium)* und Hornveilchen *(Viola cornuta*, im Topf vorne) um die besten Plätze

Begleit- oder Unterpflanzung: der Hofstaat für Kübelrosen

Deutscher Name *(Botanischer Name)*, Blüte	Höhe	Blütezeit	Bemerkungen	siehe Porträt
Frauenmantel *(Alchemilla mollis)*, gelb	bis 40 cm	Juni–Juli	hübsches, weich behaartes Laub	
Schleierkraut *(Gypsophila repens)*, weiß	bis 20 cm	Mai–Juni	Blütenwolken; überhängend	
Rittersporn *(Delphinium*-Hybriden), blau, weiß, rosa	bis 120 cm	Juni–September	blüht bei Rückschnitt nach	
Glockenblume *(Campanula)*, blau, weiß, rosa	bis 100 cm	Juni–August	Vielzahl kleiner und großer Arten	Seite 126
Vanilleblume *(Heliotropium arborescens)*, violett	bis 40 cm	Mai–September	einjährig; intensiver Duft	
Eisenkraut *(Verbena bonariensis)*, vielfältig	bis 30 cm	Juni–Oktober	einjährig; verlangt Sonne	
Lilie *(Lilium)*, vielfältig	bis 200 cm	Juli–August	große Sorten-Auswahl	Seite 130
Salbei *(Salvia)*, blau, violett, weiß	bis 100 cm	Juni–Juli	aromatische Blätter	Seite 48
Phlox *(Phlox)*, vielfältig	bis 100 cm	Juni–August	große Sorten-Auswahl	Seite 131
Herbst-Anemone *(Anemone hupehensis)*, rosa, weiß	bis 100 cm	August–Sept.	Halbschatten erforderlich	
Mädchenauge *(Coreopsis)*, gelb	bis 60 cm	Juni–August	nach 3 bis 4 Jahren teilen	Seite 127
Hohe Bart-Iris *(Iris*-Barbata-Elatior-Hybriden), vielfältig	bis 100 cm	Juni–August	große Sorten-Auswahl	Seite 129
Storchschnabel *(Geranium dalmaticum)*, rosa	bis 20 cm	Juni–Juli	Herbstfärbung	
Kissen-Aster *(Aster dumosus)*, vielfältig	bis 60 cm	Juli–September	besonders späte Blütezeit	
Duftsteinrich *(Lobularia maritima)*, weiß, rosa	bis 10 cm	Mai–Oktober	einjährig, intensiver Duft	
Gräser, z. B. Reitgras *(Calamagrostis × acutiflora)*	bis 100 cm	Juni–Juli	großzügige Pflanzgefäße	Seite 150 f.

Vor allem Hochstämmchen heben die Blüten mit ihrem Duft genau in Augen- und Nasenhöhe und brauchen dabei mit ihren Kugelkronen, die man mit regelmäßigem Schnitt in Form hält, kaum Platz.

Für Rosen-Stämmchen werden diverse Rosensorten auf den Trieb einer Wildrose veredelt. Diese Rosen können aus allen Klassen stammen. Veredelungen mit Kletterrosen bezeichnet man wegen ihrer überhängenden Kronen oft als Trauer- oder Kaskaden-Hochstämmchen. Besonders schön ist es, wenn die gewählten Sorten obendrein herrlich duften, wie 'Mildred Scheel' (Beetrose, rot), 'Schneewittchen' (Strauchrose, weiß), oder 'Ilse Krohn Superior' (Kletterrose, weiß).

Kletterrosen

Für diese Rosen braucht man Platz. Geben Sie den stark wüchsigen Pflanzen von Anfang an große Pflanzgefäße und hohe Kletterhilfen (z.B. Pergola), an denen man sie nach oben leiten und festbinden kann. Verwenden Sie vor allem so genannte Climber-Kletterrosen, die biegsamere und reicher verzweigte Triebe bilden als die Rambler. Zu den empfehlenswerten, öfter blühenden, duftenden Climbern zählen in Rosa 'Clair Matin', 'Coral Dawn' 'Ramira', 'Morning Jewel' oder 'Lawinia', in Gelb 'Goldener Olymp' oder 'Golden Shower', in Weiß 'Ilse Krohn Superior' und 'New Dawn'. Zu den rot blühenden Kletterrosen zählen 'Dortmund', 'Parkdirektor Riggers', 'Santana' oder 'Sympathie'.

Staudige Begleiter

Wie im Garten gehört es sich auch für Topfrosen, dass man Ihnen einen Hofstaat passender Begleitpflanzen zur Seite stellt (siehe Tabelle links).

Mit weniger als 80 cm Wuchshöhe schmückt sich die Beetrose 'Bonica '82' mit einer Vielzahl rosafarbener Blüten, die in dichten Büscheln zusammenstehen. Was ihre Blüten an Duft vermissen lassen, macht der Lavendel daneben wieder wett. 'Bonica '82' zählt zu den **ADR-Rosen**. Dieses Prädikat wird nur an Züchtungen vergeben, die sich in der Allgemeine Deutsche Rosenneuheitenprüfung bewähren konnten. Prüfkriterien sind unter anderem ihre Widerstandsfähigkeit und Blühwilligkeit.

Niedrige und hohe Glockenblumen *(Campanula)* stellen gemeinsam mit den weichen Blütendolden des Halskrauts *(Trachelium)* und den filigranen Trieben der Blauraute *(Perovskia)* eine blaue Eskorte für die kleine Beetrose.

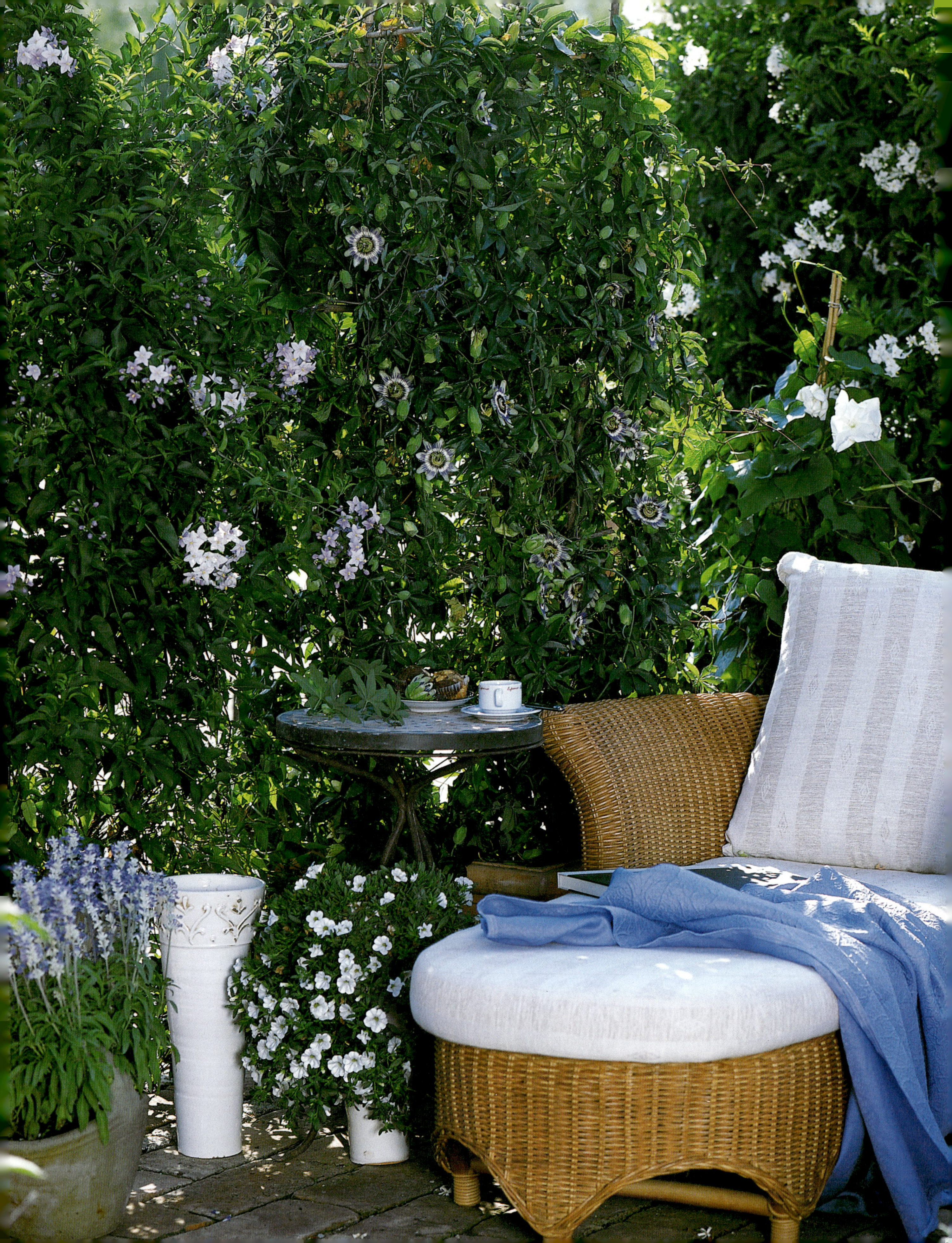

BLICKDICHT: BLÜHENDE WÄNDE

So gelungen eine Terrasse auch gestaltet sein mag: Sie wird nie perfekt, wenn man sich ständig beobachtet fühlt. Spüren Sie fremde Blicke auf sich, will einfach keine Geborgenheit und Gemütlichkeit aufkommen. Das probateste Mittel gegen solcherlei unerwünschte Ein- und Ausblicke sind Kletterpflanzen. Außer dichten, grünen Wänden bieten sie uns schöne Blüten und zarte Düfte. Deshalb sollte man sie nicht nur einsetzen, wenn es erforderlich ist, sondern auch als Schmuckelemente. Geben Sie Ihrer Terrasse einen blühenden Rahmen oder setzen Sie berankte Obelisken als Blickfänge ein: Für Kletterpflanzen ist immer Platz, denn sie brauchen davon nicht viel.

Oben: Thunbergie, Prunkwinde und Maurandie (hinten, von links). Vanilleblume (vorn links) und Wandelröschen (rechts) laden zur Teestunde ein.

Links: Selbst in kleinen Gärten ermöglicht ein Sichtschutz mit Kletterpflanzen ungestörtes Lesevergnügen.

Klettergarten im Topf

Mandevillen *(Mandevilla)* zählen zu den absoluten Dauerblühern im Klettergarten. Ihre ausgesprochen schnellwüchsigen Triebe schmücken sich den ganzen Sommer hindurch mit großen roten, rosafarbenen oder weißen Trichterblüten.

Kletterpflanzen streben von klein auf dem Himmel entgegen und beanspruchen, an einem Gerüst gezogen, weniger als 30 cm Tiefe. Dafür gehen sie immer mehr in die Breite und weben auf diese Weise dichte Teppiche. Achten Sie bei der Wahl der Klettergerüste deshalb auf Stabilität, denn mit den Jahren können diese Teppiche ein beachtliches Gewicht erreichen. Bei Wind bieten sie den Böen breite Angriffsflächen und erfordern feste Verankerungen.

Wichtig: Eine gute Erziehung

Wenn man nicht aufpasst, stiften wüchsige Kletterpflanzen im Nu ein heilloses Chaos. Sie angeln in allen Richtungen nach Halt und vergreifen sich dabei hemmungslos auch an den Nachbarpflanzen. Leiten Sie deshalb die Triebspitzen regelmäßig an die Kletterhilfen heran. Triebe ohne Rankorgane bindet man zur besseren Führung mit Draht fest. Verwenden Sie mit Kunststoff ummantelte Drähte, die nicht einschnüren. Triebe, die sich zu weit vorwagen, werden eingekürzt – bei einjährigen Arten sofort während der Sommermonate, bei mehrjährigen in der Regel im Vorfrühling vor dem neuen Austrieb. Verblühtes sollten Sie regelmäßig auszupfen, da die Samenbildung die Pflanzen nur unnötig Kraft kostet.

Sichtschutz rund ums Jahr

Für dauerhaften Sichtschutz, der auch in den Wintermonaten erhalten bleibt, sorgen immergrüne, **winterharte Kletterpflanzen** wie Efeu *(Hedera,* siehe Seite 104), Kletterhortensie *(Hydrangea petiolaris)* oder Kletterspindel *(Euonymus fortunei).* Sie halten sich mit Hilfe von Haftwurzeln selbstständig fest, wachsen aber nur zögerlich heran. Ein halbschattiger bis schattiger Platz ist diesen Immergrünen besonders willkommen, damit die Wintersonne sie nicht zu stark austrockne und ihnen Schaden zufügt.

Doch nicht nur die frostfesten Immergrünen machen sich als Kübelpflanzen verdient. Auch sommergrüne Vertreter wie die Waldreben *(Clematis,* siehe Seite 103) oder die Halbschatten bevorzugenden Geißblätter *(Lonicera)* bereichern den Terrassengarten. Unter letzteren finden sich herrlich duftende Arten wie Feuer-Geißblatt *(L. hekrottii),* Wald-Geißblatt *(L. periclymenum)* oder Jelängerjelieber *(L. caprifolium).* Das Immergrüne Geißblatt *(L. henryi)* bleibt

Schöne Terrassen zum Nachpflanzen
(Bild siehe Seite 98/99)

① und ⑧ Salbei *(Salvia farinacea)*
② Million-Bells-Petunie *(Petunia × atkinsiana)*
③ Kletternder Nachtschatten *(Solanum jasminoides)*
④ Passionsblume *(Passiflora caerulea)*
⑤ Prunkwinde *(Ipomea alba)*
⑥ Weißer Kletternder Nachtschatten *(Solanum jasminoides* 'Alba')
⑦ Schwarzäugige Susanne *(Thunbergia alata* 'Susi White, Black Eye')

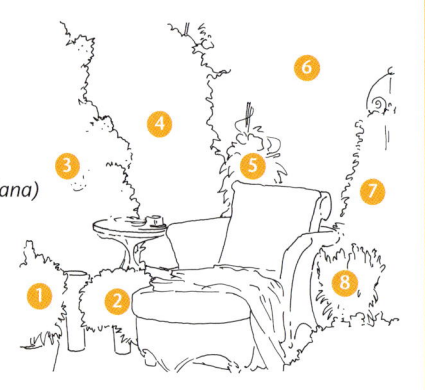

auch im Winter attraktiv. Sie alle verlangen geräumige Pflanzgefäße, um auf Dauer genug Entwicklungspotenzial für ihre Wurzeln und Triebe zu haben.

Eine gute Alternative für besonders starkwüchsige Kletterer wie den Blauregen *(Wisteria sinensis)*, den Wein *(Vitis)* in all seinen Frucht- und Zierformen oder die Kletterrosen (siehe Seite 97) ist es, wenn man sie am Terrassenrand in den Gartenboden auspflanzt und ihre Triebe an der Pergola oder Hauswand entlang ranken lässt. So können sie sich unbegrenzt zu voller Pracht entwickeln.

Eine pfiffige Lösung ist die Kombination aus schnell wachsenden einjährigen und langsam wachsenden mehrjährigen Kletterpflanzen. Während die einen sofort den gewünschten Effekt erzielen, bieten sie den anderen Schatten und Zeit, um in Ruhe heranwachsen und schließlich die Sichtschutzfunktion übernehmen zu können.

Sichtschutz für eine Saison

Bei vielen anderen Kletterpflanzen, die in ihren Heimatländern mehrjährig sind, gelingt die Überwinterung bei uns nicht zuverlässig. Sie werden deshalb als **einjährige Kletterpflanzen** gezogen. Die jährliche Neuaussaat beginnt ab März. Nach der Vorkultur an einem sehr hellen Platz im Haus bei etwa 20 °C kommen die Pflänzchen ab Mitte Mai nach draußen auf die Terrasse, wo sie sich dann in aller Regel auch sehr rasch weiterentwickeln. Ihre Pracht währt allerdings nur bis zum Herbst, denn der erste strenge Frost bedeutet den sicheren Tod, wenn man sie nicht zuvor in einen geschützten Raum geholt hat.

Wer Wert auf schöne Blüten legt, steht im Terrassen-Garten vor einer großen Auswahl. Wunderschöne, einjährig gezogene Exoten sind Rosenkelch *(Rhodochiton atrosanguineus)*, Sternwinde *(Ipomoea lobata)*, Maurandie *(Asarina barclaiana)* und Schönranke *(Eccremocarpus scaber)*. Sie alle haben rote bis orangefarbene Blüten. Der Japanische Hopfen *(Humulus japonicus)* zeigt statt hübscher Blüten zahllose handförmige Blätter, die rasch dichte Teppiche weben.

Für besonders raschen Sichtschutz sorgen starkwüchsige Arten

Topfschönheiten: Die Waldrebe 'Rüütel' blüht samtrot von Juli bis September. 'Mrs. N. Thompson' begeistert zur ersten Blüte im Juni mit vielen blauroten Schattierungen. Auch die Nachblüte im September kann sich sehen lassen. Beide Kreuzungen (Hybriden) werden bis zu 2 m hoch.

TIPP

Von ihren natürlichen Standorten her sind es Kletterpflanzen gewohnt, die Wurzeln im Schatten zu haben, ihre Triebe jedoch der Sonne entgegen zu recken. Deshalb lieben sie auch auf der Terrasse durch andere Pflanzen oder Töpfe beschattete Füße.

Prunkwinden (hier: *Ipomoea purpurea*) und Thunbergien *(Thunbergia alata)* wachsen rasant heran und erobern ihre Pyramiden aus Bambusstäben in wenigen Wochen. Allerdings kosten die üppigen Triebe und das sommerlange Blütenfeuerwerk viel Kraft. Überwinterte Pflanzen kommen daher im Frühjahr weit schwerer aus den Startlöchern als frisch ausgesäte Exemplare. Deshalb behandelt man diese Kletterer oft wie einjährige Pflanzen, die ab März jedes Jahr neu aus Samen herangezogen werden.

Die roten Blüten der einjährigen Sternwinde *(Ipomoea coccinea)* zieren die zart beblätterten, windenden Triebe von Juli bis Oktober wie bunte Pinseltupfer.

Mobilität macht das Gärtnerleben um vieles leichter

Wieder andere exotische Kletterpflanzen lassen sich sehr gut frostfrei überwintern und schmücken die Terrasse viele Sommer hintereinander. Achten Sie hier auf mobile Klettergerüste. Besonders praktisch sind Kletterhilfen, die in oder an den Pflanzgefäßen befestigt sind und gemeinsam mit diesen ins Winterquartier geräumt werden können. Lässt man die Triebe dagegen an Sichtschutz-Wänden oder Drähten hochranken, die fest mit der Hauswand oder dem Terrassenbelag verbunden sind, muss man sie jeden Herbst ablösen oder abschneiden. Das wirft die Pflanzen in ihrer Entwicklung jedes Jahr erneut zurück. Mobile Kletterhilfen sind im Fachhandel in vielen Modellen aus Eisen oder Holz erhältlich.

wie Schwarzäugige Susanne *(Thunbergia alata,* siehe Seite 107), Glockenrebe *(Cobea scandens)* oder Feuerbohne *(Phaseolus coccineus).*

Früchtespaß in luftiger Höhe

Ein Erlebnis besonderer Art sind einjährige Kletterpflanzen mit Früchten. So entwickelt der Flaschenkürbis *(Lagenaria siceraria)* – große Pflanzgefäße, reichlich Wasser und Dünger vorausgesetzt – im Herbst bauchige Früchte mit schlankem Hals, die ausgehöhlt ungewöhnliche Musikinstrumente oder Vasen abgeben. Auch der Ballonwein *(Cardiospermum)* zeigt ungewöhnliche ballonförmige Früchte, die sich trocknen lassen.

KÜBELPFLANZEN, DIE HOCH HINAUS WOLLEN

Trompetenblume und Kapgeißblatt
(Campsis radicans/Tecomaria capensis)

Hier werden zwei typisch mediterrane Kletterpflanzen vorgestellt, die wegen ihrer sehr ähnlichen, orangeroten Blütenbüschel leicht zu verwechseln sind.
Wuchs: Während *C. radicans* (siehe Bild) aufstrebende, sehr lange sommergrüne Triebe mit Haftwurzeln bildet, wächst *T. capensis* kompakt, zunächst fast buschförmig heran und trägt meist ganzjährig glänzend dunkles Laub.
Blüte: Die Blüten von *C. radicans* gleichen langen, nur wenig gebogenen Röhren mit symmetrischer Anordnung der Kronblätter. Die Blütenröhren von *T. capensis* sind stark gebogen und wirken asymmetrisch. Von beiden gibt es gelb blühende Spielarten. Alle haben eine hohe Leuchtkraft.
Standort: Volle Sonne ist Voraussetzung für die hochsommerliche Blüte.
Pflege: Das üppige Laub verbraucht reichlich Wasser und verlangt jede Woche 1 x Dünger.
Pflanzenschutz: Spinnmilben, Läuse.
Überwinterung: *C. radicans* (halb-)hell bei 5 (±5)°C; ausgepflanzt winterhart. *T. capensis* hell bei 10 (±5)°C.

Waldreben
(Clematis)

Zunehmend entdeckt man die Qualitäten winterharter Waldreben auch für die Topfkultur. Besonders geeignet sind weniger als 3 m hoch wachsende Vertreter, zu denen die Sorten von *C. viticella*, *C. texensis*, *C. flammula* (Duft) sowie diverse Hybriden zählen (siehe unten). *C. armandii* (weiß, immergrün) und *C. florida* (weiß) sind nicht winterhart.
Wuchs: Die sommergrünen Triebe halten sich selbstständig fest.
Blüte: Von den empfehlenswerten Hybriden blühen im Sommer blauviolett: 'Daniel Deronda', 'H. F. Young', 'Königskind', 'Marie Louise Jensen'; licht- und mittelblau: 'Katharina', 'Ascotiensis'; rosa: 'Piilu', 'Pink Champagne'; weiß: 'John Huxtable', 'Peter Pan'; rot: 'Ville de Lyon', 'Mikelite'.
Standort: Den Kopf in der Sonne, den Fuß im Schatten – so ist es optimal.
Pflege: Verwenden Sie durchlässige Erde, da die Wurzeln empfindlich auf Staunässe reagieren, aber viel Wasser brauchen. Wöchentlich düngen.
Pflanzenschutz: Die Clematis-Welke (Pilz) führt zum Absterben der Triebe.
Überwinterung: Mit Winterschutz im Freien; Jungpflanzen hell bei 5 (±5)°C.

KÜBELPFLANZEN

Efeu
(Hedera)

Diese immergrünen Kletterer warten mit über 200 Sorten und nicht nur mit dunkelgrünen, sondern auch mit gelb-, weiß- und rotbunten Blättern unterschiedlichster Größe und Form auf.
Wuchs: Die Triebe bilden Haftwurzeln. Sie können im Jahr über 1 m zulegen.
Blüte: Blüte erst im Alter, im Herbst folgen darauf schwarze Beeren.
Standort: Efeu ist ausgesprochen anpassungsfähig: Er gedeiht in der Sonne ebenso wie im Schatten. Wechselsonnige Lagen dankt er mit besonderer Vitalität und Wuchsfreude.
Pflege: Keine besondere Pflege nötig.
Pflanzenschutz: Schädlingsfrei.
Überwinterung: Alle von *H. helix* und *H. colchica* abstammende Arten können draußen überwintern. Isolieren Sie die Töpfe, damit der Ballen nicht durchfriert. Seltener als durch Frost nimmt Efeu durch winterliche Trockenheit Schaden. Daher bei Bedarf an frostfreien Tagen gießen! Formen von *H. canariensis* und *H. colchica* sind in Töpfen nicht zuverlässig frostfest.
Extra-Tipp: Mit Efeu berankte Torbögen in Töpfen schmücken jede Terrasse.

Prunkwinden
(Ipomoea)

Während die häufigsten Arten *I. purpurea* (Bild) und *I. tricolor* von Natur aus einjährig sind, erschöpfen sich auch viele andere, staudige Vertreter rasch, und es ist oft besser, man sät sie jährlich ab März neu aus. Die blaue *I. indica*, die weiße *I. alba* sowie *I. mauritiana*, *I. cairica* und *I. carnea* (rosafarben) sind zuverlässig mehrjährig.
Wuchs: Die hier vorgestellten Arten erreichen Höhen von bis zu 3 m und haben zumeist herzförmige Blätter.
Blüte: Die im Aufblühen tief blauvioletten Eintagsblüten von *I. indica*, *I. purpurea* und *I. tricolor* färben sich bis zum Abend pupurn bis fliederfarben. Ihre Sorten blühen rein weiß oder rosa.
Standort: Vollsonnig, warm.
Pflege: Im Sommer täglich gießen, aber keine Staunässe aufkommen lassen. Jede Woche 1 x düngen.
Pflanzenschutz: Weiße Fliegen, Läuse.
Überwinterung: Mehrjährige Arten hell bei 10 (±5)°C. Kräftig einkürzen.
Extra-Tipp: Himmelblaue Blüten tragen die nur 40 cm hohen **Winden-***(Convolvulus)*-Arten *C. sabatius*, *C. tricolor* und *C. cneorum* (Ampelpflanzen).

Korallenwein
(Kennedia)

Diese australischen Kletterpflanzen sorgen mit ihren korallenroten Schmetterlingsblüten für leuchtende Farbtupfer auf der Terrasse.
Wuchs: Die locker mit behaarten, meist dreizähligen immergrünen Blättern besetzten Triebe können in einem Jahr über 3 m Länge zulegen. Um sie zu zügeln, schneidet man sie im Frühling vor dem neuen Austrieb oder nach der Blüte kräftig zurück.
Blüte: Die aus mehreren Einzelblüten zusammengesetzten Blütenstände der als Kübelpflanzen sehr gängigen Arten *K. coccinea* (Bild) und *K. rubicunda* zeigen sich meist ab Juni. Die braunblütige *K. nigricans* ist eine Rarität.
Standort: Sonnig, warm, geschützt.
Pflege: Wie bei den meisten Kübelpflanzen ist den Wurzeln eine konstant mäßige Bodenfeuchte und jede Woche 1 x Dünger am liebsten. Während kurze Trockenheit vertragen wird, führt Staunässe rasch zu Wurzelschäden und einem Absterben der Triebe.
Pflanzenschutz: Zuweilen Spinnmilben.
Überwinterung: Hell bei 7 (±5)°C; Ballen nicht austrocknen lassen.

... DIE HOCH HINAUS WOLLEN

Mandevillen
(Mandevilla bzw. Dipladenia)

Die großen Trichterblüten dieser wüchsigen Schlinger öffnen sich den ganzen Sommer über unermüdlich und in sehr großer Zahl.
Wuchs: Die starkwüchsigste von allen ist *M. × amabilis* 'Alice du Pont' mit mehr als 150 cm Jahreszuwachs, sehr großen, tief geaderten Blättern und dunkelrosa Blüten. *M. sanderi* ist dagegen etwas schwachwüchsiger und trägt glatte, 5 cm lange Blätter.
Blüte: Während *M. sanderi* rosafarbene, die Sorte 'Alba' weiße und 'Scarlet Pimpernel' rote Blüten zeigt, tragen *M. boliviensis* und *M. laxa* weiße Trichterblüten mit gelbem Grund. *M. laxa* duftet intensiv, 'Alice du Pont' leicht.
Standort: Plätze mit mäßiger Sonneneinstrahlung sind am besten.
Pflege: Die robusten Südamerikanerinnen zeigen keine Star-Allüren und sind mit durchschnittlicher Pflege zufrieden. Ein Rückschnitt kann jederzeit erfolgen, eine Verjüngung im Spätwinter.
Pflanzenschutz: Zuweilen siedeln sich Spinnmilben und Blattläuse an.
Überwinterung: Hell bei 10 (±5)°C, *M. laxa* verträgt kurzzeitig Frost (−5°C).

Pandorea
(Pandorea)

Die immergrünen, glänzend dunkelgrünen Blätter dieser starkwüchsigen australischen Kletterer stehen in schönem Kontrast zu den zartrosa Blüten, die in kleinen, aber zahlreichen Büscheln zusammenstehen.
Wuchs: Zügelt man die Wuchskraft der Triebe regelmäßig mit der Schere, erreichen sie ihre Endhöhe nicht, sondern überwallen die Klettergerüste mit immer neuen Trieben.
Blüte: Die Blütenform der beiden Arten *P. jasminoides* und *P. pandorana*, auch Wonga-Wonga-Wein genannt, unterscheidet sich nur unwesentlich. Erstere sind rosa gefärbt und duften herrlich, letztere sind fast weiß; beide hatten einen roten Blütengrund.
Standort: Ein sonniger, aber mittags beschatteter regengeschützter Platz ist ideal für die dicht belaubten Triebe.
Pflege: Die Wurzeln verlangen reichlich Wasser, um das Blattwerk versorgen zu können und 1 x pro Woche Dünger. Triebe gelegentlich anbinden.
Pflanzenschutz: Zuweilen Spinnmilben.
Überwinterung: Hell bei 10 (±5)°C; Ballen nicht austrocknen lassen.

Wein
(Vitis, Parthenocissus)

Sowohl der Echte Wein *(Vitis vinifera)*, als auch der Wilde Wein *(Parthenocissus)* kommen in großen Pflanzgefäßen hervorragend zurecht. Im Herbst kleiden sie sich in leuchtende Farben.
Wuchs: Der Echte Wein sucht mit Ranken Halt an Drähten oder Spalieren. Die Sorten 'Engelmannii' *(P. quinquefolia)* und 'Veitchii' *(P. tricus-pidata)* halten sich mit Hilfe dicht mit Haftscheiben besetzter Ranken selbstständig an Hausmauern fest.
Blüte: Auf die unscheinbare, gelblich-weiße Frühlingsblüte folgen im Herbst Beeren in Trauben. Beim Wilden Wein sind sie zu klein für eine Mahlzeit. Beim Echten Wein kann man auch bei uns gute Ernten einbringen, wenn man auf robuste und resistente Sorten setzt.
Standort: Vollsonnig, warm.
Pflege: Erde konstant leicht feucht halten, obwohl Trockenheit verziehen wird. Wöchentlich düngen, da starkwüchsig. Echten Wein jeden Spätwinter schneiden (Fruchtansatz).
Pflanzenschutz: Häufig Mehltau.
Überwinterung: Beide sind winterfest, der Echte Wein mit Winterschutz.

KÜBELPFLANZEN

Passionsblumen
(Passiflora)

Mit hierzulande über 100 angebotenen Arten und mehr als 50 Sorten bieten Passionsblumen für den Einsteiger wie für den Liebhaber eine reichhaltige Auswahl.
Die wohl häufigste Art ist die Blaue Passionsblume (*P. caerulea*, kl. Bild l.), die auch als weiße Variante 'Constance Elliott' überzeugt (kl. Bild r.), oder deren Kreuzung (*P. × violacea*, gr. Bild). Sie sind frosttolerant und können mit isolierten Töpfen geschützt im Freien überwintern. Als ebenfalls winterhart gelten z.B. *P. × colvillii*, *P. incarnata* und *P. naviculata*.
Viele Blüten duften lieblich (z.B. *P. amethystina*, *P. capsularis* 'Vanilla Cream', 'Incense', 'Sapphire' und 'Surprise'). Wieder andere tragen essbare Früchte. Die bekanntesten sind Maracuja (*P. edulis*) und Riesen-Granadilla (*P. quadrangularis*). Letztere braucht jedoch – wie auch alle rot blühenden Passifloren – einen Wintergartenplatz. Für Früchte, die man auch auf der Terrasse ernten kann, sorgen z.B. *P. alata*, *P. foetida*, *P. incarnata*, *P. pinnatistipula*, *P. tripartita* oder *P. vitifolia*.
Wuchs: Die Triebe ranken selbstständig an den dargebotenen Kletterhilfen hoch. Regelmäßiger Rückschnitt der Seitentriebe im Februar/März hält sie kompakt und wirkt verjüngend.
Blüte: Die faszinierende Blütenarchitektur tröstet darüber hinweg, dass jede Blüte nur 1, selten 2 bis 3 Tage hält. Laufend neue Knospen im Hoch- und Spätsommer ersetzen sie.
Standort: Wechselsonnig, warm.
Pflege: Mit ihrer zumeist üppigen Belaubung verdunsten Passionsblumen reichlich Wasser, das im Sommer täglich nachgefüllt werden muss, jedoch nur in dem Maß, dass Staunässe vermieden wird. Jede Woche 1 x düngen.
Pflanzenschutz: Spinnmilben und Blattläuse können sehr lästig werden.
Überwinterung: Art- und sortenabhängig; meist hell bei 10 (±5)°C. Frosttolerante Arten mit Schutz im Freien.

Rosa Trompetenwein
(Podranea ricasoliana)

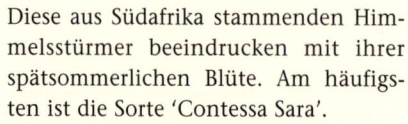

Diese aus Südafrika stammenden Himmelsstürmer beeindrucken mit ihrer spätsommerlichen Blüte. Am häufigsten ist die Sorte 'Contessa Sara'.
Wuchs: Die sehr wüchsigen, peitschenartigen Triebe erreichen leicht 2m Zuwachs pro Saison und verholzen schnell. Ein regelmäßiger Rückschnitt im Spätwinter und bei Bedarf noch einmal im Juni ist ratsam. Die deutlich gezähnten Fiederblätter sind hellgrün.
Blüte: Die rosafarbenen Kronblätter sind mit feinen roten Strichzeichnungen verziert. Der Schlund ist meist ebenfalls rosa, selten gelblich gefärbt. Die Blütenbüschel an den Triebenden erscheinen selten vor Ende August, dann aber häufig bis Oktober.
Standort: Sonne ja, aber nicht zu viel.
Pflege: Eine konstante, aber mäßige Bodenfeuchte und Dünger 1 x pro Woche halten die Triebe zu einer reichen Beblätterung ohne Verkahlen an.
Pflanzenschutz: Neben Spinnmilben häufig Schildläuse an den Trieben.
Überwinterung: (Halb-)Hell oder dunkel bei 10 (±5)°C; evtl. Laubverlust gleicht der Neutrieb im Frühjahr aus.

... DIE HOCH HINAUS WOLLEN

Blauglöckchen
(Sollya heterophylla)

Diese noch viel zu wenig bekannte und verbreitete australische Kletterpflanze läutet schon in jungen Jahren ihre himmlisch schöne Blütezeit ein.
Wuchs: Da die Triebe keine Rankorgane besitzen, sollte man sie immer wieder an die Klettergerüste heranleiten, die sie dann mit ihren schmalen Blättern von allen Seiten umschlingen.
Blüte: Die kleinen, aber überaus zahlreichen Blütenglöckchen sind himmelblau, seltener weiß. Sie erscheinen ab Mai den ganzen Sommer über.
Standort: (Wechsel-)Sonnig.
Pflege: Eine mäßige, aber gleichmäßige Bodenfeuchte ist Voraussetzung für eine kontinuierliche Trieb- und Blütenentwicklung. Staunässe schädigt die Wurzeln rasch und führt zum Absterben der Pflanzen. 2 bis 3 x pro Monat Dünger ins Wasser geben.
Pflanzenschutz: Spinnmilben.
Überwinterung: Hell bei 10 (±5) °C. Erde leicht feucht, aber niemals nass halten. Je heller der Standort ist, umso mehr Blätter bleiben erhalten. Verkahlte oder zu große Pflanzen kann man im Spätwinter kräftig einkürzen.

Thunbergien
(Thunbergia)

Diese Gattung mehrjähriger Akrobaten hat viele Blütenschönheiten zu bieten.
Wuchs: Die kräftigen Schlinger wachsen sehr rasch. Ausnahmen sind die langsam wüchsigere *T. battiscombei* und die eher buschige *T. erecta*.
Blüte: *T. erecta* und *T. battiscombei* zeigen von Mai bis Oktober violettblaue, *T. grandiflora* himmelblaue, *T. mysorensis* gelb-rote, *T. gregorii* orangefarbene, *T. alata* je nach Sorte gelbe, weiße oder orangefarbene Blüten.
Standort: Wechselsonnige Lagen ohne pralle Mittagssonne sind ideal.
Pflege: Diese nicht ganz pflegeleichten Schönheiten mögen weder Standortveränderungen noch Wechsel in der Boden- oder Luftfeuchtigkeit. 1 x pro Woche düngen. Am pflegeleichtesten ist *T. alata*.
Pflanzenschutz: Spinnmilben, Weiße Fliegen und Blattläuse treten auf.
Überwinterung: Hell bei 15 (±5) °C.

Oben: Schwarzäugige Susanne *(T. alata*, links), *T. battiscombei* (rechts).
Unten: Himmelsblume *(T. grandiflora*, links), *T. gregorii* (rechts).

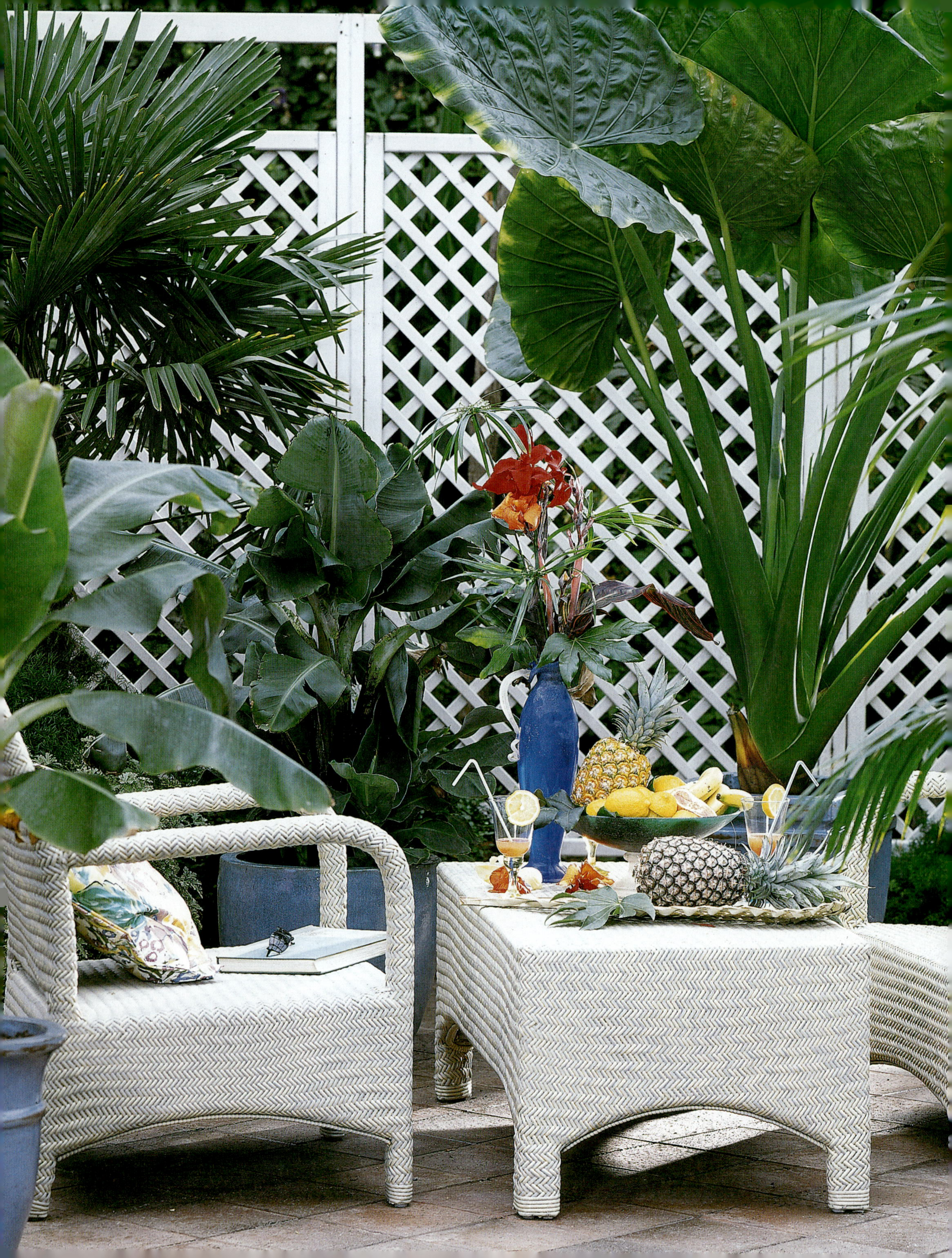

SCHÖNES BLATTWERK

So faszinierend schöne Blüten sind – von so kurzer Dauer sind sie oft auch. Ganz anders verhält es sich da mit schmucken Blättern, die Ihre Pflanzen das ganze Jahr, zumindest aber den ganzen Sommer lang, auffällig schmücken. Entdecken Sie die Möglichkeiten, auch ohne Blüten mit Blattschmuckpflanzen wunderschöne Terrassen zu gestalten. Besonders große Blätter ziehen die Blicke auf sich, denn sie sorgen augenblicklich für tropisches Flair. Mit Palmen fühlt man sich an karibische Strände versetzt. Wasser speichernde Pflanzen (Sukkulenten) mit ihren derben, oft verdickten und bewehrten Blättern verleihen Ihrer Terrasse Wüsten-Charakter. Filigrane Fiederblätter, die im Wind rascheln und lichten Schatten spenden, sind von großer Anziehungskraft. Und für reichlich Farbe auch außerhalb der Blütezeiten sorgen schließlich rote, gelb- bzw. weiß-grüne oder mehrfarbige Blätter.

Oben: Korbmöbel runden eine asiatische Terrasse ab, auf der Bambus und andere Gräser die Hauptrolle spielen.

Links: Für tropische Üppigkeit und seichten Schatten sorgen das riesige Elefantenohr, Zier-Bananen und Palmen.

Frisch zubereitete Gerichte aus dem Wok schmecken auf einer Terrasse im asiatischen Stil gleich nochmal so gut. Verwenden Sie Bambus in großen Pflanzgefäßen, klein bleibende Nadelbäumchen und typische, asiatische Accessoires.

Themen-Terrassen aus aller Welt

Wenn auch Sie gerne auf Reisen gehen, haben Sie sicher viele fremde Naturlandschaften im Kopf. Viele davon sind nicht von Blütenpflanzen, sondern von Blattschmuckpflanzen oder markanten Pflanzengestalten geprägt. Und damit zu Hause nicht alles nur Erinnerung ist, schaffen Sie sich doch einfach hierzulande fremdländische Oasen auf Ihrer Terrasse.

Der asiatische Stil

Der japanische Gartenstil prägt meist unsere Vorstellung vom asiatischen Garten. Auf der Terrasse kann man ihn mit Bambus in großen Pflanzgefäßen imitieren, dem Bonsai-Bäumchen oder Mini-Koniferen in kleinen, flachen Schalen zur Seite gestellt werden. Als Untergrund bietet sich Kies an, in den man mit dem Rechen nach Belieben Muster hacken kann.

Blühende Wüsten

Wer nicht viel Zeit für die Pflanzenpflege hat, ist mit Wüstenpflanzen gut beraten. Sie nehmen Trockenzeiten oder Düngermangel nicht übel und machen auch auf heißen, vollsonnigen Terrassen nicht schlapp. Dabei müssen es nicht immer Kakteen (Cactacaea) oder Wolfsmilchgewächse (Euphorbiaceae) sein, die mit harten Stacheln bewehrt sind. Es gibt nämlich auch viele unbewehrte Arten, wie zum Beispiel die Blattkakteen (*Epiphyllum*-Hybriden). Weitere »sanftmütige« Sukkulenten sind Rosettendickblatt (*Aeonium*, siehe Seite 32), Bandbusch (*Homalocladium*) oder die wunderschöne Wüstenrose (*Adenium obesum*) sowie der Rauschopf (*Dasylirion*, siehe Seite 35) und die *Kalanchoe*-Arten, die sich hinzugesellen können. Verstärkt wird das Wüstenhafte Ihrer Terrasse, wenn Sie Pflanzgefäße mit farbenfrohen mexikanischen Mustern verwenden, die Wände

Schöne Terrassen zum Nachpflanzen
(Bild siehe Seite 108/109)

① und ③ Zier-Bananen (*Musa acuminata*)
② Hanfpalme (*Trachycarpus fortunei*)
④ Elefantenohr (*Alocasia macrorrhiza* 'Giant')
⑤ Kentiapalme (*Howea forsteriana*)

mit Bastmatten verkleiden und mit Sombreros oder anderen Souvenirs als Dekoration arbeiten. Verwenden Sie statt Stühlen Sitzkissen oder Hocker.

Karibische Träume

Weiße Strände und immer sonnige 30 °C – das kann uns die heimische Terrasse leider nicht bieten. Doch einige Topfpalmen auf der Terrasse genügen oft schon, um Sie an die schönsten Tage des Jahres zu erinnern. Für den Palmen-Fan gibt es außer den bekanntesten Arten wie Hanfpalme *(Trachycarpus*, siehe Seite 39), Dattelpalme *(Phoenix*, siehe Seite 38) und Zwergpalme *(Chamaerops*, siehe Seite 34) an die 200 weitere Palmenarten, die sich zur Kübelkultur eignen. Sie vertragen sogar kurzzeitig Temperaturen um die Null-Grad-Grenze. Als Beispiele seien hier Zwerg-Palmetto *(Sabal minor)*, Blaue Hesperiden-Palme *(Brahea armata)*, Chilenische Honigpalme *(Jubaea chilensis)* oder Gelee-Palme *(Butia capitata)* genannt. Mit ihrem palmenähnlichen Aussehen sind auch Keulenlilien *(Cordyline*, siehe Seite 112) und Palmlilien *(Yucca*, siehe Seite 117) hervorragend geeignet, um Ihre Karibik-Terrasse mit Flair zu ergänzen.

Dschungel-Atmosphäre

Im Schatten breiter Bananenwedel zu sitzen *(Musa*, siehe Seite 113) und auf die riesigen Blätter des Elefantenohrs *(Alocasia*, siehe Seite 112) oder die übermannshohen Halme des Zyperngrases *(Cyperus*, siehe Seite 35) zu blicken, ist ein Bild, das halbschattigen Terrassen vorbehalten ist. In der vollen Sonne würden die Mammutblätter zu viel Wasser verdunsten und verbrennen. Zumindest ein Sonnenschirm oder eine Markise sollten für Schatten sorgen, ein großes Wasserspiel für die nötige Luftfeuchte. Willkommene Farbakzente inmitten des üppigen Grüns setzen rote Blätter wie die des Indischen Blumenrohrs *(Canna*, siehe Seite 127), des Wunderbaums *(Ricinus*, siehe Seite 117) oder der Roten Zierbanane *(Ensete*, siehe Seite 113).

Bunte Blätter

Zahlreiche Kübelpflanzen sind in buntlaubigen Sorten erhältlich. Der Fachmann nennt dies »Panaschierung«. Hinweise auf panaschierte Sorten finden Sie bei den jeweiligen Porträts (z. B. *Myrtus* siehe Seite 37, *Pittosporum* siehe Seite 38).

Karibik-Feeling kommt auf, wenn Sie neben üppig blühendem Hibiskus *(Hibiscus rosa-sinensis)* Palmen wie die Hanfpalme *(Trachycarpus)* verwenden.

KÜBELPFLANZEN

Elefantenohr, Taro
(Alocasia, Colocasia)

Während sich die meisten Arten dieser beiden Gattungen nur ganzjährig im Haus wohl fühlen, zieren die imposanten Blätter von *Alocasia macrorrhiza* (Bild) und *Colocasia esculenta*, die sich sehr ähnlich sind, gerne Sommerterrassen.
Wuchs: Den Wurzeln entspringen immer neue Blätter, sodass sich dichte Horste bilden, die über 1 qm Platz einnehmen können.
Blüte: Die unscheinbaren, in Kolben zusammengefassten Blüten erscheinen bei Kübelpflanzen nur sehr selten.
Standort: Ein halbschattiger Platz, der die Blätter vor Sonnenbrand und Überhitzung bewahrt, ist ideal.
Pflege: Um eine konstant hohe Boden- und Luftfeuchte zu garantieren, werden die Blätter und Ballen im Sommer täglich überbraust. Dünger 1 x pro Woche beugt Nährstoffmangel vor, den gelbe Blattränder anzeigen.
Pflanzenschutz: An lufttrockenen Standorten häufig Spinnmilben.
Überwinterung: Hell bei 15 (±5) °C.
Extra-Tipp: Die dicken Wurzeln lassen sich wie Kartoffeln zubereiten.

Aukube
(Aucuba japonica)

In klimatisch begünstigten Regionen sind diese immergrünen Ostasiaten winterhart. Gelb gesprenkelte Sorten (Bild) wie 'Variegata', 'Picturata' oder 'Crotonifolia' sind besonders beliebt.
Wuchs: Auch ohne Schnitt entwickeln sich kompakte Büsche. Doch nur durch regelmäßiges Stutzen lässt sich die Endhöhe unter 2 m halten.
Blüten und Früchte: Die auffälligen, roten, giftigen Beeren (kl. Bild) schmücken nur die weiblichen Sträucher. Es gibt auch gelb- und weißfrüchtige Sorten. Zur Bestäubung ist ein männliches Exemplar in der Nähe von Vorteil. Die kleinen Frühlingsblüten sind rötlich.
Standort: Ost- und Westterrassen sagen Aukuben am besten zu, aber auch Nordseiten sind möglich. An zu sonnigen Plätzen verbrennen die Blätter.
Pflege: Da keine üppige Blüte erwartet wird und das Wachstum eher gedrosselt werden soll, genügen 2 Gaben Dünger pro Monat. Erde konstant leicht feucht halten.
Pflanzenschutz: Keine Anfälligkeit.
Überwinterung: Draußen oder hell bei 8 (±8) °C; Töpfe im Freien isolieren.

Keulenlilie
(Cordyline australis)

Neben der grünblättrigen Art ist vor allem die rotblättrige Sorte 'Atropurpurea' ein Blickfang auf der Terrasse.
Wuchs: Die langen, schmalen Blätter stehen zunächst in dichten Büscheln nach oben, ältere neigen sich elegant über. Der Habitus erinnert an Palmen.
Blüte: Ab einem Alter von 5 bis 6 Jahren entwickeln sich jährlich im Sommer imposante weiße Blütenstände. Danach verzweigen sich die zunächst eintriebigen Agavengewächse.
Standort: Volle Sonne oder Halbschatten – beides ist den Pflanzen recht. 'Atropurpurea' hat höhere Lichtansprüche als die grüne Art.
Pflege: Verwenden Sie gut durchlässige Erde, die bis zum nächsten Gießdurchgang antrocknen sollte. 2 x Dünger pro Monat genügt.
Pflanzenschutz: Keine Anfälligkeit.
Überwinterung: Hell bei 8 (±8) °C; weitgehend trocken halten; kurzfristig leichter Frost wird vertragen.
Extra-Tipp: Häufig findet man *C. australis* als »*Dracaena*« oder »*Cordyline indivisa*« angeboten. Diese Namen sind jedoch anderen Arten vorbehalten.

... MIT SCHMUCKEN BLÄTTERN

Palmfarn
(Cycas revoluta)

Die Vertreter dieser entwicklungsgeschichtlich sehr alten Pflanzengattung sehen Palmen zwar sehr ähnlich, stehen aber den Baumfarnen näher.
Wuchs: Das Wachstum ist extrem langsam und mit ein Grund für den hohen Kaufpreis. Sie erreichen auch im Kübel ein Alter von über 80 Jahren.
Blüte: Die getrennt geschlechtlichen männlichen und weiblichen Exemplare blühen in Kübelkultur nur sehr selten.
Standort: Luftfeuchter Halbschatten.
Pflege: Durchlässige Erde bewahrt die empfindlichen Wurzeln vor Staunässe und Fäulnis. Es erfordert einiges Fingerspitzengefühl, die Bodenfeuchte auf konstant niedrigem Niveau zu halten. Im Sommer 1 x im Monat düngen.
Pflanzenschutz: Selten Wollläuse.
Überwinterung: Hell bei 15 (±5)°C; weitgehend trocken halten.
Extra-Tipp: Palmfarne sind streng geschützt (Washingtoner Artenschutzübereinkommen) und dürfen nicht der Natur entnommen werden. Anbieter müssen auf Anfrage den Nachweis führen können, dass die Pflanzen aus gärtnerischer Kultur stammen.

Papyrus
(Cyperus papyrus)

Die an ihren Enden mit einem Schopf fadenförmiger immergrüner Blätter versehene Halme können im Nu 3 m Höhe erreichen. In ihrem Inneren befindet sich das Mark, aus dem schon die Ägypter Papier herstellten.
Wuchs: Aus den Wurzeln sprießen immer neue Triebe hervor, sodass die Pflanzgefäße rasch zu klein werden. Im März sollte man zu dicht gewordene Horste teilen und die Teilstücke weiter kultivieren. Der Schnitt beschränkt sich auf das Auslichten beschädigter oder alter Triebe.
Blüte: Gelb-braune Rispen.
Standort: Sonnig und windgeschützt.
Pflege: Halten Sie die Erde konstant feucht. Der Wasserstand sollte aber nicht mehr als die halbe Höhe des Topfes betragen, da die Wurzeln sonst unter Sauerstoffmangel leiden. Im Sommer jede Woche 1 x düngen.
Pflanzenschutz: Häufig Spinnmilben.
Überwinterung: Hell bei 10 (±8)°C.
Extra-Tipp: Die weit häufigere Art *C. alternifolius* bleibt deutlich kleiner, hat etwa 5 mm breite Blätter und bevorzugt einen Dauerplatz im Haus.

Zier-Bananen
(Ensete, Musa)

Bananen wachsen enorm schnell. Am häufigsten ist wohl *Ensete ventricosum* (Bild) sowie deren Sorte 'Maurelii' mit dunkelroten Blättern. Gemeinsam mit der grünblättrigen *Musa basjoo* (Japanische Faserbanane) ist sie am besten für die Kübelkultur im Freien geeignet.
Wuchs: Bananen sind staudige Gewächse, deren »Stamm« aus Blattscheiden besteht. Höhen von über 5 m sind keine Seltenheit. Zu große Pflanzen kann man abschneiden.
Blüte: Zwar entwickeln Zier-Bananen wunderschöne Blütenstände und Früchte, die jedoch nicht die Qualität von Fruchtbananen haben (*Musa acuminata, M. × paradisiaca*), die Wintergartenbesitzern vorbehalten sind.
Standort: Wechselsonnig, luftfeucht und windgeschützt sollte es sein.
Pflege: Im Sommer mäßig, aber gleichmäßig feucht halten. Selten düngen.
Pflanzenschutz: Häufig Spinnmilben.
Überwinterung: Hell bei 10 (±5)°C; *M. basjoo* verträgt kurzzeitig Frost.
Extra-Tipp: Zwar sterben die Pflanzen nach der Blüte ab, doch ihr Leben lang bilden sie Seitenableger als Ersatz.

KÜBELPFLANZEN

Wollmispel
(Eriobotrya japonica)

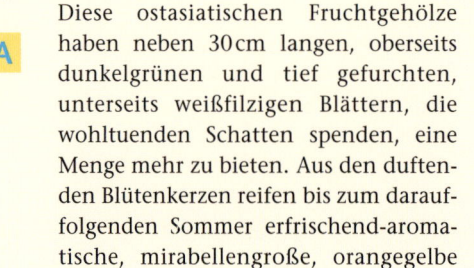

Diese ostasiatischen Fruchtgehölze haben neben 30 cm langen, oberseits dunkelgrünen und tief gefurchten, unterseits weißfilzigen Blättern, die wohltuenden Schatten spenden, eine Menge mehr zu bieten. Aus den duftenden Blütenkerzen reifen bis zum darauffolgenden Sommer erfrischend-aromatische, mirabellengroße, orangegelbe Früchte (Loquat oder Nespoli, kl. Bild).
Wuchs: Anfangs wachsen die immergrünen Wollmispeln meist mehrtriebig, später baumförmig heran. Korrekturschnitte sind nach der Ernte im Sommer oder im Spätwinter möglich.
Blüte: Die Blütenkerzen im Herbst sind in einen weißen Flaum gehüllt.
Standort: Wechselsonnige Plätze ohne Mittagshitze sind am besten.
Pflege: Im Sommer ziehen die Wurzeln reichlich Wasser, und man muss kräftig und häufig gießen. Trockenheit führt zu braunen Blatträndern. Jede Woche 1 x düngen (Mai–August).
Pflanzenschutz: Selten Läuse.
Überwinterung: Hell bei 10 (±8)°C, je heller der Standort, umso größer ist die Chance auf eine gute Ernte.

Bambusse
(Fargesia u.a.)

Angesichts der riesigen Bambus-Vielfalt, zu der zahlreiche Gattungen zählen, ist die Wahl nicht einfach. Sie sollte jedoch auf solche Vertreter fallen, die nicht mehr als 2 m Höhe erreichen. Denn die Trieblänge lässt sich nicht regulieren, ohne dass die Optik der Riesengräser beeinträchtigt würde. Zu diesen »zwergwüchsigen« Bambus-Gattungen gehören z. B. *Pleioblastus*, *Sasa* und *Pseudosasa*. Vertreter von *Phyllostachys* und *Fargesia* erreichen auch im Topf über 4 m Höhe.
Wuchs: Aus dem Wurzelstock sprießen immer neue reich beblätterte Triebe, die sich nicht verzweigen. Die Wurzeln füllen rasch selbst großzügige Pflanzgefäße aus und sollten daher regelmäßig im Februar/März geteilt und verjüngt werden.
Blüte: Die Blüte einer bestimmten Art erfolgt weltweit fast zeitgleich im Abstand von mehreren Jahrzehnten und ist nur sehr selten zu erleben (1998 sorgte die Blüte von *Fargesia murielae* für Aufsehen). Die Tatsache, dass die Pflanzen nach der Blüte absterben, ist daher kein Grund zur Besorgnis.
Standort: Je nach Art wird ein sonniger oder halbschattiger Platz bevorzugt. Pralle Sonne wird vertragen, aber meist nicht sonderlich geschätzt. Der Standort sollte nicht zugig sein, da die Gefahr von Trockenheit – vor allem im Winter – ansonsten zu hoch ist.
Pflege: Bambuswurzeln möchten stets über einen reichen Wasservorrat verfügen. Deshalb sollte die Erde ständig gut feucht, aber nicht staunass sein. Gedüngt wird 1 x pro Woche.
Pflanzenschutz: Keine Anfälligkeit.
Überwinterung: Die Mehrzahl der genannten Arten und Sorten ist frosthart. Erkundigen Sie sich jedoch beim Kauf nach der Frosttoleranz. Für alle genügt eine helle, frostfreie Überwinterung.

Oben: *Sasa*-Arten (l. vorne und r. hinten), *Phyllostachys aurea* (links hinten), *Fargesia nitida* (rechts vorne). Unten: *Fargesia murieliae* (links); *Phyllostachys aurea* (rechts).

... MIT SCHMUCKEN BLÄTTERN

Zimmer-Aralie
(Fatsia japonica)

Die handförmig eingeschnittenen glänzenden Blätter erhellen selbst halbschattige Terrassen mit Lichtreflexionen. Neben der dunkelgrünen Art sind buntblättrige Sorten wie 'Variegata' eine hübsche Alternative.
Wuchs: Die dicht mit Blättern besetzten Triebe wachsen zügig bis zu 2 m Höhe heran, lassen sich aber durch Rückschnitt im März leicht zügeln.
Blüte: Die meist im Herbst grünlich-gelben Blüten sammeln sich in kleinen Kugeln an den Enden großer Dolden.
Standort: Halbschatten; Sonne wird nur in Maßen vertragen, sonst verbrennen die Blätter; vor allem im Frühjahr langsam an die Sonne gewöhnen.
Pflege: Gleichmäßige Bodenfeuchte und jeden Monat 2 x Dünger – mehr brauchen die pflegeleichten aus Japan stammenden Pflanzen nicht.
Pflanzenschutz: Zuweilen Spinnmilben.
Überwinterung: Hell bei 8 (±8) °C; kurzer Frost bis −10 °C wird vertragen.
Extra-Tipp: Auch Schefflerien *(Schefflera)*, weit verbreitete Zimmerpflanzen, freuen sich über einen Sommerurlaub in halbschattiger Lage.

Zier-Ingwer
(Hedychium)

Aus der großen Familie der Zingiberaceae verdienen es zahlreiche Arten, mehr Verbreitung zu finden. Denn nicht nur ihre Blätter, sondern auch ihre Blüten sind ein fantastischer Schmuck. Bereits gelegentlich anzutreffen sind *Hedychium gardnerianum* (Kranzblume) mit herrlich duftenden gelben Blüten (Bild), *H. coronarium* (Schmetterlingslilie) mit weißen Duftblüten und *H. coccineum* (Roter Zier-Ingwer).
Wuchs: Die Triebe sprießen zunächst wie Strohhalme aus den dicken Wurzeln (Rhizomen), um dann nach und nach ihre Blättern zu entrollen. Jeder der krautigen Triebe kann 2 m Höhe erreichen, jedes Blatt 50 cm Länge.
Blüte: Die zwei- bis dreiwöchige Blüte fällt meist in die Spätsommermonate.
Standort: Wechselsonnig bis halbschattig, luftfeucht, geschützt, warm.
Pflege: Für eine mäßige, aber konstante Bodenfeuchte und Düngung sorgen.
Pflanzenschutz: Zuweilen Spinnmilben.
Überwinterung: Hell bei 10 (±5) °C; lässt man die Pflanzen im Herbst abtrocknen, welken die Blätter und man kann man die Töpfe dunkel einwintern.

Palisanderbaum
(Jacaranda mimosifolia)

Blattschmuck besonders feiner Art bietet dieser südamerikanische Baum mit seinen farnähnlichen Fiederblättern. Im Alter sorgt er für zusätzliche Effekte, wenn er himmelblaue Blütenglocken in großen Rispen zeigt. Bis dahin ist er ein graziler Schattenspender für heiße, vollsonnige Terrassen.
Wuchs: Wie für Bäume typisch, bildet sich zunächst ein einziger Haupttrieb, der sich erst ab einer Höhe von etwa 2 m von alleine verzweigt. Durch Schnitt kann man die Stammhöhe niedriger halten und die Pflanzen zu Halb- oder Hochstämmen erziehen.
Blüte: Ab einem Alter von etwa 12 Jahren ist mit ersten Blüten zu rechnen, die gleichzeitig mit oder vor dem Laubaustrieb im Frühjahr erscheinen.
Standort: Volle Sonne gibt älteren Pflanzen Kraft für die Blüte. Jüngeren Pflanzen genügt auch Halbschatten.
Pflege: Die Erde sollte stets leicht feucht, nie nass sein. 14-täglich düngen.
Pflanzenschutz: Spinnmilben und auch Blattläuse.
Überwinterung: (Halb-)Hell, 10 (±5) °C. Das Laub fällt im Winter ab.

KÜBELPFLANZEN

Heiliger Bambus
(Nandina domestica)

Neben der Heimat Japan und China haben diese immergrünen Berberitzengewächse mit ihrem Namensvetter, dem Bambus, auch die Blätter und den Wuchs gemein: Sie setzen sich aus Einzeltrieben zusammen, die den Wurzeln entspringen. Die Blätter sind länglich zugespitzt. Ansonsten unterscheidet sich der Heilige Bambus jedoch deutlich von den Riesengräsern.
Wuchs: Meist werden nur 2 m Wuchshöhe erreicht, bei der Sorte 'Pygmaea' unter 1 m. Die Blätter sind im Austrieb und bei herbstlicher Kälte attraktiv rot bis rosa gefärbt. Die Sorte 'Firepower' trägt gelbes, rosa überzogenes Laub.
Blüte: Auf die weißen Sommerblüten folgen im Herbst rote Beeren. Während die Sorte 'Richmond' zwittrig ist, erscheinen bei der reinen Art nur an den weiblichen Pflanzen Früchte.
Standort: Sonne bis Halbschatten.
Pflege: Die anspruchslosen Pflanzen mögen nur eines nicht: Staunässe. 14-tägliche Düngung ist ausreichend.
Pflanzenschutz: Selten Spinnmilben.
Überwinterung: Hell bei 5 (±5) °C; Frost bis –10 °C wird vertragen.

Neuseeländer Flachs
(Phormium)

Die schwertförmigen stabilen Blätter dieser immergrünen Stauden sind nicht nur in ihrer grünen Stammform sehr attraktiv. Vor allem rotblättrige Sorten wie 'Purpureum' oder gelb-grüne wie 'Variegatum' ziehen die Blicke auf sich. Die etwas schwachwüchsigeren Hybriden aus *P. tenax* (Bild) und *P. cookianum* weisen sogar hellrot-rosafarbene Spielarten wie 'Maori Maiden' und dreifarbige wie 'Sundowner' oder 'Tricolor' auf, die vor allem in England weit verbreitet und als Blattschmuck sehr beliebt sind.
Wuchs: Die Blätter sind zwischen 1 und 1,5 m, selten 2 m lang.
Blüte: Die Blüten stehen im Hochsommer auf bis zu 2,5 m langen Stielen. Sie sind meist rotbraun gefärbt.
Standort: Volle Sonne ist ebenso willkommen wie Halbschatten. Buntlaubige Sorten sind lichthungriger.
Pflege: Man kann eigentlich nichts verkehrt machen. Zu viel oder zu wenig Wasser – die Pflanzen passen sich an!
Pflanzenschutz: Selten Wollläuse.
Überwinterung: Hell bei 7 (±5) °C.
Extra-Tipp: Die Horste lassen sich im Frühjahr teilen und so gut vermehren.

Steineibe
(Podocarpus macrophyllus)

Mit ihrem schmalem, blattähnlichem Laub lassen diese Immergrünen zunächst nicht vermuten, dass es sich um Nadelbäume handelt. Obwohl schon lange weltweit als Kübelpflanzen geschätzt, findet man sie hierzulande nur sehr selten angeboten. Die bekannteste Art ist *P. macrophyllus*.
Wuchs: Die Zweige stehen bei der Stammform etagenartig ab, bei der Sorte 'Maki' streben sie straff nach oben. Da die Kronen sehr schnittverträglich sind, werden sie in ihrer Heimat Japan zu Riesen-Bonsais erzogen.
Blüte: Männliche Exemplare tragen pollenreiche Zapfen, weibliche schmücken sich im Herbst mit schwarzen Beerenfrüchten.
Standort: Sonnig oder halbschattig, windgeschützt und warm.
Pflege: Eine gleichmäßige Bodenfeuchte auf niedrigem Niveau ist bei den anspruchslosen Pflanzen ebenso willkommen wie eine hohe Luftfeuchte. 14-täglich düngen.
Pflanzenschutz: Schild-, Wollläuse.
Überwinterung: Hell bei 5 (±5) °C; kurzer Frost bis –5 °C wird vertragen.

... MIT SCHMUCKEN BLÄTTERN

Wunderbaum
(Ricinus communis)

Meist nur als einjährige Sommerblume bekannt, besticht der Wunderbaum auch als mehrjährige Kübelpflanze mit seinen großen, handförmigen Blättern, die grün oder tiefrot gefärbt sind.
Wuchs: Die anfangs krautigen Triebe verholzen erst mit den Jahren. Die Kronen erreichen rasch 3 m Höhe.
Blüte: Die weiblichen Blüten bestehen aus einer Vielzahl roter Griffel. Die an den hochsommerlichen Ähren unterhalb sitzenden männlichen Blüten sind gelb. Die ölhaltigen Samen, die in kastanienähnlichen Kapseln stecken, haben medizinische Wirkung (Abführmittel); falsch dosiert sind sie hoch giftig!
Standort: Vollsonnig, warm und windgeschützt sollte es sein, da die Triebe und Blätter sehr bruchgefährdet sind.
Pflege: Die großen Blätter verlangen reichlich Wassernachschub und mindestens 1 x pro Woche Dünger. Korrekturschnitte sind jederzeit möglich.
Pflanzenschutz: Schädlinge vergreifen sich nur sehr selten an den Blättern.
Überwinterung: (Halb-)hell sollte es sein, bei 10 (±5) °C; kräftiger Rückschnitt vor dem Ausräumen im Frühjahr.

Petticoat-Palme
(Washingtonia)

Diese nordamerikanischen Palmen erweisen dem 1. Präsidenten der USA mit mächtigen, wenig eingeschnittenen Wedeln alle Ehre. *W. filifera* (Bild) unterscheidet sich mit weißen Fasern, die sich von den Blatträndern lösen, von der etwas schlankeren *W. robusta*.
Wuchs: Im Vergleich mit anderen Palmen wachsen Petticoat-Palmen sehr zügig heran und können auch im Topf rasch über 5 m Höhe erreichen.
Blüte: Ist bei Exemplaren in Kübelkultur nur selten und meist erst ab einem Alter von 15 Jahren zu beobachten.
Standort: Sonnig bis halbschattig, ohne pralle Mittagssonne, gerne luftfeucht. Gewöhnen Sie die Wedel im Frühjahr langsam an die Sonne, sonst kommt es rasch zu Verbrennungen.
Pflege: Wie alle Palmen verlangen auch sie viel Wasser, jedoch in größeren Abständen. Die Erde sollte bis zum nächsten Gießdurchgang gut abtrocknen. Düngen Sie 2–3 x monatlich.
Pflanzenschutz: Spinnmilben bei zu warmer, lufttrockener Überwinterung.
Überwinterung: Hell bei 7 (±5) °C, kurzzeitiger Frost (–5 °C) wird toleriert.

Palmlilie
(Yucca)

Vor allem ihre ausgesprochen robuste Natur sichert diesen palmenähnlichen Agavengewächsen seit jeher einen Stammplatz unter den Kübelpflanzen. Die häufigsten Arten sind *Y. aloifolia* (Bild) und *Y. elephantipes* mit grünem Laub sowie die graublättrige *Y. rostrata*.
Wuchs: Anfangs sind die Stämme von unten bis oben beblättert. Später stehen die riemenförmigen Blätter am Ende der Triebe in Schöpfen zusammen. Verkahlte, unförmige Pflanzen kann man jederzeit kappen. Selbst laublose Stämme bilden neue Seitentriebe.
Blüte: Die imposanten, meist hochsommerlichen Blütenstände sind dicht mit weißen Blütenglocken besetzt.
Standort: Vollsonnig, gerne heiß.
Pflege: Da Palmlilien ausgesprochen tolerant sind, werden selbst Dürre und Düngermangel toleriert. Dennoch sind auch sie für eine gute Pflege dankbar.
Pflanzenschutz: Schädlingsfrei.
Überwinterung: Hell bei 12 (±8) °C. Die keinen Stamm bildende *Y. filamentosa* kann im Freien überwintern.
Extra-Tipp: Hüten Sie sich vor den Blattspitzen und gezähnten Blatträndern.

So abwechslungsreich kann eine Terrasse sein, auf der Grünpflanzen die Hauptrolle spielen! Man mag sich kaum entscheiden, ob man zuerst die zu Spiralen und Mehrfach-Pompons gezogenen Leyland-Zypressen, die stattlichen Lorbeerstämmchen oder den Buchskegel betrachten soll. Weiß blühende Strauchmargeriten begleiten die Szenerie.

Diese beiden Turteltäubchen aus kleinblättrigem Ionischen Liguster sind leider nicht winterhart. Sie verbringen den Winter daher hell und frostfrei im Haus.

Die Kunst des Formschnitts

Lässt man Pflanzen einfach wachsen, wie es ihnen gefällt, kommt nicht immer die Form heraus, die man sich gewünscht hat. Viele werden zu groß, zu ausladend oder unförmig. Deshalb haben die Gärtner schon vor Jahrhunderten den Formschnitt erfunden. Er zwingt die Kronen mit der Schere in Kugeln, Kegel und Quader oder zieht sie an Drahtgerüsten zu fantasievollen Formen. Jeder Trieb, der den vorgegebenen Rahmen zu sprengen droht, wird eingekürzt, damit er sich immer wieder verzweigt und die Kronen dichter und dichter macht.

Doch dieser Prozess braucht Zeit – viel Zeit. Durch den permanenten Rückschnitt werden die Kronen nur sehr langsam größer und fülliger. Deshalb haben Formschnitt-Pflanzen einen hohen Preis. Ihnen gebührt ein exponierter Standort, an dem sie optimal zur Geltung kommen, zum Beispiel als Wächter rechts und links der Terrassentür oder als Eskorte neben der Gartentreppe.

Praxis-Tipps

Welche Pflanzen sich für den Formschnitt eignen, finden Sie in der nebenstehenden Tabelle. Am einfachsten zu handhaben sind kleinblättrige Arten wie Buchs oder Liguster, da man sie mit der Heckenschere schneiden kann. Gleiches gilt für Nadelgehölze wie Scheinzypresse und Lebensbaum. Bei großlaubigen Kandidaten wie dem Lorbeer sollte man beim Rückschnitt jedoch die Blätter nicht durchtrennen. Man betrachtet jeden Zweig einzeln und kürzt ihn mit der Gartenschere ein.

Für Tierfiguren sind Arten mit biegsamen Trieben wie der Ionische Liguster am besten geeignet, da man sie an den Drahtformen entlangleiten kann. So kommt man rascher zu dichten Formen als z.B. beim langsam wüchsigen Buchs, der die Gerüste von unten her auffüllt.

Wer anfangs noch unsicher ist, sollte sich Schnittschablonen aus Holz oder Draht bauen. Einfacher ist es, von Anfang an Unterkonstruktionen aus Draht in die Töpfe zu stellen und die Pflanzen in diese hineinwachsen zu lassen. So bleibt die Form stets vorgegeben.

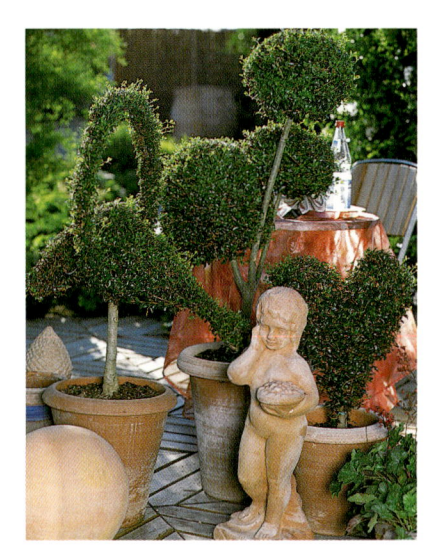

Zur Schere greift man immer dann, wenn die Kronen drohen, außer Form zu geraten. Dies kann nur ein Mal pro Jahr, also abhängig von der Pflanzengattung mehrmals der Fall sein (siehe Tabelle). Dabei sollte man immer nur den Neuzuwachs wegnehmen und nicht ins ältere Holz schneiden. Kürzen Sie die Triebe lieber weniger, dafür aber umso häufiger ein. Geschnitten wird von Frühjahr bis Herbst. Für Nadelbäume sind April und August die geeignetsten Monate.

Links: Buchsbäume brauchen Jahrzehnte, um so heranzuwachsen. Im Winter sollte man die Töpfe gut isolieren und bei Trockenheit gießen.

Mitte: Leyland-Zypressen wachsen recht zügig heran.

Rechts: Der Ionische Liguster wird gerne zu Tier- und Fantasiefiguren erzogen.

Die besten Kübelpflanzen für den Formschnitt

Deutscher Name (Botanischer Name)	Höhe	Schnitt	Bemerkungen
Buchs (Buxus sempervirens)	bis 150 cm	2–3 x jährlich	alle Formen möglich
Scheinzypresse (Chamaecyparis lawsoniana)	bis 250 cm	1–2 x jährlich	Kugeln, Kegel, Kuben, Spiralen
Immergrüne Kissenmispel (Cotoneaster microphyllus)	bis 150 cm	2–3 x jährlich	v. a. Figuren
Leyland-Zypresse (× Cupressocyparis leylandii)	bis 250 cm	1–2 x jährlich	Kugeln, Kegel, Kuben, Spiralen
Berg-Stechpalme (Ilex crenata)	bis 300 cm	1–2 x jährlich	v. a. Riesen-Bonsai
Lorbeer (Laurus nobilis)	bis 300 cm	1–2 x jährlich	Kugeln, Kegel, Kuben, Spiralen (siehe Seite 36)
Ionischer Liguster (Ligustrum delavayanum)	bis 250 cm	3–4 x jährlich	alle Formen möglich
Eibe (Taxus cuspidata, T. baccata)	bis 250 cm	1–2 x jährlich	v. a. Kegel, Kuben
Lebensbaum (Thuja occidentalis)	bis 250 cm	1–2 x jährlich	Kugeln, Kegel, Kuben, Spiralen

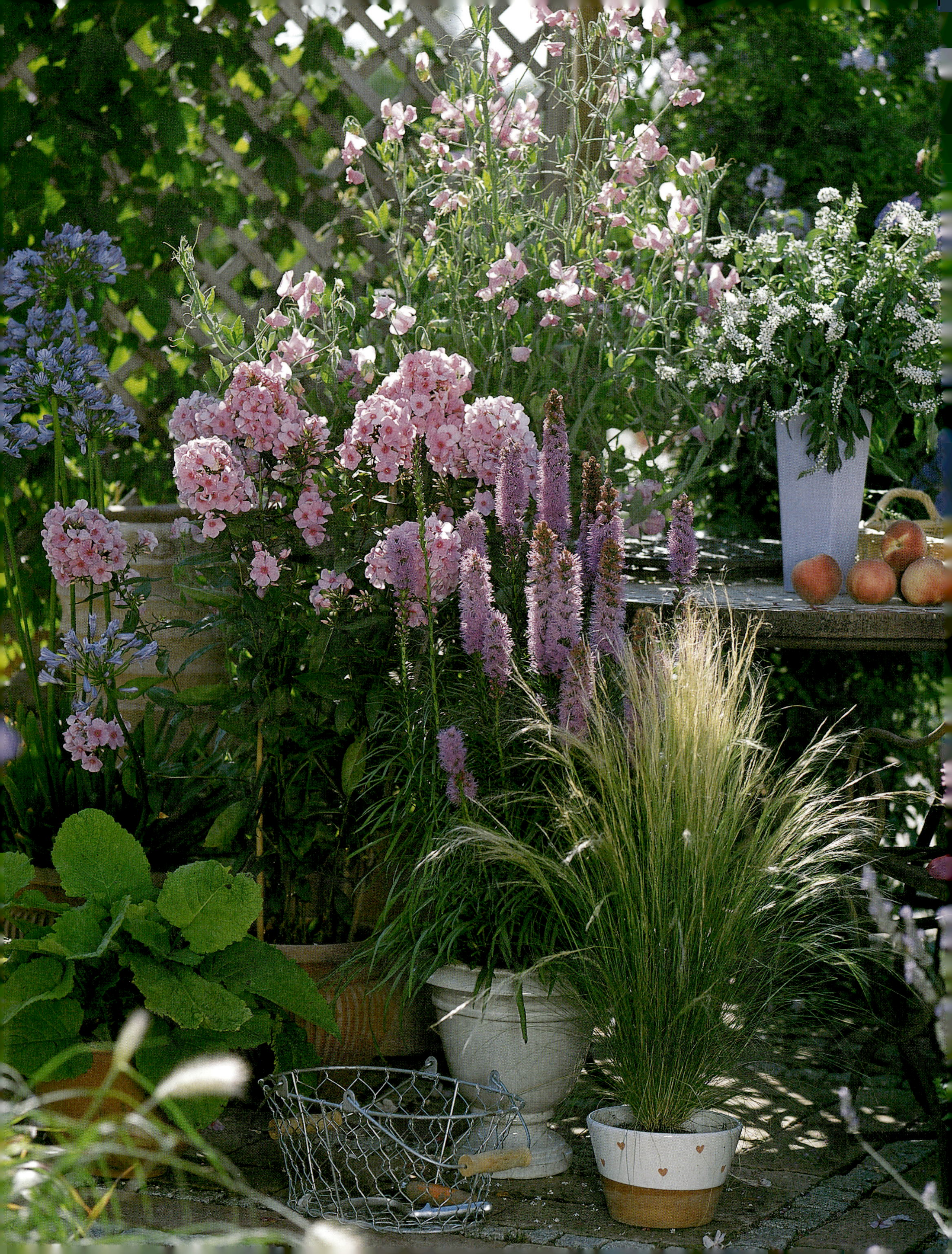

AUS DEM GARTEN IN DEN TOPF

Was sich im Garten bewährt, ist auch für die Terrasse einen Versuch wert – nach diesem Motto erobern immer mehr Stauden den Kübelgarten. Diese mehrjährigen frostharten und krautigen Pflanzen haben den Vorteil, dass man sie im Winter nicht ins Haus holen muss. Sie können wie in den Blumenbeeten im Garten das ganze Jahr über draußen bleiben. Ausgenommen bei immergrünen Arten, welken ihre Blätter im Herbst und sprießen erst im nächsten Frühjahr wieder, um sich im Sommer mit bezaubernden Blüten zu schmücken. In den Blütenreigen stimmen prachtvolle Zwiebelblumen ein, die im Frühjahr gepflanzt und im Winter im kühlen Keller eingelagert werden.

Oben: Funkien *(Hosta,* siehe Seite 129) dürfen mit ihren schmucken, bunten Blättern auf keiner Schattenterrasse fehlen.

Links: Bunte Vielfalt – was Stauden (also mehrjährige, krautige Pflanzen) im Garten können, zeigen sie auch im Topf eindrucksvoll.

Hauswurz-Arten *(Sempervivum)* sind wahre Lebenskünstler, die selbst in kleinsten Pflanzgefäßen, in Mauernischen, Plattenfugen oder auf Dachpfannen ihr Auskommen finden. In ihren grünen, roten, weiß oder grau überzogenen Blättern speichern Sie Wasser und Nährstoffe und überdauern so karge Zeiten. Auch unter den Fetthennen-*(Sedum)* und Steinbrech-Arten *(Saxifraga)* finden sich wunderschöne, anspruchslose Kleinode.

Blütenstauden für jede Gelegenheit

Das Staudensortiment ist riesig – und jedes Jahr kommen neue Selektionen und Züchtungen hinzu, von denen sich so manche als »topftauglich« erweist. Machen Sie mit beim Experimentieren und entdecken Sie Ihre ganz persönlichen Kübel-Favoriten.

Wichtig bei der Wahl der Testkandidaten ist ihre Widerstandsfähigkeit. Nur robuste Arten, die sehr anpassungsfähig an den Standort und die Lebensbedingungen sind, kommen in Frage. Wüchsige Stauden, die auch im Garten zu dichten Horsten heranwachsen, sind die Richtigen. Sie werden sich auch angesichts des begrenzten Wurzelraums im Topf und wechselnder Pflegebedingungen behaupten. Alpine Raritäten oder Freiland-Orchideen mit ihren speziellen Ansprüchen sind jedoch selbst erfahrenen Terrassengärtnern nicht anzuraten.

Achten Sie bei der Auswahl der Probekandidaten auf das Gesamterscheinungsbild der Pflanzen. Lassen Sie sich nicht allein von wunderschönen Blüten verführen, die sich dann vielleicht nur für kurze Zeit öffnen und ein unschönes, rasch welkendes Blattwerk hinterlassen. Schließlich muss man auf der Terrasse mit dem Platz haushalten, und da sollte jeder Topf ein Volltreffer sein. Ungeeignet in diesem Sinne sind z. B. Buschwindröschen, Türkischer Mohn, Maiglöckchen oder Akelei. Die meisten Punkte sammeln hingegen Bewerber, die neben einer langen Blütezeit attraktive Blätter haben, z. B. Funkie *(Hosta,* siehe Seite 129), Herbstanemone (z. B. *Anemone hupehensis*), Bergenie *(Bergenia)*, Purpurglöckchen *(Heuchera)* oder Frauenmantel *(Alchemilla)*. Auch Gräser sind bis weit in den Herbst hinein attraktiv (siehe Seite 150 f.)

Die Wuchshöhe ist ein wichtiges Merkmal für die Verwendung. Niedrige, nur 10 bis 20 cm hohe Polsterpflanzen entwickeln in flachen Schalen ihren Charme, brauchen hier aber viel Aufmerksamkeit (z. B. häufiges Gießen). Sie eignen sich ebenso zur Unterpflanzung wie für gemischte Pflanzungen, bei denen ihre Triebe über den Topfrand wallen können. Wuchshöhen zwischen 30 und 80 cm harmonieren mit den meisten Pflanzgefäßen und eignen sich oft gut für Kombinationspflanzungen. Arten, die über 100 cm hoch werden, sollten dagegen als Solitärpflanzen eingesetzt werden. Sie benötigen häufig Stützstäbe, um bei Wind nicht umzuknicken. Die Töp-

Schöne Terrassen zum Nachpflanzen

(Bild siehe Seite 120/121)

① Muskateller-Salbei *(Salvia sclarea)*
② Flammenblume *(Phlox paniculata)*
③ Schmucklilie *(Agapanthus-*Hybride)
④ und ⑨ Duft-Wicke *(Lathyrus odoratus)*
⑤ Prachtscharte *(Liatris spicata)*
⑥ Federgras *(Stipa tenuissima)*
⑦ Schnee-Felberich *(Lysimachia clethroides)*
⑧ Prunkwinde *(Ipomoea purpurea)*
⑩ Blutweiderich *(Lythrum salicaria)*
⑪ Lavendel *(Lavandula angustifolia)*

Mit großen Holzbottichen, Keramik- und Steingutgefäßen ohne Abzugslöcher im Boden lassen sich wunderschöne Wassergärten gestalten. Für Blüten sorgen hier verschiedene Schwertlilien *(Iris, siehe Seite 129)* und Sumpf-Vergissmeinnicht *(Myosotis palustris)*. Halten Sie den Wasserstand auf etwa der Hälfte der Gefäßhöhe. Ab und zu sollte die Feuchtigkeit ganz verdunsten, damit sich die Erdporen mit frischem Sauerstoff füllen können. Beginnt das Wasser faulig zu riechen, sollte es sofort ausgetauscht werden. Fadenalgen oder Wasserlinsen, die sich rasch ansiedeln, fischt man regelmäßig heraus.

fe sollten von Anfang an großzügig bemessen und sehr standfest sein.

Dauerhaft für kurze Zeit

Stauden sind zwar langlebige Pflanzen, doch viele ermüden mit den Jahren, werden blühfaul und kahl. Man teilt sie deshalb in regelmäßigen Abständen und kultiviert nur die jüngeren Teilstücke weiter (Verjüngung). Dies gilt im Topfgarten umso mehr als im Gartenbeet, denn in den Pflanzgefäßen stoßen die Wurzeln viel früher an ihre Grenzen.

Terrassen-Stauden topft man alle 2 bis 4 Jahre im Frühling (oder Herbst) aus und

Der Goldfelberich *(Lysimachia, siehe Seite 130)* wächst in nur einem Jahr zu dichten Horsten heran, die im Sommer überreich blühen. Dafür verlangen sie reichlich Wasser und jede Woche ein Mal Mineraldünger. Alle zwei Jahre im März teilt man die Horste und kultiviert nur die jüngeren, kräftigsten und gesunden Teilstücke weiter.

Schönes aus Zwiebeln und Knollen: Auf dieser Terrasse sorgen (von links nach rechts) Dahlien (*Dahlia*, siehe Seite 128), Lilien (*Lilium*, siehe Seite 130), Indisches Blumenrohr (*Canna*, siehe Seite 127) und Schmucklilie (*Agapanthus*, siehe Seite 46) für reichlich Farbe.

TIPP

Wenn die Gartenstauden im Frühjahr geteilt werden, fällt eine Menge Pflanzenmaterial an, für das in den Beeten nicht immer Platz ist. Pflanzen Sie es in Töpfe und schmücken damit die eigene Terrasse oder bringen Sie sie bei der nächsten Einladung als Präsent zum Gartenfest mit.

gewinnt mit Hilfe eines Spatens oder einer Säge mehrere Teilstücke mit jungen, gesunden Knospen und Wurzeln. Diese setzt man in frische Erde in den alten Topf zurück, die älteren Teilen wirft man weg.

Solisten sind pflegeleichter

Das Miteinander von Stauden in einem Topf ist eine der schwierigsten Übungen für Mensch und Pflanze. Nur allzu rasch breitet sich eine Art zu stark aus und bedrängt ihre Nachbarn, ja schaltet sie im Extremfall sogar aus. Deshalb ist es immer einfacher, pro Topf nur mit einer Stauden-Art zu arbeiten und die Einzeltöpfe durch geschicktes Arrangieren zu einem Gesamtbild zusammenzufügen. Bei Kombinationspflanzungen müssen dagegen Wurzel- und Triebkraft der Pflanzen gleichrangig, die Standort- und Pflegeansprüche ähnlich sein und sowohl Blütenfarbe als auch Wuchsart zusammenpassen – eine schwierige Aufgabe, die oft erst nach Jahren der Übung gelingt.

Rezepte zum Nachpflanzen

Für folgende Vorschläge brauchen Sie einen Topf mit ca. 50 cm Durchmesser und 40 Liter Fassungsvermögen.

Blau wie der Mondhimmel:
Zentrum: 2 x Bergaster 'Veilchenkönigin' (*Aster amellus*; Blüte 8–9; 50 cm); Rand: 3 x Blaukissen 'Blue Emperor' (*Aubrieta × cultorum*; Blüte 4–5; 1 cm), 3 x Karpatenglockenblume (*Campanula carpatica*; Blüte 6–7; 20 cm).

Goldgelbes Sommer-Set:
Zentrum: 1 x Junkerlilie (*Asphodeline lutea*; Blüte 5–6; 80 cm); 3 x Mädchenauge (*Coreopsis verticillata*; Blüte 6–8; 50 cm); Rand: 3 x Goldkamille (*Anthemis biebersteiniana*; Blüte 5–7; 20 cm).

Weißes Glitzern in der Sommersonne:
Zentrum: 1 x Wiesenmargerite (*Chrysanthemum leucanthemum*; Blüte 5–6; 50 cm); Rand: 3 x Silbergarbe (*Achillea ageratifolia*; Blüte 6–7; 15 cm), 2 x Schleierkraut 'Letchworth' (*Gypsophila repens*; Blüte 5–6; 10 cm).

Blütenträume aus der Zwiebel

Auch unter den sommerblühenden Zwiebelblumen gibt es zahlreiche Top(f)-Kandidaten, die Ihre Sommerterrasse mit prächtigen Blüten bereichern. Im Gegensatz zu den frühlingsblühenden Zwiebelblumen (siehe Seite 18f.) sind sie jedoch meist frostempfindlich und verbringen die kalte Jahreszeit im Haus. Im März und April pflanzt man sie alljährlich in frische Erde und treibt sie einige Wochen an einem hellen, 10 bis 15 °C warmem Platz im Haus vor, bevor sie Mitte Mai nach draußen können. Auf diese Weise treiben Gladiolen, Dahlien, Lilien und Co. aus unscheinbaren braunen Zwiebeln und Knollen stattliche Blüten, die nicht nur im Topf, sondern auch in der Vase mit Sicherheit eine tolle Figur machen.

Im Herbst ist die Vorstellung, die man durch geschickte Sortenwahl von Juni bis Oktober ausdehnen kann, zu Ende. Man stellt die Töpfe bis zum ersten Frost an einen überdachten Platz, damit die Erde abtrocket. Sobald das Laub eingetrocknet ist, schneidet man es ab und holt die Zwiebeln aus der Erde. Sie werden von groben Erdresten befreit und mit Etiketten versehen, auf denen die Sorte und Blütenfarbe vermerkt ist. Sonst findet man im nächsten Frühling nichts mehr wieder. Dann schichtet man die Zwiebeln und Knollen in Kisten oder Schalen und lagert sie im gerade frostfreien Keller bis zum nächsten Frühjahr (siehe dazu auch die Überwinterungstipps bei den Porträts ab Seite 127).

Gladiolen zählen mit ihrem straffen, aufrechten Wuchs zu den Königinnen im Topfgarten der Zwiebelblumen. Besonders hohe Sorten stützt man mit Drahtstangen, die man in die Erde steckt. Die Blätter und Blütenstiele werden mit kleinen Bastschleifen oder dünnen Sisalseilen daran festgebunden.

Auf dieser Terrasse geht die Sonne niemals unter. Dafür sorgen (von links nach rechts) gelbe Dahlie *(Dahlia,* siehe Seite 128), Sonnenauge *(Heliopsis helianthoides* var. *scabra),* Gewürzrinde *(Cassia corymbosa,* siehe Seite 56) und Sonnenhut *(Rudbkckia,* siehe Seite 131) im kleinen Topf vorne. Den rechten Terrassenrand bestimmen rote und weiße Dahlien.

STAUDEN & SOMMERZWIEBELN

Duftnesseln
(Agastache)

Die Blätter und Blüten dieser Wildstauden duften aromatisch, vergleichbar mit Anis oder Fenchel.
Wuchs: Die straff nach oben strebenden, in der Regel unverzweigten Triebe werden bis zu 1 m hoch. Das Laub ist im Austrieb rötlich überzogen.
Blüte: Während die Blütenähren von *A. foeniculum* (Bild) violettblau sind, trägt *A. rugosa* Purpurrosa. Die Blüte fällt in die Monate Juli und August.
Standort: Um ihr Aroma richtig entfalten zu können, lieben diese Stauden vollsonnige, heiße Plätze. Die Wurzeln bevorzugen durchlässige, mit Kies versetzte Erde. Sorgen Sie für zahlreiche Abzugslöcher im Topfboden.
Pflege: Gießen Sie in größeren Abständen, dann aber sehr reichlich, damit die Erde völlig durchtränkt wird. 14-tägliche Düngergaben genügen.
Pflanzenschutz: An den jungen Blättern treten zuweilen Blattläuse auf.
Überwinterung: Im Freien; Winterschutz ist nicht zwingend notwendig.
Extra-Tipp: Aus den frischen oder getrockneten Blättern lässt sich ein wohltuender Tee aufbrühen.

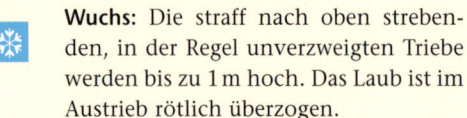

Prachtspieren
(Astilbe)

Für halbschattige bis schattige Terrassen sind diese Ostasiaten unverzichtbar. Ihre farbintensive Blüte dauert oft 3 Monate an. Auch die mehrfach gefiederten Blätter sind mit ihrem tiefgrünen Glanz sehr zierend. Für die Topfkultur sind vor allem die weniger als 50 cm hohe Sorten von *A. japonica* (früh blühend), *A. simplicifolia* (mittlere Blütezeit) und *A. chinensis* (spät blühend) geeignet (außer die var. *taquetii*), von den *A. × arendsii*-Sorten z.B. 'Fanal' (rot), 'Brautschleier' (weiß) oder 'Bonanza' (rosa).
Wuchs: Kompakte Horste mit weißen, roten oder rosafarbenen Blütenrispen.
Blüte: Bei Einsatz verschiedener Arten gestaffelt von Juni bis September.
Standort: Lichter Schatten ist ideal. Je sonniger, umso gleichmäßer sollte die Wasserversorgung sein.
Pflege: Lehmige Erde bildet die Basis für eine konstant hohe Bodenfeuchte und große Nährstoffvorräte, die 2 x im Monat aufgefüllt werden.
Pflanzenschutz: Keine Anfälligkeit.
Überwinterung: Im Freien bei mäßiger Bodenfeuchte (keine Dauernässe).

Glockenblumen
(Campanula)

Während die Zwergformen der Glockenblumen liebliche Begleiter für sonnige »blaue« Terrassen sind (z.B. *C. carpatica, C. cochleariifolia, C. portenschlagiana, C. poscharskyana*), bereichert die mittelhohe *C. glomerata* (z.B. 'Suberba', 'Dahurica') halbschattige Plätze. *C. lactiflora, C. latifolia* und *C. persicifolia*, brauchen mit ihren über 80 cm hohen Trieben meist Stützhilfen.
Wuchs: Zwergformen werden nicht mehr als 20 cm hoch und eignen sich hervorragend für Schalen, deren Ränder sie mit ihren Trieben überwallen.
Blüte: Neben den beliebten blauen Blütenglocken gibt es bei vielen Arten weiße Sorten. Die Hauptblüte fällt in den Juni und Juli. Erste Blüten zeigen sich im Mai, die letzten im September.
Standort: Auch die Halbschattenbewohner vertragen Sonne, wenn die Bodenfeuchte konstant hoch ist. Dann sind sie sehr schöne Rosenbegleiter.
Pflege: Die durchlässige Erde mäßig feucht halten. 14-täglich düngen.
Pflanzenschutz: Häufig Schnecken.
Überwinterung: Im Freien, regengeschützt.

... IN TÖPFEN FÜR IHRE TERRASSE

Indisches Blumenrohr
(Canna indica)

Mit farbgewaltigen Blüten und schmuckem Laub ziehen diese amerikanischen Rhizomstauden alle Blicke auf sich. Für die Topfkultur sind vor allem kleinwüchsige grünlaubige Sorten wie 'Cherry Red' (rot), 'Opera La Boheme' oder 'Orchid' (rosa), 'Lucifer' (rot mit gelbem Rand) oder 'Golden Lucifer' (gelb, rot gesprenkelt) empfehlenswert. Von den rotlaubigen Sorten bleiben 'Black Night' (dunkelrot), 'Verdi' und 'Ingeborg' (beide lachsorange) unter 80 cm. Zahlreiche weitere Sorten erreichen über 1 m Höhe. Sie brauchen große Töpfe, um standfest zu sein.
Wuchs: Großblättrige, dichte Horste.
Blüte: Je nach Sorte Juni bis Oktober.
Standort: Sonnig und windgeschützt.
Pflege: Anfang März pflanzt man die Rhizome in frische Erde und treibt sie im Haus hell bei etwa 15°C an. Mitte Mai beziehen sie Quartier im Freien. Erde konstant feucht halten (hoher Bedarf) und 1 x pro Woche düngen.
Pflanzenschutz: Spinnmilben, Schnecken.
Überwinterung: Im Topf oder gesäubert in Kisten trocken und möglichst dunkel bei 5 (±5)°C lagern.

Mädchenaugen
(Coreopsis)

So unterschiedlich sich die Mädchenaugen präsentieren – sie alle sind mit ihrer reichen und lang anhaltenden Blütezeit wertvolle Kübelpflanzen. Während *C. grandiflora* (80 cm), *C. lanceolata* (20 cm) und *C. verticillata* (50 cm) gelbe Blüten präsentieren, zeigt *C. rosea* 'American Dream' Rosa. Sie alle sind mehrjährig, nur *C. tinctoria* (gelb, rötliche Mitte) ist einjährig.
Wuchs: Dichte, kompakte Horste.
Blüte: Die Blüte hält von Juni bis September an. *C. grandiflora* 'Sunrise' bietet halbgefüllte Blüten (Bild).
Standort: Vollsonnig, warm.
Pflege: Die Erde sollte humos und leicht lehmig sein, damit sie Wasser und Nährstoffe gut speichern kann. Schneiden Sie die Pflanzen nach der Blüte kräftig zurück. Jeden 2. Frühling teilen (Verjüngung).
Pflanzenschutz: Selten Blattläuse.
Überwinterung: Im Freien; Töpfe isolieren und regengeschützt aufstellen.
Extra-Tipp: Auch die gelb- und rotbraun blühenden Sonnenbräute *(Helenium × hybridum)* sind sehr wertvolle winterharte Kübelstauden.

STAUDEN & SOMMERZWIEBELN

Dahlien
(Dahlia)

Aus der riesigen Sortenfülle sind es vor allem die kleinwüchsigen Mignon- (Bild) und Gallery-Dahlien, die sich um die Topfkultur verdient machen, während Schmuck-, Halskrausen-, Pompon-, Semikaktus- und Kaktusdahlien, Anemonen- und Päeonienblütige Dahlien 1 m hoch werden. Stützen verhindern, dass sie umknicken.
Wuchs: Die aufrechten, dunkelgrün beblätterten Triebe stehen in Horsten.
Blüte: Von Juni bis Oktober in weißen, gelben, roten, rosa- und orangefarbenen Spielarten, gefüllt, halbgefüllt, einfach, ein- oder zweifarbig.
Standort: Sonnig, windgeschützt.
Pflege: Die humos-lehmige Erde konstant leicht feucht, aber nicht nass halten. 1 x pro Woche düngen.
Pflanzenschutz: Hohe Anfälligkeit für tierische Schädlinge und Viren.
Überwinterung: Nach dem ersten Frost Stängel auf Handbreite einkürzen, die Knollen austopfen und in leicht feuchtem Sand dunkel bei 5 (±5) °C lagern. Im März in frische Erde topfen und im Haus hell bei 15 °C antreiben. Ab Mitte Mai ins Freie stellen.

Schopflilien
(Eucomis)

Der Blattschopf am Ende ihrer reich dekorierten Blütenstiele hat diesen südafrikanischen Liliengewächsen den Namen eingetragen. Die cremeweißen, bei *E. bicolor* violett umrandeten Blüten verströmen ein herbes Parfum.
Wuchs: *E. comosa* (Bild) und *E. bicolor* bis 60 cm, *E. autumnalis* bis 30 cm hoch.
Blüte: Im Hoch- bis Spätsommer. Der Blütenstand hält 3 bis 4 Wochen. Danach entfernt man die Stiele, um den Pflanzen die Kraft für die Samenbildung zu ersparen. Es kann jedoch lohnen, einige Samen ausreifen zu lassen, denn sie keimen im Frühjahr leicht.
Standort: Vollsonnig und warm.
Pflege: Gleichmäßige Bodenfeuchte auf niedrigem Niveau und 1 x pro Woche Dünger gefällt den Zwiebeln am besten. Im April werden die Zwiebeln in frische, durchlässige Erde getopft und ins Freie gestellt. Die Zwiebelspitze sollte 10 cm unter der Erdoberfläche liegen.
Pflanzenschutz: Selten Spinnmilben.
Überwinterung: Vor dem ersten Frost holt man die Töpfe ins Haus. Trocken halten. Sobald das Laub welk ist, dunkel und trocken bei 7 (±5) °C stellen.

Gladiolen
(Gladiolus)

Obwohl viele Sorten dieser als Schnittblumen beliebten Schwertliliengewächse gut über 1 m hoch werden, sind sie allesamt hervorragend für die Kübelkultur geeignet, denn ihre schwertförmigen Blätter und kräftigen Blütenstiele sind meist sehr stabil.
Wuchs: Baby-(Nanus-)Gladiolen werden etwa 50 cm hoch, Primulinus-Gladiolen je nach Sorte 60 bis 80 cm, Butterfly-Gladiolen erreichen bis zu 1 m, Großblütige Gladiolen (Bild) bis zu 150 cm.
Blüte: Zwischen Juni und September, in weißen, gelben, roten, orange-, rosa- und mehrfarbigen Spielarten.
Standort: Vollsonnig und warm.
Pflege: Gleichmäßige Bodenfeuchte bekommt den Knollenpflanzen, die man im April etwa 5 cm tief in frische, durchlässige Erde pflanzt, am besten. 2 bis 3 x pro Monat düngen.
Pflanzenschutz: Anfällig für viele Krankheiten und Schädlinge (z. B. Thripse).
Überwinterung: Triebe Anfang November auf 5 cm Länge zurückschneiden, die Knollen von alten Hautresten und kleinen Brutzwiebeln befreien und dunkel bei 5 (±5) °C überwintern.

IN TÖPFEN FÜR IHRE TERRASSE

Taglilien
(Hemerocallis)

Taglilien sind ausgesprochen anspruchslose Stauden, die in großen Pflanzgefäßen viele Jahre gedeihen können. Werden ihre Horste zu groß, topft man sie im März aus und teilt sie. Einige jüngere, gesunde Teilstücke kultiviert man weiter. Neben klein- und miniaturblütigen Sorten bzw. Arten *(H. citrina,* Bild) erfreuen sich vor allem großblumige Formen großer Beliebtheit. Hierzulande sind über 500 Sorten erhältlich.

Wuchs: Die grasartigen Blätter bilden große, dichte, überhängende Horste.
Blüte: Je nach Sorte fällt die Blüte in die Zeit zwischen Juni und September mit einem Höhepunkt im Juli. Jede Blüte hält, wie der Name sagt, zwar nur einen Tag, doch ihre Vielzahl garantiert einen wochenlangen Flor. Bis auf Blau sind alle Farben, auch im Duett, vertreten.
Standort: Sonnig bis halbschattig.
Pflege: Mäßige Bodenfeuchte ist ideal. Dauernässe wird nicht toleriert, kurze Trockenheit schon. 14-täglich düngen.
Pflanzenschutz: Keine Anfälligkeit.
Überwinterung: Regengeschützt im Freien; in rauen Lage Töpfe isolieren.

Funkien
(Hosta)

Als Kübelstauden sind vor allem die großblättrigen unter den hierzulande über 150 erhältlichen Arten und Sorten empfehlenswert, ebenso buntblättrige, die zu stattlichen Solitärpflanzen heranwachsen können. Hierzu zählen die Sorten von *H. crispula, H. elata, H. fortunei* (Bild)*, H. plantaginea, H. sieboldiana* und *H. ventricosa* sowie zahlreiche Hybriden. Entsprechend der Laubfarbe teilt man sie in Grün-, Weiß-, Gelb- und Blaublatt-Funkien ein.

Wuchs: In dichten Horsten.
Blüte: Die violetten, blauen oder weißen Blüten erscheinen je nach Art und Sorte zwischen Juni und September. Die Blüten von *H. plantaginea* duften.
Standort: Wechsel- bis absonnig.
Pflege: Eine konstant hohe Boden- und Luftfeuchte ist willkommen. 14-täglich düngen. Werden die Horste mit den Jahren zu dicht, teilt man sie im März. Verwenden Sie von Anfang an großzügig bemessene Pflanzgefäße.
Pflanzenschutz: Schützen Sie die Blätter vor allem im Frühjahr vor Schneckenfraß (Haube, Topfkrampe).
Überwinterung: Im Freien, halbschattig.

Schwertlilien
(Iris)

Unter den unzähligen Iris-Formen findet sich keine, die nicht auch im Topf eine Top-Figur machen würde. Während die 10 bis 20 cm hohen Zwerg-Bart-Iris *(Iris*-Barbata-Nana) kleine Töpfe schmücken, erobern Hohe und Mittelhohe Bart-Iris *(I.-B.-Elatior/I.-B.-Media)* mit 40 bis 120 cm Höhe große Gefäße. *I. spuria, I. sibirica, I. ensata, I. laevigata* (Bild)*, I. ochroleuca* lieben feuchte Bottiche.
Wuchs: Da sich die Rhizome ausbreiten, verkahlen Iris allmählich von innen. Man teilt sie daher alle 2 bis 4 Jahre im Frühjahr. Die Rhizome sehr flach pflanzen. Die Hälfte sollte aus der durchlässigen Erde herausragen.
Blüte: Blau, Violett, Weiß und Gelb sind die vorherrschenden Farben der meist mehrfarbigen Blüten. Bartlilien und *I. sibirica* blühen im Mai/Juni, alle anderen zwischen Juli und August.
Standort: Vollsonnig und warm.
Pflege: Bart-Iris lieben eher trockene, *I. laevigata* und *I. ensata* nasse, alle anderen feuchte Bodenverhältnisse.
Pflanzenschutz: Rhizomfäulnis (Bakterienbefall). Schneckenfraß.
Überwinterung: Geschützt im Freien.

STAUDEN & ZWIEBELN

Lilien
(Lilium)

Die kompakten, weniger als 80 cm hohen Asiatischen Lilien (Bild) sind für die Topfkultur am besten geeignet. Doch da sie den herrlichen Blütenduft vermissen lassen, wird man, auch Madonnen-Lilie *(L. candidum)*, Goldband-Lilie *(L. auratum)*, Königs-Lilie *(L. regale)* oder Pracht-Lilie *(L. speciosum)*, Trompeten-Hybriden und Orientalische Hybriden in Töpfen ziehen wollen, wo sie über 150 cm Höhe erreichen.
Wuchs: Die oft mehr als 10 cm durchmessenden Blüten stehen am Ende aufrechter, quirlig beblätterter Stiele.
Blüte: Hauptblüte im Juli/August.
Standort: Halbschattig und warm, einige Arten sonnig. Töpfe beschattet.
Pflege: Die dicken Lilien-Zwiebeln lieben eine gleichmäßige, leichte Bodenfeuchte und wöchentlich Dünger. Die beste Pflanzzeit für Topflilien ist im März. Da sie jedoch meist im Herbst angeboten werden, lagert man sie zunächst in feuchtem Sand im Keller.
Pflanzenschutz: Larven und Käfer der Lilienhähnchen fressen die Blätter an.
Überwinterung: Töpfe dunkel und leicht feucht bei 7 (±5) °C aufstellen.

Felberiche
(Lysimachia)

Der leuchtend gelb blühende Gold-Felberich *(L. punctata*, Bild) ist eine der robustesten Kübelstauden. Der Bronze-Felberich *(Lysimachia ciliata* 'Firecracker') trägt zusätzlich zu den gelben Blüten schokoladenbraunes Laub. Ebenfalls empfehlenswert ist der Schnee-Felberich *(L. clethroides)* mit seinen elegant überhängenden, weißen Blütentrauben, die sehr gerne von Schmetterlingen besucht werden.
Wuchs: Bis zu 80 cm hohe Horste. Die starkwüchsigen Pflanzen sollten alle 2 bis 3 Jahre im März geteilt und nur die jungen Teilstücke wieder eingepflanzt werden. *L. clethroides* und *L. ciliata* haben eine prächtige Herbstfärbung.
Blüte: Der leicht duftende Flor erscheint zwischen Juni und September.
Standort: Wechselsonnige, kühl-feuchte Plätze sind ideal.
Pflege: Alle Arten lieben eine konstant hohe Bodenfeuchte und 1 x pro Woche Dünger. Die Erde sollte mit etwas Lehm vermischt werden.
Pflanzenschutz: Schnecken, Blattläuse.
Überwinterung: Im Freien. Töpfe isolieren. Nicht austrocknen lassen.

Katzenminzen
(Nepeta)

Neben aromatisch duftenden silbergrauen Blättern haben diese 30 cm hohen Dauerblüher lavendelblaue (*N.* × *faassenii*), die Sorte 'Snowflake' weiße und 'Dawn to Dusk' rosafarbene Blüten zu bieten, die Schmetterlinge anziehen. 'Six Hills Giant' (Bild) und *N. sibirica* – beide blaublütig – erreichen 50 bzw. 90 cm Wuchshöhe.
Wuchs: Die weichtriebigen Horste fallen ohne Stütze leicht auseinander.
Blüte: Schneidet man die Stängel nach der Hauptblüte, die von Mai bis Juli andauert, kräftig zurück, erfolgt eine Nachblüte im September.
Standort: Sonnig, gerne heiß.
Pflege: Halten Sie die optimalerweise durchlässige Erde lieber etwas zu trocken als zu nass und düngen Sie von April bis August 2 x im Monat.
Pflanzenschutz: Zuweilen Blattläuse.
Überwinterung: Im Freien. Töpfe regengeschützt aufstellen.
Extra-Tipp: Wenn Sie eine Katze haben, sollten Sie auf diese Staude verzichten, denn die Tiere legen oder wälzen sich nur allzu gerne zwischen den herb duftenden Trieben.

... IN TÖPFEN FÜR IHRE TERRASSE

Flammenblumen
(Phlox)

Wer für seine Terrassenpflanzen eine üppig blühende Ergänzung sucht, ist mit Hohem Phlox *(P. paniculata)* richtig beraten. Setzen Sie wegen der Standfestigkeit auf Sorten mit weniger als 1 m Wuchshöhe wie 'Aida' (rot), 'Redivius' (lachsrot), 'Orange' (orange), 'Pax' (weiß), 'Württembergia' (rosa) oder 'Wilhelm Kesselring' (Bild). Die niedrigen Polster-Phlox *(P. subulata, P. douglasii)* eignen sich dagegen einzeln für kleine Schalen oder als Unterpflanzung.

Wuchs: Polster-Phlox bilden dichte, an den Topfränder überwallende Bodendecker, Hohe Phlox aufrechte Horste.
Blüte: Farbe sortenabhängig in Rot-, Violett-, Rottönen oder in Weiß. Blütezeit im Juli und August. Kürzt man die Triebe im Juni auf 2/3 ein, fällt die Blüte in den September. Rückschnitt nach der Blüte fördert eine Nachblüte.
Standort: Sonnig, luftig, keine Hitze.
Pflege: Erde gleichmäßig feucht halten, 14-täglich düngen.
Pflanzenschutz: Mehltau ist häufig. Der im Garten gefürchtete Älchenbefall tritt bei Topfpflanzen selten auf.
Überwinterung: Im Freien.

Sonnenhüte
(Rudbeckia bzw. Echinacea)

Diese im Garten sehr beliebten Dauerblüher halten auch im Topfgarten immer mehr Einzug. Neben goldgelben Blüten mit schwarzen Blütenköpfchen *(R. fulgida* var. *speciosa* (Bild), *R. fulgida* var. *sullivantii* 'Goldsturm') sorgen auch gefüllte Sorten *(R. laciniata* 'Goldquelle') für dauernden Sonnenschein auf der Terrasse. Der ähnliche **Purpursonnenhut** *(Echinacea purpurea)* zeigt karminrosa oder weiße ('Albus') Blüten.
Wuchs: Die standfesten Triebe werden 60 bis 80cm hoch. Die Horste sollten alle 3 bis 4 Jahre geteilt und nur die jüngeren Teilstücke weiter kultuviert werden. Weitere Stauden-Rudbeckien, die oft 2m erreichen, eignen sich nur wenig für die Kübelkultur.
Blüte: Die Hauptblüte liegt in den Monaten Juli und August, hält aber oft bis in den September hinein an.
Standort: Sonnig, aber nicht heiß.
Pflege: Die Erde sollte stets leicht feucht sein. Jede Woche 1 x düngen.
Pflanzenschutz: Blattläuse, Schnecken.
Überwinterung: Im Freien.
Extra-Tipp: Auch der einjährige Sonnenhut *(R. hirta)* ist ein üppiger Blüher.

Ehrenpreis
(Veronica bzw. Pseudolysimachion)

Die Gattung *Veronica* vereint eine Vielzahl in Wuchs und Blüte sehr unterschiedlicher Arten. Die niedrigen davon eignen sich für die Topfkultur.
Wuchs: Während *V. prostrata, V. armena, V. repens* und *V. cinerea* mit 10cm Höhe flache Polster bilden, wachsen *P. spicatum, V. austriaca, P. incanum* und *V. teucrium* (Bild) zu dichten 30cm hohen Horsten heran. *V. incana* und *V. cinerea* zeigen attraktives, graues Laub.
Blüte: Bis auf *V. spicata* in Rosa und Rot (Juli bis September) blühen die genannten Arten allesamt hell- bis violettblau (Mai bis Juli). Von vielen gibt es weiß blühende Sorten.
Standort: Vollsonnig, gerne heiß.
Pflege: Verwenden Sie durchlässige Erde, um stauende Nässe von Anfang an auszuschließen. 14-täglich düngen.
Pflanzenschutz: Nässe lässt die Wurzeln rasch faulen. Schädlingsfrei.
Überwinterung: Im Freien; regengeschützt stellen; kleine Töpfe isolieren.
Extra-Tipp: Schneiden Sie die Pflanzen jedes Jahr nach der Blüte kräftig zurück, um ein Verkahlen der Polster oder Horste von innen zu verhindern.

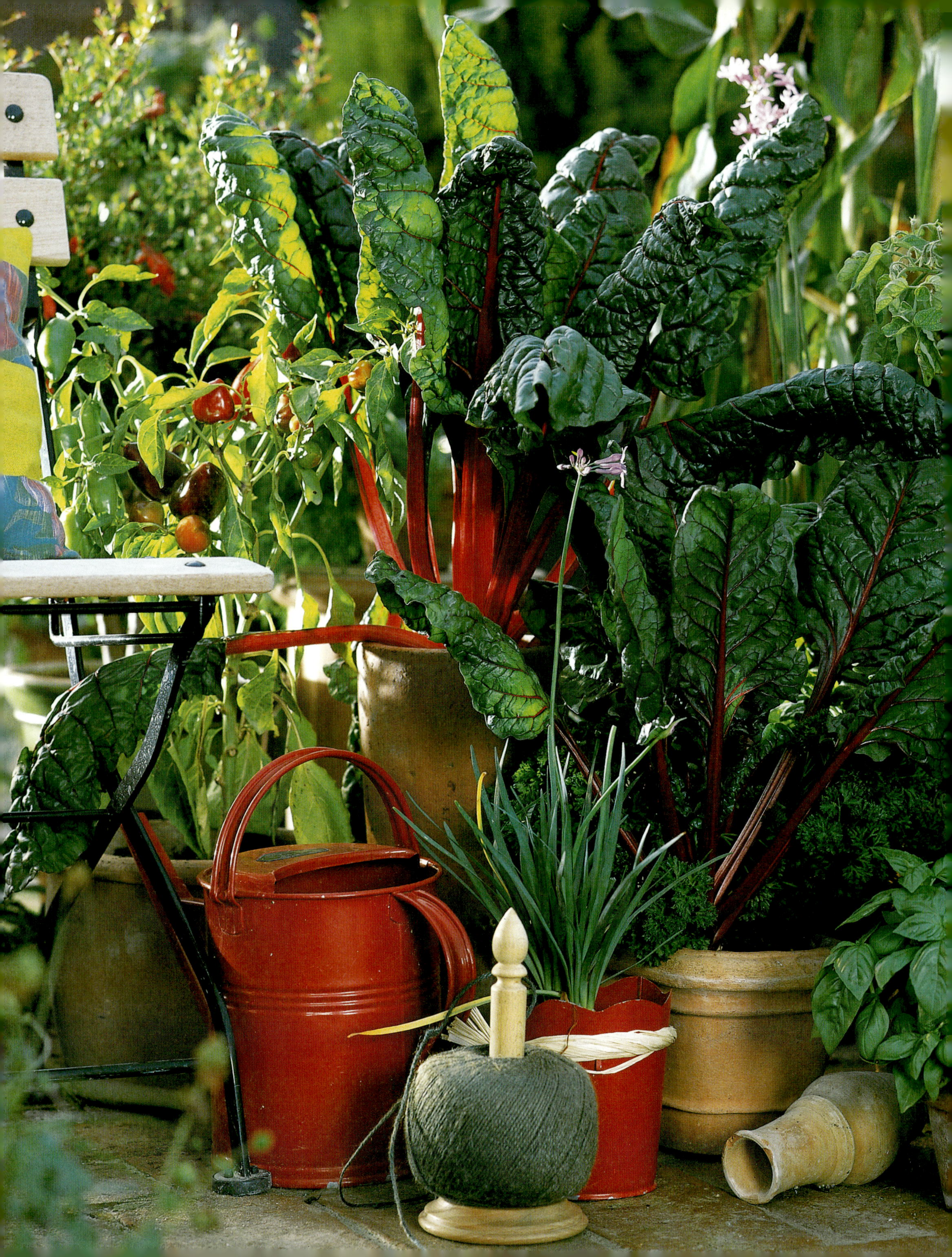

TERRASSEN FÜR NASCHKATZEN

Für ein Vier-Gänge-Menü reicht die Ernte, die uns der Terrassengarten bietet, zwar meist nicht aus, doch eine Single-Portion Blatt- oder Tomatensalat, ein paar frische Kräuter zum Würzen oder heiße Himbeeren zum Vanille-Eis sind allemal möglich. Vor allem hat man bei selbst angebautem Gemüse immer das Gefühl, dass es viel gesünder und schmackhafter ist als das gekaufte. Schließlich können Sie zu Hause mit der Ernte warten, bis die Früchte vollreif sind, während die Handelsware oft verfrüht gepflückt wird, um die häufig sehr langen Transportwege zu überstehen. Anstatt viel Zeit im Lager zu verbringen, ist die Ernte stets frisch und vitaminreich. Außerdem können Sie so über die Menge und den Einsatz von Pflanzenschutzmitteln selbst bestimmen. Und für Ihre Kinder ist der Nutzgarten im Topf ein ideales Probierfeld, um erste Erfahrungen zu sammeln.

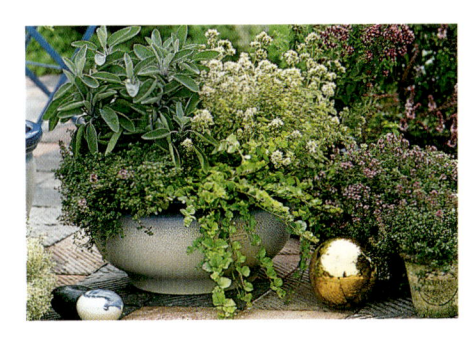

Oben: In der Schale sorgen Thymian (*Thymus*, klein), Salbei (*Salvia*, graugrüne Blätter) und Bohnenkraut (*Satureja*, weiß) für frische Würze. Das Pfennigkraut (*Lysimachia nummularia*) begleitet sie mit langen Ruten. Rechts daneben blüht der duftende Oregano in Dunkelrosa.

Links: Nutzterrassen mit Paprika, Stielmangold, Tomate und Basilikum locken mit kulinarischen und optischen Genüssen.

Frische Rosmarinblätter *(Rosmarinus*, links), Thymian *(Thymus*, Mitte) und Petersilie *(Petroselinum*, rechts) geben dem Sommersalat den letzten Schliff. In Öl oder Essig eingelegt, geben Rosmarinzweige ihr würziges Aroma an die Flüssigkeit ab.

Schönes mit Nützlichem verbinden

Das Rennen um die begehrten Logenplätze im Topfgarten sollten diejenigen Nutzpflanzen machen, die nicht nur etwas für den Gaumen, sondern zugleich auch etwas fürs Auge bieten.

Schöne Terrassen zum Nachpflanzen

(Bild siehe Seite 132/133)

① Paprika *(Capsicum annuum)*
② und ④ Stielmangold 'Vulkan' *(Beta vulgaris)*
③ Kaplilie *(Tulbaghia violacea)*
⑤ Basilikum *(Ocimum basilicum)*
⑥ Tomate *(Lycopersicon esculentum)*
⑦ Möhre *(Daucus carota)*

Artischocke und Cardy lassen auch im Topf delikate Blütenböden bzw. Blattstiele heranreifen.

Auffällig große Blätter präsentieren Rhabarber *(Rheum officinale)*, der geräumige Pflanzgefäße braucht, Artischocke *(Cynara scolymus)* oder Cardy *(Cynara cardunculus)* mit ihrem distelähnlichen Laub sowie der Palmkohl, ein Verwandter des Grünkohls *(Brassica oleracea, Sabellica*-Gruppe). Stielmangold-Sorten wie etwa 'Bright Lights' *(Beta vulgaris)* ziehen mit roten, weißen oder gelben Blattstielen die Blicke auf sich. Gern gesehen sind buntlaubige Kräuter wie diverse Sorten des Salbei *(Salvia*, siehe Seite 48) oder der Melisse (z. B. *Melissa officinalis* 'Goldfleck'). Mit attraktiven, rotvioletten Blättern wartet Basilikum auf *(Ocimum*, siehe Seite 139). Ebenfalls nicht nur für kulinarische, sondern auch für optische Genüsse sorgen farbenfrohe oder ungewöhnlich geformte Früchte. Meister in dieser Klasse sind Tomaten, Paprika, deren reifende Früchte weithin leuchten, und natürlich die große Gruppe der Zierkürbisse. Auch bunte Buschbohnen wie die blaue 'Blauhilde', die gelbe 'Rodcor' oder die gelbhülsigen Wachsbohnen sind schon lange vor der Ernte echte Hingucker.

Selbst schöne Blüten müssen auf der Nutzterrasse nicht fehlen. Dafür sorgen unter den Kräutern z. B. Thymian *(Thymus)*, Oregano *(Origanum)*, Lavendel *(Lavandula*, siehe Seite 47), Rosmarin *(Rosmarinus*, siehe Seite 39) oder Salbei *(Salvia*, siehe Seite 48). Beim Gemüse haben Artischocke *(Cynara scolymus)*, Zucchini und Kürbis *(Cucurbita pepo)* und Topinambur *(Helianthus tubero-*

sus), deren Knollen wie Kartoffeln zubereitet werden, wunderschöne Blüten zu bieten. Lässt man Knoblauch und Schnittlauch *(Allium)* oder Fenchel *(Foeniculum)* blühen, wird man über das wunderschöne Ergebnis erstaunt sein.

Für die besondere Note in Ihrem Topfgarten sorgen duftende Kräuter, die ihr Aroma nicht erst beim Kochen , sondern schon in der Sonne entfalten (siehe Seite 76ff.).

Gut gepflegt ist halb geerntet

Am einfachsten macht es uns das Gemüse, da es meist nur einjährig gezogen wird. Das Umtopfen und Überwintern entfällt damit. Dafür brauchen die Pflanzen im Sommer reichlich und vor allem sehr regelmäßig Wasser und Dünger, sonst schosst der Salat, schrumpeln die Roten Bete oder platzen die Tomaten. Je weniger Stress Sie die Pflanzen aussetzen, umso besser wachsen und fruchten sie.

Und günstig ist das Gemüsegärtnern auf der Terrasse obendrein, denn von der Artischocke bis zur Zucchini können Sie Ihr Topf-Gemüse aus Samen selbst heranziehen. Das Gros wird zwischen Mitte Februar und Anfang Mai auf einer hellen, aber nicht sonnigen Fensterbank im Haus vorkultiviert oder nach Ende der Frostperiode direkt ins Freie gesät. Beheizbare Anlehn-Gewächshäuser, die speziell für Balkone und Terrassen konstruiert sind, eignen sich besonders gut für die Kinderstube späterer Rohkostsalate und Gemüse-Potpourries.

Auch Kräuter verlangen nicht viel Pflege. Die meisten von ihnen sind langlebig und überstehen die Winter mühelos draußen im Freien, wenn man die Töpfe geschützt stellt oder ausreichend isoliert und dafür sorgt, dass sie nicht zu viel Nässe abbekommen. Im Sommer verzeihen viele von ihnen kurze Trockenheit problemlos. Beim Düngen ist allgemein eher Zurückhaltung angesagt, denn allzu hohe Stickstoffwerte können auf Kosten des Aromas gehen, was Schade wäre.

Obstgehölze im Topf brauchen eine ebenso konstante Pflege wie das Gemüse. Bei ungleichmäßiger Dünger- und Wasserversorgung werfen sie sonst ihre Fruchtansätze frühzeitig ab – und aus ist der Traum von der Schlemmerterrasse. Sie werden ebenso häufig umgetopft wie andere Kübelpflanzen und regelmäßig im Spätwinter geschnitten, damit sie statt zahlloser Zweige jedes Jahr viele Blüten und Früchte ansetzen.

Ergänzen Sie Ihren Einkauf vom Markt mit einigen selbst geernteten Tomaten, Bohnen, Paprika oder Gurken aus Ihrem Terrassengarten.

Während Buschbohnen weniger als 1 m hoch werden, erreichen Stangenbohnen bis zu 3 m. Beide bieten neben grünen Bohnen auch goldgelbe oder tief violettblaue Sorten.

Hier wetteifern die Busch- und Cocktail-Tomaten 'Mirabell', 'Sweet 100', 'Orange Bourgoin' und 'Carotina' um die besten Sonnenplätze. Rechts gesellt sich eine Stabtomate 'Red Pear' hinzu, im Kasten ganz rechts die Ampeltomate 'Red Balcony'.

Gemüse ernten – leicht und schnell

Wer auf hohe Ernteerträge auf kleinstem Raum spekuliert, sollte in erster Linie auf schnellwüchsiges Gemüse setzen.

Dazu zählen vor allem **Radieschen**, die schon vier bis sechs Wochen nach der Aussaat erntereif sind. Probieren Sie es einmal mit zweifarbigen Sorten wie 'Rundes halbrot-halbweiß' oder länglichen wie den weißen 'Eiszapfen'.

Gleich danach kommen die **Salate**. Kopfsalate brauchen fünf bis sieben Wochen von der Aussaat bis zur Ernte, Eissalate nur eine Woche mehr. Pflanzen Sie zur Abwechslung auch rotblättrige Sorten wie 'Barbarossa' (Kopfsalat) oder 'Sioux' (Eissalat). Ebenfalls sehr ökonomisch sind Pflücksalate, denn sie ermöglichen mehrere Ernten. Man zupft dabei nur die jeweils äußeren Blätter ab. Die Herzblätter im Zentrum bleiben stehen. Erst nach drei bis vier Erntewochen wird nachgesät. Hier gibt es mit 'Lollo Rossa' oder dem Roten Eichblattsalat 'Red Salad Bowl' ebenfalls rote Varianten. Auch der bittere, rot-weiße Radicchio ist mit acht bis zehn Wochen Kulturdauer mit von der Partie. Im Herbst ist Zeit für den Feldsalat. Er würde in der Hitze des Sommers rasch »schießen« und Blüten bilden. Deshalb sät man ihn erst ab August aus.

Tomaten sind so beliebt wie kaum ein anderes Gemüse. Zu den Sorten, die nicht so kräftig wachsen und dennoch hohe Erträge bringen, zählen rote Cocktail-Tomaten wie 'Balkonstar', 'Minibell' oder 'Red Robin', gelbfrüchtige Variationen wie 'Yellow Canary' und 'Mirabell' und selbstverständlich die beliebten hübschen Kirschtomaten wie zum Beispiel 'Sweet 100'. Stellen Sie Tomatenpflanzen unbedingt nach Möglichkeit regengeschützt unterm Dachüberstand auf, damit sie nicht unter der Kraut- und Braunfäule leiden.

Kartoffeln im Topf zu ziehen, ist zwar unrentabel, macht aber umso mehr Spaß. Dazu füllt man große Töpfe oder Fässer zunächst zur Hälfte mit Erde und legt zwei bis drei Setzkartoffeln hinein. Mit dem Wachstum der Triebe füllt man anschließend alle zwei bis drei Wochen Erde nach, sodass immer nur etwa 20 cm der Pflanzen herausschauen. So bilden sich bis zum Herbst mehrere Lagen Kartoffeln. Probieren Sie es auch mal mit blaufleischigen Sorten wie 'Vitt Lotte' oder rotschaligen wie 'Franceline'.

Leckeres und dekoratives Gemüse für Topf und Kübel

Deutscher Name	Aussaat	Ernte	Pflegetipps
Artischocke	März–April	Juli–August	mehrjährig; mit Winterschutz frostfest; essbare Blütenböden
Buschbohne	Mai–Juli	Juli–September	Pflanzen werden nur 50 cm hoch; keine Stützhilfen nötig
Kopf- und Pflücksalat	März–August	Mai–Oktober	nicht über die Blätter gießen, um Fäulnis zu vermeiden
Mangold	April–Mai	Juni–Oktober	direkt in die Töpfe säen; Blätter werden wie Spinat zubereitet
Paprika	Februar–März	Juli–September	Vorkultur im Zimmer, erst nach Mitte Mai ins Freie stellen
Radieschen	März–Sept.	April–Oktober	große Knollen entwickeln sich bei 5 x 15 cm Standweite
Tomate	März–April	Juli–Oktober	Vorkultur im Zimmer bei 20 °C; ab Anfang Mai ins Freie stellen
Topinambur	Sept./April	Mai–Juni	Vermehrung über die Knollen; bis zu 3 m hoch; schöne Blüten
Zucchini	April–Mai	Juli–September	großzügige Pflanzgefäße wählen; sehr wüchsig; lange Triebe

Oben links: Pflanzen Sie auch im Terrassengarten Ihr Gemüse nach den Regeln der Mischkultur. Eine Studentenblume *(Tagetes)* hält den Salat gesund.

Oben rechts: Die leuchtend rot gestielten Blätter des Stielmangolds 'Vulkan' können laufend geerntet und wie Spinat zubereitet werden. Sorten wie 'White Silver', 'Walliser' oder 'Genfer Spezial' haben weiße Blattstiele.

Unten links: Paprikapflanzen sind sehr wärmebedürftig und sollten erst ab Anfang Juni im Freien gezogen werden. Während Gemüsepaprika süß schmeckt, sind die Sorten der Gewürzpaprika (z. B. 'De Cayenne') scharf.

Unten rechts: Neben klassisch grünen Zucchini-Sorten überrascht 'Black Jack' mit tiefvioletten, 'Golden Rush' mit goldgelben Früchten. Verwenden Sie für die wüchsigen Pflanzen große Töpfe.

Kräutertreppen: Auf kleinen Eisen-Etageren finden viele Kräuter auf wenig Raum Platz. Gelb geränderter Zitronen-Thymian *(Thymus × citriodorus* 'Doone Valley') beherrscht die oberste Etage. Die Reihe darunter teilen sich Gelbblättriger Oregano *(Origanum vulgare* 'Aureum'), Purpur-Salbei *(Salvia officinalis* 'Purpurascens') und Zitronen-Thymian *(Thymus × citriodorus* 'Silver Queen'). Auf dem Boden stehen weitere Töpfe mit Ysop *(Hyssopus officinalis)*, Thymian *(Thymus vulgaris)* und Steinquendel *(Calamintha nepeta)*.

Frische Kräuter am laufenden Band

Ein kleiner Kräutergarten auf der Terrasse erleichtert Ihnen das Kochen ungemein – selbst wenn Sie einen großen Gemüsegarten haben. Denn mit den Kräutertöpfen in Hausnähe verkürzen Sie die Wege, und man kommt rasch trockenen wie sauberen Fußes zu ein paar Schnittlauch-Halmen fürs Spiegelei, Basilikum zu Tomaten und Mozzarella oder Oregano-Blättchen für die Pizza.

Das ständige Stiebitzen von Trieben und Blättern schadet den Kräutern dabei keineswegs. Im Gegenteil: Der permanente Rückschnitt animiert sie, sich immer wieder zu verzweigen. So bleiben sie buschig und kompakt. Bei manchen ist die dauernde Ernte sogar notwendig, damit sie wie der Schnittlauch keine Blüten ansetzen, die sich qualitätsmindernd auswirken würden. Bei anderen aromatischen Kräutern wie der Kapuzinerkresse oder dem Borretsch wartet man dagegen sehnsüchtig auf die Blüten, denn sie sind essbar und zieren Salate oder Desserts.

Kräuterspirale auf Topf-Art

Selbst auf die beliebte Kräuterspirale muss der Terrassengärtner nicht verzichten. Nur baut er sich dazu keine Natursteinmauern, sondern verwendet Stellhilfen: Während die untersten, schattenverträglichen Kräuter wie Pfefferminze, Petersilie, Zitronenmelisse und Sauerampfer auf dem Boden stehen, hebt man sonnenhungrige Vertreter mit Hilfe von umgedrehten Töpfen, Säulen oder Etagèren in die Höhe. Die obersten Plätze gebühren trockenheitsverträglichen Kräutern wie Thymian oder Currykraut.

Bei den Töpfen für Ihre Kräuterkultur haben Sie freie Wahl. Ob einfache oder dekorierte Blechbüchsen, ein ausgedienter Römertopf oder spezielle Kräutertöpfe aus gebranntem Ton – Hauptsache, die Behälter haben Abzugslöcher im Boden und eine mehrere Zentimeter dicke Kiesschicht als Dränage. Denn der einzige Pflegefehler, den die sonst sehr pflegeleichten Kräuter übel nehmen, ist Staunässe.

Oben links: Kleinblättrige Basilikum-Sorten wie 'Balkonstar' und 'Buschbasilikum' (grün) oder dunkelrote bis violette Sorten wie 'Dark Opal' oder 'Rubin' sind besonders aromatisch. Da die einjährigen Kräuter sehr wärmebedürftig sind, kommen sie erst ab Juni ins Freie.

Oben rechts: Die Blüten und jungen Blätter der Kapuzinerkresse (Tropaeolum) haben einen feinen, kresseartigen Geschmack, mit dem man Salate verfeinert.

Unten links: Oregano (Origanum vulgare) ist frostfest und mehrjährig, Majoran (Origanum majorana) dagegen sehr kälteempfindlich und einjährig. Oregano bietet neben grünlaubigen diverse gelblaubige Sorten wie 'Aureum' oder 'Gold Tip'.

Unten rechts: Nicht nur dem Echten Thymian (Thymus vulgaris) gebührt ein Stammplatz auf der Terrasse, auch der Zitronen-Thymian (Thymus × citriodorus) ist sehr aromatisch.

Die besten Kräuter für Töpfe und Pflanzkästen

Name	Anzucht	Ernte	Bemerkungen
Basilikum (Ocimum)	Aussaat	junge Blätter	einjährig; Ernte endet mit der Blüte; geschützter, warmer Standort
Currykraut (Helichrysum)	Aussaat, Teilung	junge Blätter	mit Winterschutz mehrjährig; eher trocken halten; sonniger Platz
Kapuzinerkresse (Tropaeolum)	Aussaat	Blüten	einjährig (Überwinterung lohnt nicht); leicht scharfer Geschmack
Majoran (Origanum majorana)	Aussaat	junge Triebe	einjährig; bestes Aroma kurz vor der Blüte; durchlässige Erde
Oregano (Origanum vulgare)	Aussaat, Teilung	junge Triebe	mit Winterschutz mehrjährig; vollsonniger, warmer Standort
Pfefferminze (Mentha × piperita)	Teilung	Blätter	mehrjährig; stark wüchsig; häufig teilen; bestes Aroma vor Blüte
Salbei (Salvia)	Aussaat, Stecklinge	Blätter	mehrjährig; regelmäßiger Schnitt bewahrt die Form
Thymian (Thymus)	Teilung, Stecklinge	Blätter	mehrjährig; regelmäßiger Rückschnitt hält die Polster dicht
Ysop (Hyssopus)	Teilung, Stecklinge	junge Triebe	mehrjähriger Halbstrauch; 30–60 cm; sonnenliebend
Melisse (Mentha)	Teilung	junge Triebe	mehrjährig, rasch wüchsig; große Töpfe verwenden; Halbschatten

Ein kleiner Pfirsichbaum und Rote Johannisbeeren wachsen einem auf dieser Terrasse buchstäblich in den Mund. Damit die Früchte ausreifen und ihren vollen Geschmack erreichen, ist viel Sonne und eine sehr konstante Versorgung mit Wasser und Nährstoffen nötig.

Leckeres Obst im Topf

Zum Naschen sind Obstgehölze auf der Terrasse genau das Richtige für die ganze Familie.

Besonders gut für die Topfkultur geeignet ist **Beerenobst**. Schwarze und Rote Johannisbeeren, Josta- und Stachelbeeren brauchen als Stämmchen gezogen nicht viel Platz, zumal sie nach der Ernte geschnitten werden, um auch im nächsten Jahr wieder reich zu tragen. Selbst Heidelbeer-, Preiselbeer- oder Maibeeren-Sträucher *(Lonicera kamtschatica)* sind einen Versuch wert, sofern man sie in saure Rhododendron-Erde pflanzt. Himbeeren, Brombeeren, Tay-, Logan- oder Boysenbeeren bieten sich als ungewöhnlicher Sichtschutz an, wenn man sie an Drähten entlangranken lässt.

Ebenso beliebt wie einfach sind **Erdbeeren**. Sie nehmen mit jedem Gefäß Vorlieb – egal, ob Balkonkasten, Kräutertopf, Regenfass oder Blumenampel. Besonders dekorativ machen sie sich in so genannten Erdbeertöpfen, die mehreren Pflanzen auf verschiedenen Etagen Platz bieten. Da weder mehrmals tragende Erdbeeren, zu denen die Wald- und Monatserdbeeren zählen (z.B. 'Rapella', 'Ostara', 'Alexandria', 'Evita'), noch einmal tragende Sorten im Topf über mehrere Jahre gute Ernten erwarten lassen, tauscht man sie spätestens im zweiten Jahr gegen neue Pflanzen aus.

Möchte man **Obstbäumchen** im Topf kultivieren, sollte man zu besonders schwachwüchsigen Formen greifen. Unter diesen Mini-Obstbäumen findet man häufig Pfirsiche und Nektarinen. Als Alternative bieten sich so genannte »Ballerinas« an, schmalkronige säulenförmige Bäume bis zu 3 m Höhe. Erhältlich sind vor allem Apfel-Ballerinas wie 'Bolero', 'Polka', 'Waltz' oder 'Flamenco'. Eine dritte, sehr platzsparende Möglichkeit ist Spalierobst; Die Äste sind hierbei streng symmetrisch an einem Fächerspalier in U-Form (Palmette) oder in parallelen, schräg nach oben zeigenden Linien erzogen (Kordon).

Nicht zu vergessen das exotische Obst. Folgenden Arten sichern Ihnen eine kleine, aber feine Ernte: Granatapfel *(Punica,* siehe Seite 39), Feige *(Ficus,* siehe Seite 35), Wollmispel *(Eriobotrya,* siehe Seite 114), Kaki *(Diospyros kaki),* Brasilianische Guave *(Acca,* siehe Seite 62), Zitrus *(Citrus,* siehe Seite 34), Passionsblumen *(Passiflora,* siehe Seite 106), Erdbeerbaum *(Arbutus,* siehe Seite 32), Guaven *(Psidium guajava, P. littorale)* u.v.a.

Pflegeleichtes Obst im Topf lädt zum Naschen ein

Obstart	Blüte	Reifezeit	Wuchs- und Erziehungsform
Apfel	weiß-rosa; April–Mai	August–September	Spalierbäumchen, Ballerina
Erdbeere	weiß; Mai–Oktober	Juni–Oktober	Bodendecker; Ampelpflanzen
Heidelbeere	weiß-rosa; Mai	August	Büsche
Himbeere	weiß; Mai–Juni	August–September	als Kletterpflanze an Gerüsten, Drähten oder Zäunen
Johannisbeere	grün-gelb; April–Mai	Juli	Stämmchen; Büsche
Kiwi	weiß; Juni–Juli	Oktober–November	stark wüchsige Kletterer; männliche u weibliche Pflanze nötig
Pfirsich	rosa; März–April	Juli–September	Mini-Obstbäume; Spalierbäumchen; Blüte vor Spätfrost schützen
Wein	gelb-grün; Mai–Juni	September–Oktober	Kletterpflanze; Kronenschirm auf Drahtgerüsten (»Hochstamm«)
Andenbeere	gelbweiß, Juni–Juli	September	einjährige Büsche, bot. Name: *Physalis peruviana*

Oben links: Ob als Mini-Stämmchen oder Ballerina-Form – kleine Obstbäumchen sichern Ihnen auch im Topf kleine Ernten süßer Pfirsiche oder Äpfel.

Oben rechts: Damit die dünnen Triebe der Himbeeren Halt bekommen, lässt man sie an Drahtgerüsten hochklettern.

Unten links: Erdbeeren in Töpfen faulen nicht so schnell wie ihre Verwandten im Gartenbeet, da sie nicht auf der feuchten, kalten Erde liegen. Ihnen gebührt ein vollsonniger Platz.

Unten rechts: Weinreben können nicht nur als Kletterpflanzen erzogen werden. Auch zu Stämmchen lassen sie sich formen, wenn man sie jedes Jahr im Winter kräftig zurückschneidet. Achten Sie beim Kauf auf robuste Sorten, die nicht anfällig für Mehltau und andere typische Weinkrankheiten sind (z. B. 'Isabella', 'Elvira', 'Concord', 'Bianca').

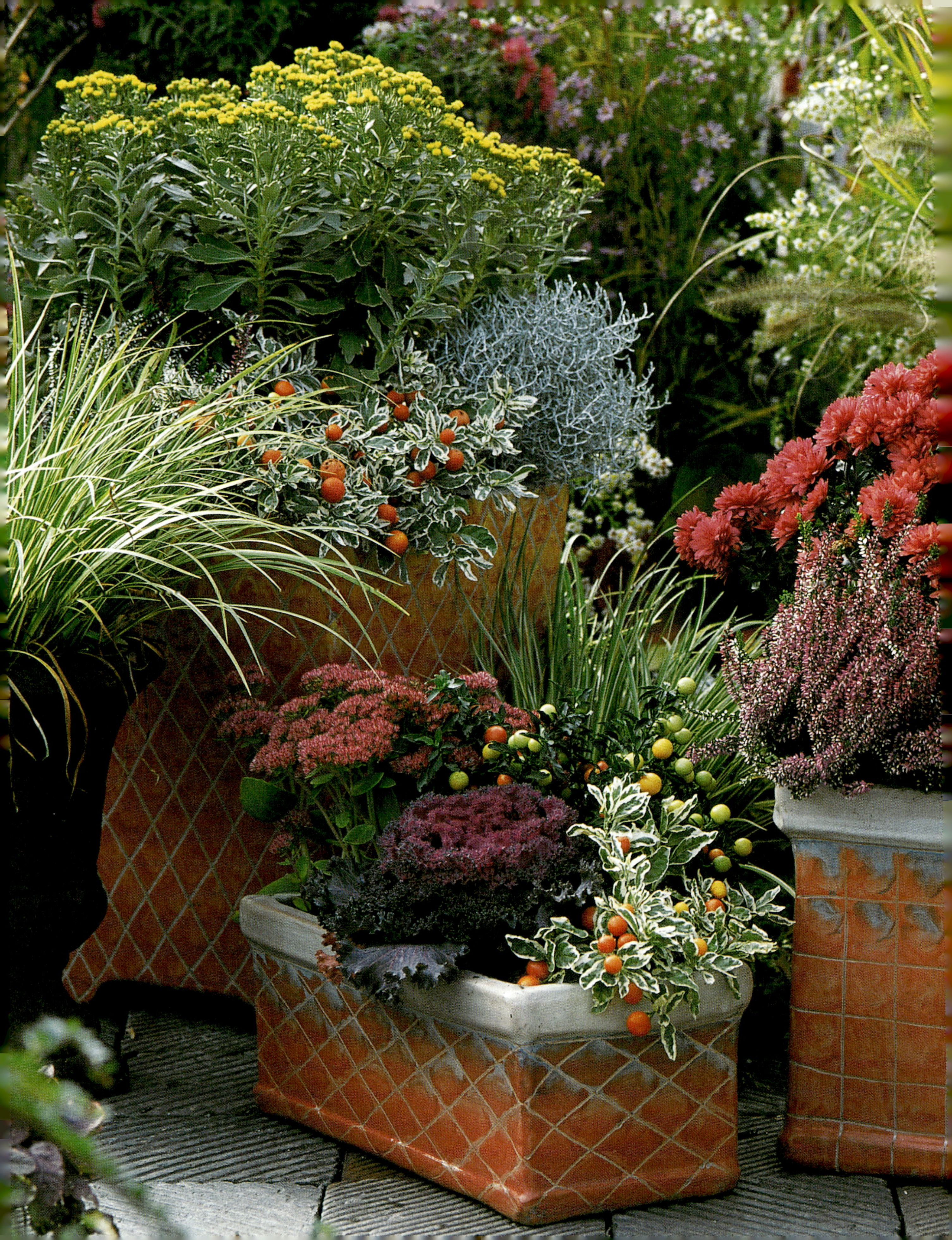

HERBST

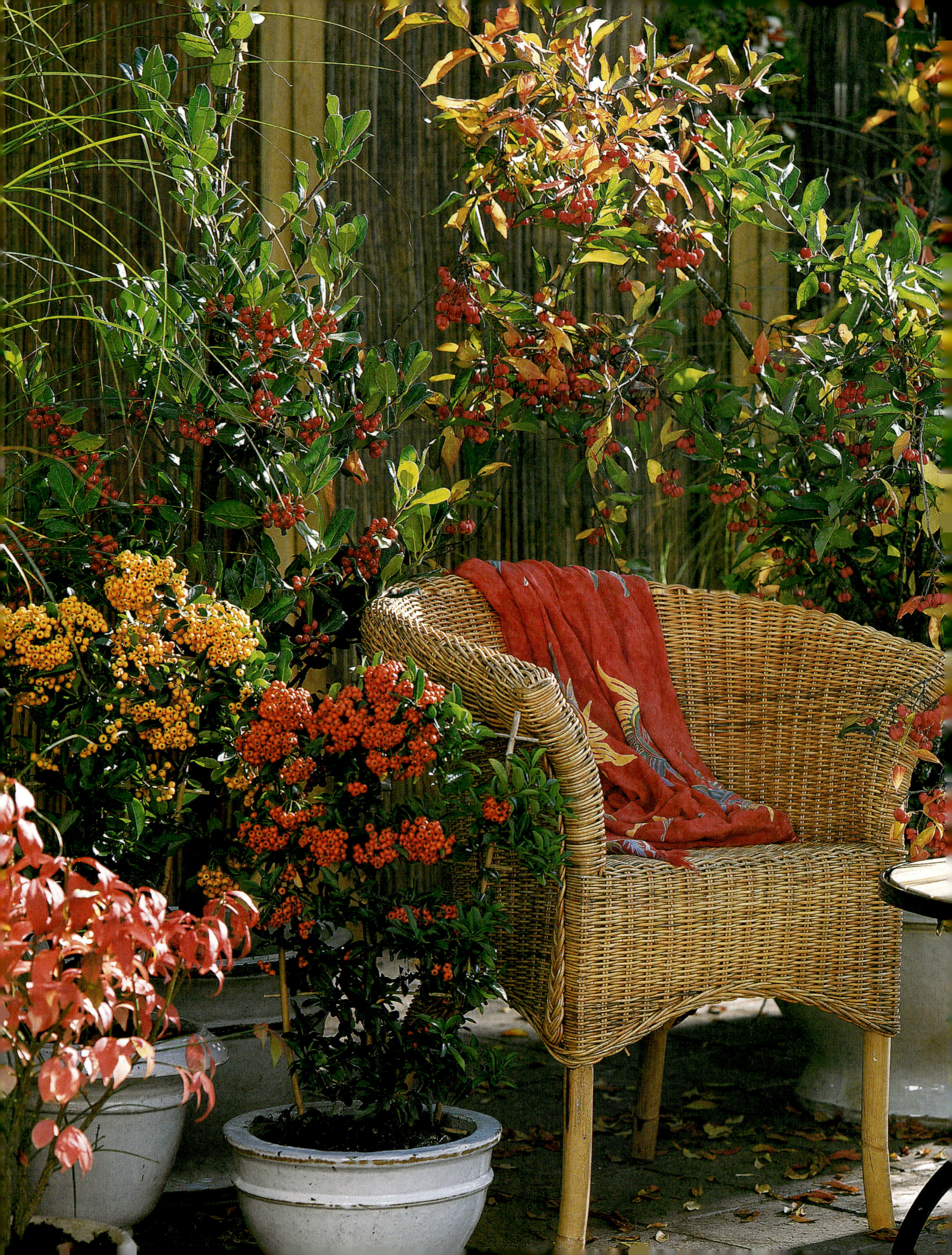

IN SATTEN HERBSTFARBEN SCHWELGEN

Wer glaubt, im Herbst sei die Terrassen-Saison zu Ende, wird überrascht sein. Denn jetzt trumpft der Terassengarten noch einmal so richtig auf – mit leuchtenden Früchten, skurrilen Samenständen, farbenfrohen Blättern und späten Blüten. Feiern Sie Ihr ganz persönliches Ernte-Dank-Fest. Halloween lädt Sie ein zum Schnitzen schaurig-schöner Kürbis-Köpfe. Die vielen bunten Herbstblätter werden in der Blumenpresse getrocknet und auf kreative Grußkarten geklebt oder in all ihrer Formenvielfalt zu Bildern arrangiert. Die Gräser locken mit ihren fedrigen oder wattebauschigen Samenständen zu Trockengestecken, die Beeren zu bunten Türkränzen und anderen floristischen Arrangements. Langeweile kommt hier also ganz bestimmt nicht auf. Stürzen Sie sich hinein in den Zauber des Herbstes.

Oben: Scheinbeeren wetteifern mit rotbackigen Äpfeln und bunten Kürbissen um die besten Plätze am Tisch.

Links: Im Herbst packt die Natur noch einmal ihren Farbenkasten aus und kleidet ihre Schützlinge in leuchtende Gewänder, die sie mit auffälligen Früchten verziert.

Violett, Rot, Orange und Gelb – das sind die vorherrschenden Farben des Herbstes, die hier unter anderem von Sonnenhut *(Rudbeckia)*, Lampionblume *(Physalis)* und Besenheide *(Calluna)* präsentiert werden.

Verlängern Sie die Terrassen-Saison

Die erste Nacht, in der glitzernder Raureif die Pflanzen überzieht, läutet nicht das Sommerende, sondern den Herbstanfang ein! Geben Sie der Kälte nicht vorzeitig klein bei, sondern lassen Sie Ihre Kübelpflanzen so lange wie möglich draußen. Das härtet sie ab und dämmt mögliche Schädlingsherde ein, die der Kälte nicht gewachsen sind. Genießen Sie so die späten Blüten des Mönchspfeffers *(Vitex,* siehe Seite 49) oder des Löwenohrs *(Leonotis,* siehe Seite 58) bis weit in den Oktober hinein. Drohen erste Frostnächte, holt man die Pflanzen kurzzeitig ins Haus. Mit dem Ansteigen des Thermometers stellt man sie am nächsten Morgen jedoch sogleich wieder hinaus ins Freie. Die robusteren unter den **klassischen Kübelpflanzen**, zu denen viele mediterrane Arten zählen (siehe Seite 32ff.) können je nach Lage und Witterungsverlauf oft bis November im Freien bleiben, so lange sich kein Dauerfrost ankündigt. Beachten Sie hierzu die Temperaturangaben der einzelnen Porträts in diesem Buch. Geschützte Plätze vor Hauswänden, die Wärme speichern und diese in kühlen Nächten abgeben, können die Freilandsaison ebenso verlängern wie wind- und regengeschützte Standorte, an denen die Auskühlung minimal ist.

Späte Schönheiten

Bei vielen **Stauden** im Topf ist jedoch gar keine Saison-Verlängerung nötig – sie blühen von Haus aus erst zu fortgeschrittener Jahreszeit. Zu diesen Spätzündern zählen unter den hohen Vertretern (50 bis 80 cm) Herbst-Fetthenne *(Sedum telephium)*, Japan-Anemone *(Anemone hupehensis* bzw. *A. japonica)*, Grönland-Margerite *(Dendranthema arcticum)* und viele Aster-Arten (z. B. *Aster dumosus)*. Lampionblumen *(Physalis alkekengi* var. *franchetii)* zeigen ihren wahren Schmuck im Herbst mit leuchtend orangeroten Fruchtkelchen.

Laden Sie neue Gäste ein

Ihre Terrasse bekommt jetzt obendrein Gesellschaft von spät blühenden **einjährigen**

Schöne Terrassen zum Nachpflanzen

(Bild siehe Seite 144/145)

① Flügel-Spindelstrauch *(Euonymus alatus)*
② und ③ Feuerdorn *(Pyracantha coccinea)*
④ Stechpalme *(Ilex × meserveae)*
⑤ Pfaffenhütchen *(Euonymus europaeus)*
⑥ Pampasgras *(Cortaderia selloana)*

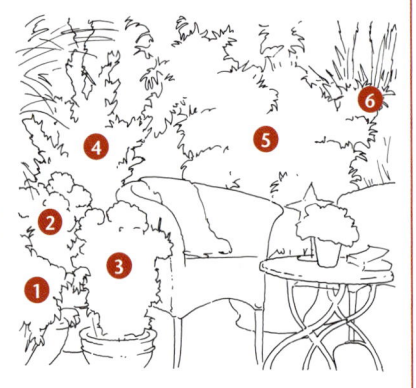

Sommerblumen, allen voran den Herbst-Chrysanthemen *(Dendranthema)*. Sie sind die ungeschriebenen Blütenköniginnen des Herbstes. Ihre Blütenknospen sind so zahlreich, dass sie das Laub unter sich begraben. Damit die Blütenpracht möglichst lange anhält, hüllt man die Kronen in kalten Nächten in Vliese, wie sie im Gemüsegarten zur Ernteverfrühung üblich sind, deckt sie mit Zeitungspapier ab oder holt sie über Nacht ins Haus. Färben sich die Blüten schwarz, ist der Zauber vorbei (Frostschaden), und man trennt sich von den Pflanzen. Eine Überwinterung lohnt meist nicht.

Ebenfalls ein Meister des Herbstes ist der Zierkohl *(Brassica oleracacea)*. Nicht nur, dass er seine Blätter mit zunehmender Kälte in immer leuchtendere Violett-Töne oder edles Schneeweiß taucht – er schmekkt obendrein wie Grünkohl, wenn man ihn dünstet. Allerdings geht dabei die schöne Färbung verloren, und man muss sich mit braun-grünen Kohlgerichten begnügen. Wer rechtzeitig daran denkt, kann Zierkohl ab Mai selbst aussäen und anziehen. Er keimt rasch und stellt keine Ansprüche.

Augen- und Gaumenschmaus

Herbstzeit ist Erntezeit. Jetzt sind Äpfel, Weintrauben und anderes Topf-Obst vollreif (siehe Seite 140). Auch folgende Ziergehölze warten nun mit leckeren Früchtchen auf: Felsenbirnen *(Amelanchier)*. Mehlbeeren *(Aronia)*, Scheinquitten *(Chaenomeles)* und Vogelbeeren *(Sorbus aucuparia* 'Edulis') lassen sich zu feinen Gelees und Konfitüren verarbeiten.

Doch nicht alles, was zum Naschen verlockt, ist auch wirklich essbar. Die Beeren von Liguster *(Ligustrum vulgare)*, Kirschlorbeer *(Prunus laurocerasus)*, Stechpalme *(Ilex aquifolium)*, Pfaffenhütchen *(Euonymus europaeus*, siehe Seite 154) oder Efeu *(Hedera*, siehe Seite 104) werden als giftig eingestuft. Die weit größere Zahl der Beeren wie Zwergmispel *(Cotoneaster*, siehe Seite 153), Mahonie *(Mahonia)*, Schneebeere *(Symphoricarpos albus)* oder Feuerdorn *(Pyracantha*, siehe Seite 155) sind nur schwach giftig und verur-

Das Herbstlicht taucht den Terrassengarten in einen sanften, warmen Ton, der Schwarzäugige Susanne *(Thunbergia)*, China-Schilf *(Miscanthus)*, Herbst-Fetthenne *(Sedum telephium)*, Natal-Gras *(Rhynchelytrum)*, Glockenblume *(Campanula rapunculoides)* und Schmuckkörbchen *(Cosmos)* noch einmal erglühen lässt.

Besenheiden *(Calluna)* lassen mit ihrem violetten, weißen, rosafarbenem oder roten Blütenreichtum vergessen, dass der Winter naht. Eine Unsitte ist es, die mehrjährigen Sträucher mit Spraydosen gelb, golden oder blau zu färben. Die Farbschicht hemmt die Atmung, die Pflanzen werden geschwächt und gehen häufig ein. Setzen Sie deshalb auf die natürliche Farbenpracht.

Was könnte das Bild vom »Goldenen Herbst« besser zeigen als dieses farbgewaltige Arrangement, in dem orangerote Herbst-Chrysanthemen *(Dendranthema)*, die orangeroten Kelche der Lampionblume *(Physalis)* und die roten Beeren des Zwergmispel-Hochstamms *(Cotoneaster)* die Hauptrolle spielen.

Bevor strenger Frost die Blüten schwarz färbt, bezaubern Herbst-Chrysanthemen *(Dendranthema)* viele Wochen lang mit ihrer Blütenfülle.

sachen erst bei Verzehr größerer Mengen Bauchschmerzen, Erbrechen oder Durchfall. Um jedes Risiko zu vermeiden, sollten Sie Ihren Kindern generell untersagen, Beeren selbst zu pflücken und zu essen. Die ersten Jahre kann man gefährliche Früchte abschneiden, die in Höhen reifen, die für Kinderhände erreichbar sind, ohne deshalb ganz auf die Pflanzen verzichten zu müssen. Im Zweifelsfall helfen die Gift-Notruf-Zentralen kostenlos weiter (Infos unter www.giftnotruf.de).

Teilen macht Freude

Denken Sie trotz aller Erntefreuden auch an die Tierwelt. Den Vögeln und Nagern zuliebe sollten Sie auch auf der Terrasse einige Früchte hängen lassen. Hier sind sie nicht nur eine natürliche Vorratskammer, sondern auch wahre Kunstobjekte. Überzieht sie der Raureif mit seinen funkelnden Kristallen, werden sie obendrein zu wunderschönen Fotomotiven. Die Samenstände der Gräser dienen Vögeln als kleine Mahlzeit zwischendurch. In hohlen Halmen halten nützliche Insekten und ihre Nachkommen Winterschlaf. Man schneidet sie deshalb nicht schon im Herbst zurück, sondern erst im Frühling vor dem frischen Austrieb. Zugleich bieten die alten Halme und Blätter über die Wintermonate den Pflanzenwurzeln gesunden Selbstschutz vor Frost.

Bereiten Sie mit Anbruch kühlerer Temperaturen Vogel-Futterplätze vor. Fällt der erste Schnee, der die natürlichen Vorräte verdeckt, müssen die kleinen Tiere rasch alternative Nahrungsquellen finden, ohne beim Suchen allzu viel Energie zu verlieren. Da ist es gut, wenn Sie im Spätherbst schon einige Futterplätze entdeckt haben und bei Bedarf rasch hinfinden. Achten Sie wie im Garten darauf, dass die Futterplätze vor Katzen sicher und sauber sind. Optimal sind kleine Vogelhäuschen mit Futterspeichern, in denen sich zeitgleich nur wenige Tiere aufhalten und die Körner nicht mit Kot verschmutzt werden können. Verwenden Sie nur naturbelassene Körner und frische oder getrocknete, ungeschwefelte Früchte, für Meisenknödel nur ungesalzenes, ungeräuchertes Fett.

Hallo Halloween!

Mit der Jahrtausendwende hat das amerikanische Halloween-Fest endgültig auch in Europa Einzug gehalten. Kürbisse liegen so stark im Trend wie selten zuvor. Hunderte von Sorten werden als Saatgut und im Herbst als fertige Früchte angeboten, der schwerste Kürbis der Welt gekürt und immer neue Kochbücher mit den besten Kürbisrezepten vorgestellt. Wer selbst der

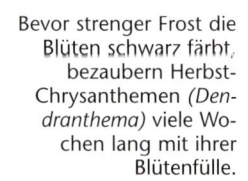

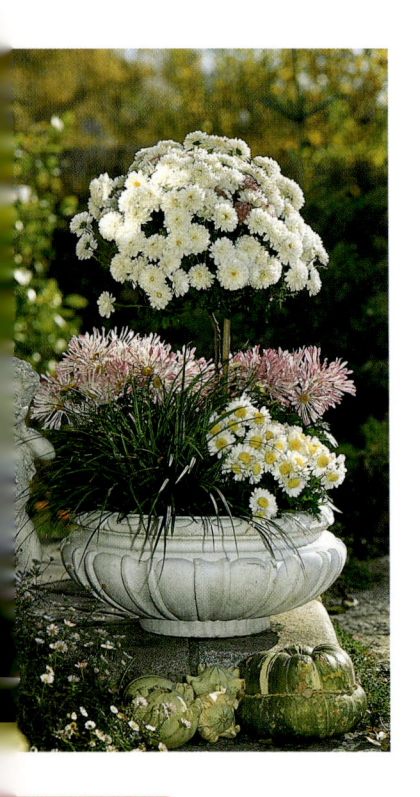

»Pumpkinmania« verfallen ist, hat die Qual der Wahl zwischen Bischofsmützchen, Teufelskrallen, Kronen-, Schwanenhals- oder Kalebassenkürbissen in Dutzenden von Sorten, die aus Holland, Frankreich oder England zu uns kommen. In großzügigen Pflanzgefäßen bei reichlich Wasser und Dünger lassen sich Zierkürbisse auch auf der Terrasse kultivieren – riesigen Speisekürbissen bleibt jedoch ein Platz im Gemüsegarten vorbehalten. Flächensparend ist es, die meterlangen Kürbistriebe nicht am Boden entlangzuleiten, sondern in die Höhe zu binden.

Bunt gemischt

Neben den auf den folgenden Seiten vorgestellten winterharten Arten warten auch folgende klassische Kübelpflanzen mit wunderschönen Herbstaspekten auf: Der Heilige Bambus (Nandina, siehe Seite 116) färbt seine Blätter feuerrot, ohne sie jedoch zu tauschen – sie werden im Frühling wieder grün – und trägt ebenso gefärbte Beeren. Kreppmyrte (Lagerstroemia, siehe Seite 36) und Granatapfel (Punica, siehe Seite 39) zeigen ihr leuchtend orangegelbes Herbstlaub. Myrte (Myrtus, siehe Seite 37), Mittelmeerschneeball (Viburnum tinus), Lorbeer (Laurus, siehe Seite 36) und Liguster (Ligustrum delavayanum, siehe Seite 119) schmücken sich mit blauen Beeren.

Auch winter- und immergrüne Stauden spielen jetzt ihre Vorteile aus, während sich andere langsam ins Erdreich zurückziehen. Purpurglöckchen (Heuchera), Bergenie (Bergenia), Johanniskraut (Hypericum calycinum), Günsel (Ajuga), Teppich-Phlox (Phlox subulata), Palmlilie (Yucca filamentosa), Schleifenblume (Iberis), Thymian (Thymus) sowie diverse Streinbrech- und Mauerpfeffer-Arten (Saxifraga, Sedum) zeigen Ihnen weiterhin die grüne Karte.

Feiern Sie mit selbst geschnitzten Kürbisköpfen bis weit nach Mitternacht ein schaurig-schönes Halloween-Fest auf Ihrer Terrasse.

Die feurige Farbe des Wilden Weins (Parthenocissus) bietet einen stilvollen Hintergrund für ein Arrangement kleiner und großer Kürbisse. Zierkohl (Brassica) und Besenheide (Calluna) begleiten die Szenerie.

ZIERGRÄSER

Seggen
(Carex)

Aus der riesigen Seggen-Familie mit rund 3000 Arten halten immer mehr Einzug in den Terrassengarten. Attraktive, weißgrüne Halme präsentieren die Variegata-Sorten von *C. ornithopoda* und *C. morrowii*, rote bei *C. buchananii*, gelbe bei *C. elata* 'Bowles Golden' und *C. hachijoensis* 'Evergold' (Bild) sowie grüne bei *C. plantaginea, C. sylvatica, C. umbrosa* oder *C. montana*. Sie alle werden bis zu 30cm hoch.
Wuchs: Die zumeist wintergrünen Halme neigen sich elegant über die Topfränder, sodass die Form kleiner Wasserglocken entsteht. Zu den höherwüchsigen Arten (40 bis 60cm) zählen *C. pseudocyperus, C. pendula, C. muskingumensis* und *C. grayi*, die sumpfigfeuchte Bedingungen lieben.
Blüte: Bei kleinen Arten unauffällig, bei höheren Arten z.T. sehr attraktiv (z.B. Morgensternsegge (*C. grayi*)).
Standort: Bis auf *C. buchananii* (Sonne) bevorzugen Seggen Halbschatten.
Pflege: Erde konstant leicht feucht bis nass halten (s.o) 14-täglich düngen.
Pflanzenschutz: Schneckenfraß.
Überwinterung: Im Freien.

Schwingel
(Festuca)

Klein und zierlich, lassen sich Schwingel in dekorativen Mini-Pflanzgefäßen auf Tischen oder Etageren arrangieren.
Wuchs: Mit weniger als 20cm Höhe bestechen vor allem Blau-Schwingel (*F. cinerea*) mit Sorten wie 'Blaufuchs' oder 'Meerblau' und Schaf-Schwingel (*F. ovina*) mit ihren graublauen Halmen. Der Regenbogen-Schwingel (*F. amethystina*) schimmert je nach Lichteinfall Blau bis Violett. Bärenfell-Schwingel (*F. gautieri*) ist grünlaubig.
Blüte: Die filigranen Rispen überragen die Halme um etwa das Doppelte.
Standort: Je sonniger und wärmer der Terrassenplatz, umso intensiver ist die Färbung blauhalmiger Arten.
Pflege: Als Grundregel gilt: Trockenheit wird vertragen, Staunässe nicht. 1 x monatlich düngen. Auf magerem Substrat ist die Färbung ausgeprägter.
Pflanzenschutz: Keine Anfälligkeit.
Überwinterung: Im Freien (Nässeschutz).
Extra-Tipp: Ebenfalls blauhalmige Kleinode sind das Schillergras (*Koeleria glauca*) und der Blaustrahlhafer (*Helictotrichon sempervirens*).

Rutenhirse
(Panicum viragtum)

Das schönste an der Rutenhirse ist ihre braunrote bis goldgelbe spätsommerliche bis herbstliche Färbung, die bei Sorten wie 'Hänse Herms', 'Rehbraun' oder 'Shenendoah' besonders intensiv ist. 'Heavy Metal' oder 'Blue Tower' zeigen graublaue Halme.
Wuchs: Die stabilen bis zu 80cm langen Blätter stehen in straff aufrechten Horsten beisammen und bleiben bis weit in den Winter hinein erhalten.
Blüte: Die feinen hochsommerlichen Rispen erreichen bis zu 1m Höhe.
Standort: Diese Präriegräser lieben vollsonnige Plätze. Trockenheit und Hitze meistern sie mit Bravour.
Pflege: Die Erde nur leicht feucht halten und erst gießen, wenn das Substrat abgetrocknet ist. Bräunlich verfärbte Blätter sind arttypisch und nicht auf Wassermangel zurückzuführen.
Pflanzenschutz: Keine Anfälligkeit.
Überwinterung: Im Freien (Nässeschutz).
Extra-Tipp: Abgetrennte Ausläufer kann man im Frühling zu neuen Pflanzen heranziehen. Ebenfalls feurig herbstrot ist das Pfeifengras (*Molinia*).

... FÜR HERBSTLICHE TERRASSEN

Hasenschwanzgras
(Lagurus ovatus)

Der deutsche Name dieses einjährigen Kleinods beschreibt die flauschigen Blüten hinlänglich. Man möchte sie pflücken und damit sanft über die Wangen streifen – so weich sind sie.
Wuchs: Die bis zu 30 cm langen Halme bilden lockere Horste, die weit weniger kompakt sind als die der anderen auf dieser Seite beschriebenen Gräser.
Blüte: Die Blüten (40 cm) erscheinen von Juni bis August in reicher Zahl.
Standort: Sonnig und warm.
Pflege: Ab Ende Februar werden die Samen ausgesät und im Haus vorkultiviert, bis sie Mitte Mai Quartier auf der Terrasse beziehen können. Nährstoffarme Erde verwenden und nicht nachdüngen. Eher trocken halten.
Pflanzenschutz: Keine Anfälligkeit.
Überwinterung: Entfällt.
Extra-Tipp: Auch die einjährige Mähnengerste *(Hordeum jubatum)* trägt ungewöhnliche, attraktive Blütenstände, ebenso das mehrjährige Zittergras *(Briza media)*, auch »Herzerl-Gras« genannt, sowie das Moskitogras *(Bouteloua gracilis)*, die allesamt trockene, nährstoffarme Bedingungen schätzen.

Schlangenbärte
(Ophiopogon)

Noch weitgehend unbekannt, würde vor allem der Schwarze Schlangenbart *(O. planiscapus*, Bild) aus Japan mit seinen tief dunkelroten Halmen weitere Verbreitung verdienen.
Wuchs: Die 1 bis 1,5 cm breiten, spitz zulaufenden, oft leicht gedrehten Blätter neigen sich elegant über.
Blüte: Die weißlichen Blüten zeigen sich im Hoch- und Spätsommer.
Standort: Während die grünhalmigen Arten *(O. japonicus, O. juburan)* halbschattige Plätze bevorzugen, ist die schwarze Form lichthungriger.
Pflege: Halten Sie die Erde konstant leicht feucht, aber nicht staunass. Eine Düngegabe pro Monat genügt.
Pflanzenschutz: Schneckenfraß.
Überwinterung: Mit Schutz im Freien.
Extra-Tipp: Ebenfalls mit auffällig gefärbten Blättern warten die in Weiß oder Gelb längs- oder quer gestreiften 'Variegatus'-, 'Strictus'- oder 'Zebrinus'-Sorten von China-Schilf *(Miscanthus sinensis)*, Rohr-Glanzgras *(Phalaris arundinacea)*, Glatthafer *(Arrhenatherum elatius)* oder Wald-Marbel *(Luzula sylvatica)* auf.

Federborstengräser
(Pennisetum)

Neben ihrem eleganten, feinhalmigen Wuchs ziehen vor allem die »Flaschenbürsten« von *Pennisetum alopecuroides* (Bild) und *P. orientale* die Blicke auf sich.
Wuchs: Die Horste erreichen sortenabhängig 30 bis 100 cm Höhe.
Blüte: Je nach Sorte und Reifegrad der Blüten schimmern die flauschigen Rispen violett, rosa, cremefarben oder weiß in der Spätsommersonne.
Standort: An einem geschützten, warmen Platz können Sie sich einer üppigen Blüte sicher sein. Geben Sie den Horsten zwei bis drei Jahre Zeit, damit sie einwachsen und zu voller Schönheit heranreifen können.
Pflege: Die Ziergräser schätzen eine konstante, aber mäßige Wasserversorgung. Vermeiden Sie Staunässe und düngen Sie 1–2 x pro Monat.
Pflanzenschutz: Keine Anfälligkeit.
Überwinterung: Mit Winterschutz im Freien. Junggräser im Haus (0 (±5) °C).
Extra-Tipp: Eine besondere Versuchung sind die ein- bis zweijährigen frostempfindlichen Arten *P. setaceum* und *P. villosum*, die man jährlich ab Februar im Haus neu aussät und anzieht.

KÜBELPFLANZEN

Fächer-Ahorn
(Acer palmatum)

Diese langsam wüchsigen Kleinbäume sind das beste Beispiel dafür, dass auch Pflanzen ohne auffällige Blüten wunderschön sein können. Wählen Sie aus über 100 Sorten solche mit rotem (z. B. 'Atropurpureum', 'Bloodgood') und obendrein fein geschlitztem Laub (z. B. 'Dissectum Garnet', 'Dissectum Nigrum') oder grün geschlitzte Sorten wie 'Dissectum Viridis'.
Wuchs: Die Kronen sind im Alter breiter als hoch, selten mehr als 2 m.
Blüte: Was die kleinen gelblichen Frühjahrsblüten an Attraktivität vermissen lassen, macht das Laub wett, das sich im Herbst in leuchtende Rot-, Orange- oder Gelbtöne taucht.
Standort: Windgeschützt, halbschattig bis sonnig, aber nicht vollsonnig.
Pflege: Gleichmäßig feucht halten und 2 x im Monat düngen. Ohne Rückschnitte wachsen die Kronen am schönsten, oft sehr bizarr, heran.
Pflanzenschutz: Keine Anfälligkeit.
Überwinterung: Geschützt im Freien.
Extra-Tipp: Auch die Sorten des Japanischen Ahorns (*A. japonicum*) sind wunderschöne Kübelgäste.

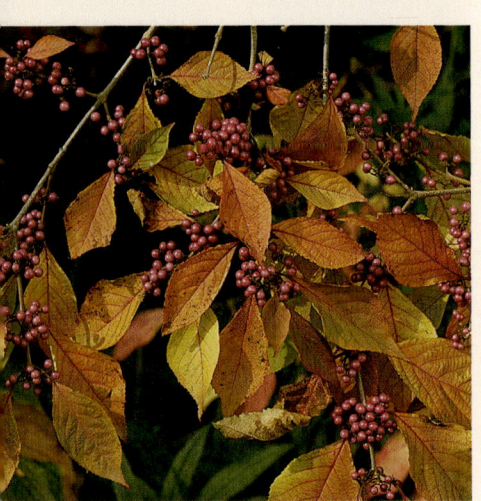

Liebesperlenstrauch
(Callicarpa bodinieri)

Mit einer Fülle leuchtend pinkfarbener bis violetter Beeren, die wie Perlen glänzen, macht dieser sommergrüne Strauch seinen beiden Namen »Schönfrucht« oder »Liebesperlenstrauch« im Herbst alle Ehre. Zuvor färbt er sein im Sommer mattgrünes Laub auffallend gelb.
Wuchs: Mit den Jahren kann der aus China stammende Zierstrauch auch im Pflanzgefäß über mannshoch werden.
Blüte: Die lilafarbenen Blüten erscheinen meist im Juli oder August. Der Fruchtansatz ist bei der Sorte 'Profusion' besonders hoch. Eine zweite Pflanze als Bestäubungspartner in der Nähe ist ratsam. Die Beeren haften bis weit in den Winter hinein an den Zweigen.
Standort: Die anspruchslosen Sträucher sind mit sonnigen Plätzen ebenso zufrieden wie mit halbschattigen, wenn sie warm und geschützt sind.
Pflege: Mischen Sie Kies oder Blähton in die Pflanzerde, damit sie gut durchlässig ist. Nässe vertragen die Wurzeln nicht. 2 x im Monat düngen.
Pflanzenschutz: Keine Anfälligkeit.
Überwinterung: Mit Wurzelschutz im Freien oder gerade frostfrei im Haus.

Besenheide
(Calluna vulgaris)

Denkt man an den Herbst, denkt man auch an Heide. Angesichts der Sortenfülle bleibt dabei kein Wunsch offen.
Wuchs: Selten werden mehr als 50 cm Höhe erreicht. Die schmalen nadelartigen Blätter sind im Sommer dunkelgrün, im Winter oft graugrün gefärbt. Auch gelblaubige (z. B. 'Goldhaze', 'Boskoop') und graulaubige Sorten sind erhältlich (z. B. 'Silver Knight').
Blüte: Die Blüten sind einfach oder gefüllt, weiß, rosafarben, violett oder rot, geschlossen (Knospenblüher) oder offen. Sortenbedingt fällt die Blüte in die Monate August und September mit Verlängerung bis in den Oktober.
Standort: Vollsonnig.
Pflege: Neben saurer Erde verlangt die Besenheide einen jährlichen Rückschnitt im Vorfrühling, da die jungen Triebe am reichsten blühen.
Pflanzenschutz: Probleme treten meist nur bei kalkhaltigem Boden auf.
Überwinterung: Im Freien.
Extra-Tipp: Vermeiden Sie blau oder leuchtend blühende Pflanzen: Die Farbe stammt aus der Spraydose und hemmt die lebenswichtige Atmung.

... FÜR HERBSTLICHE TERRASSEN

Bartblume
(Caryopteris × clandonensis)

Klein, aber fein – das ist das Motto dieser Kleinode, die ihr graugrünes aromatisch duftendes Laub ab August mit blauen Blütenrispen schmücken.
Wuchs: Aus den Wurzeln schießen jährlich neue Triebe hervor, sodass sich bei Sorten wie 'Kew Blue' oder 'Heavenly Blue' dichte Büsche von nicht mehr als 1 m Höhe bilden.
Blüte: Da sich die bis Oktober erscheinenden Blüten an den Enden einjähriger Triebe entwickeln, sollte man die Sträucher jedes Jahr im Herbst oder Frühling kräftig auslichten, sofern sie nicht natürlicherweise zurückfrieren.
Standort: Sonnig, warm, windgeschützt.
Pflege: Verwenden Sie durchlässige Erde, da die Wurzeln bei Nässe rasch unter Fäulnis leiden. In größeren Abständen, dann aber reichlich gießen und 2 x im Monat düngen.
Pflanzenschutz: Keine Anfälligkeit.
Überwinterung: Mit Winterschutz im Freien oder gerade frostfrei im Haus (hell oder dunkel).
Extra-Tipp: Auch die **Blauraute** *(Perovskia)* ist ein attraktiver blau blühender Gast auf der Herbstterrasse.

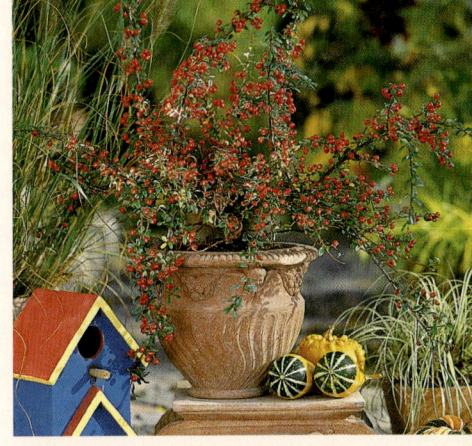

Zwergmispeln
(Cotoneaster)

Als Verkehrsbegleitgrün und unduldsame Bodendecker in Verruf geraten, erleben die Mispeln jetzt eine Renaissance als attraktive Kübelpflanzen, die sich im Herbst mit einer Vielzahl dekorativer roten Beeren schmücken.
Wuchs: Besonders empfehlenswert sind niedrige, bodendeckende Arten, deren Triebe elegant über die Topfränder herabhängen wie bei vielen immergrünen Sorten von *C. dammeri* (Bild), *C. salicifolius* und *C. microphyllus* oder den sommergrünen Formen von *C. adpressus*, *C. horizontalis* oder *C. praecox*. Sie alle werden nicht mehr als 1 m hoch, aber mit ihren langen Trieben oft um ein Vielfaches breiter. *C. franchetii*, *C. salicifolius* var. *floccosus* und *C.* × *watereri* werden über 2 m hoch, brauchen große Gefäße und Winterschutz (immer- bis wintergrün).
Blüte: Weiß, Rosa oder Rot; im Juni.
Standort: Ob Sonne oder Halbschatten, Mispeln gedeihen überall.
Pflege: Keine besondere Pflege nötig.
Pflanzenschutz: Feuerbrandgefahr; befallene Pflanzen sofort entfernen.
Überwinterung: Im Freien.

Heiden
(Erica)

Ihre winterliche Blütezeit macht die Schnee-Heide *(E. carnea)* mit über 100 Sorten zu einem unverzichtbaren Begleiter für jeden, der schon im Januar Farbe auf der Terrasse wünscht.
Wuchs: Höhen um 20 cm sind die Regel. Die dunkelgrünen nadeligen Blättchen stehen in Quirlen um die Triebe.
Blüte: Die ersten der glockenförmigen weißen, violetten, roten oder rosafarbenen Blüten zeigen sich oft schon im November, z. B. bei *E. gracilis* (Bild), die Hauptblüte fällt jedoch je nach Sorte in die Monate Januar bis Mai. Glocken-Heide *(E. tetralix)* und Graue Heide *(E. cinerea)* blühen dagegen im Sommer, die Cornwall-Heide *(E. vagans)* im Herbst.
Standort: Sonnig, aber luftfeucht.
Pflege: Anders als die Besenheide kommt *Erica* nicht mit Trockenheit zurecht. Halten Sie die nur leicht saure Erde (Kalktoleranz bis pH 6,5) stets etwas feucht. 1 x im Monat düngen.
Pflanzenschutz: Probleme bei Trockenheit. Humose Erde beugt vor.
Überwinterung: Schneeheide ungeschützt, andere *Erica*-Arten mit sorgfältigem Winterschutz im Freien.

KÜBELPFLANZEN

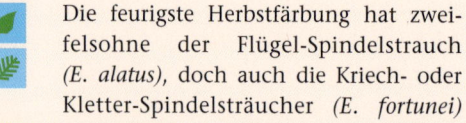

Spindelsträucher
(Euonymus)

Die feurigste Herbstfärbung hat zweifelsohne der Flügel-Spindelstrauch (*E. alatus*), doch auch die Kriech- oder Kletter-Spindelsträucher (*E. fortunei*) überziehen ihre kleinen immergrünen Blätter im Herbst mit einem Schleier in Rosa oder Rot. In den Sommermonaten überzeugen sie mit schmucken, gelbgrünen (z.B. 'Emerald 'n' Gold') oder weiß-grünen Blättern (z.B. 'Variegatus'). Das Pfaffenhütchen (*E. europaeus*, Bild) schmückt sich mit feuerroten Kapseln, die giftige orange Samen enthalten.
Wuchs: Mit weniger als 1 m Höhe besonders für die Kübelkultur geeignet ist der Flügel-Spindelstrauch 'Compactus'. Kriech-Spindeln können an Kletterhilfen erzogen werden, wobei die Länge selten mehr als 1 m beträgt.
Blüte: Gelblich-weiß, unscheinbar.
Standort: Sonnig bis halbschattig, bei Kriech-Spindeln sogar schattig.
Pflege: Völlig anspruchslos. Jederzeit Form- und Rückschnitte möglich.
Pflanzenschutz: Keine Anfälligkeit.
Überwinterung: Im Freien. Die immergrünen Kriech-Spindelsträucher im Winter an frostfreien Tagen gießen.

Ginkgo
(Ginkgo biloba)

Diese florengeschichtlich sehr alte Gattung zählt zu den Nadelbäumen, obwohl die verbreiterten vielgestaltigen Nadeln wie Blätter aussehen. Sie färben sich im Herbst leuchtend gelb.
Wuchs: Der ausgesprochen langsame, sparrige Wuchs macht den Ginkgo, auch Fächerblattbaum genannt, zu einem jahrzehntelang, moderaten Kübelgast, obwohl ausgepflanzte Bäume bis zu 30 m Höhe erreichen können.
Blüte: Vor den stinkenden Herbstfrüchten, die auf die unspektakulären Frühjahrsblüten folgen, brauchen Sie sich bei Kübelpflanzen nicht zu fürchten, denn sie bilden sich selbst bei ausgepflanzten Exemplaren erst ab einem Alter von 25 Jahren und dann auch nur an weiblichen Exemplaren.
Standort: Der Ginkgo ist ausgesprochen anpassungsfähig, schätzt aber sonnige Plätze mehr als schattige.
Pflege: Eine gleichmäßige, aber mäßige Bodenfeuchte und Dünger 2 x im Monat sind willkommen. Schnittmaßnahmen sind nicht notwendig.
Pflanzenschutz: Keine Anfälligkeit.
Überwinterung: Im Freien.

Strauchveroniken
(Hebe)

H. × andersonii (Bild) wird wohl am häufigsten angeboten, ist aber nicht zuverlässig frosthart. Eine Überwinterung mit Wurzel- und Kronenschutz im Freien ist dagegen bei Hybriden wie 'Autumn Glory', 'Autumn Beauty', 'Midsummer Beauty', 'Maori Gem', *H. albicans*, *H. buxifolia*, *H. pinguifolia* oder *H. salicifolia* möglich.
Wuchs: Die zumeist immergrünen Büsche erreichen sortenbedingt bis zu 50 cm oder bis zu 1 m Höhe.
Blüte: Im Spätsommer bis Herbst erscheinen weiße oder violette Blüten in kleinen Kerzen oder dichten Büscheln.
Standort: Sonnig bis halbschattig.
Pflege: Verwenden Sie durchlässige, mit grobem Sand oder Kies vermischte Erde, damit es nicht zu Staunässe kommen kann, da man das Substrat konstant leicht feucht halten sollte. Ein Rückschnitt nach der Blüte erhöht den nächstjährigen Blütenansatz.
Pflanzenschutz: Frosttrocknis im Winter; an frostfreien Tagen gießen.
Überwinterung: Mit Winterschutz im Freien oder hell im Haus bei Temperaturen um 0 °C.

... FÜR HERBSTLICHE TERRASSEN

Zier-Äpfel
(Malus-Hybriden)

Die Äpfelchen dieser Kleinbäume sind nicht nur hübsch anzuschauen. Zu Gelee oder Kuchenbelägen verarbeitet, sind sie auch ein wahrer Genuss für Ihre Geschmackssinne.
Wuchs: Aus dem Angebot von über 20 Sorten werden die von Natur aus klein bleibenden bevorzugt. Dazu zählen 'Golden Hornet' (Blüte: weiß/Äpfel: gelb; gr. Bild), 'John Downie' (weiß/rot; kl. Bild), 'Professor Sprenger' (weiß/orange), 'Royaltii' rot/rot) sowie *M. sargentii* (rosa/rot). Sie erreichen im Gefäß selten mehr als 3 m.
Blüte: Die Blüte fällt meist in den Mai.
Standort: Sonnig, warm, windgeschützt.
Pflege: Regelmäßiges Zurückschneiden und Auslichten der Kronen im Spätwinter (Februar) hält sie vital und blühfreudig. Die Erde sollte auf niedrigem Niveau gleichmäßig feucht gehalten werden. Schwankungen können zum Abwurf der Fruchtansätze führen. Jede Woche 1 x düngen.
Pflanzenschutz: Typische pilzliche Apfelkrankheiten wie Schorf und Schädlinge wie Blattläuse, Wickler etc.
Überwinterung: Bis −10 °C im Freien.

Scheinbeere
(Pernettya bzw. Gaultheria mucronata)

Ihre Beliebtheit verdanken die Scheinbeeren, auch Torfmyrten genannt, ihren spätsommerlichen Beeren, die je nach Sorte weiß (z. B. 'Alba'), rot (z. B. 'Coccinea') oder rosa (z. B. 'Rosea') gefärbt sind. Damit sie sich an den weiblichen Pflanzen jedes Jahr neu bilden, ist zumindest ein männliches Exemplar in unmittelbarer Nachbarschaft zur Bestäubung erforderlich.
Wuchs: Die immergrünen Triebe sind mit kleinen Blättchen besetzt, dicht verzweigt und bis zu 1 m hoch, neigen sich aber auch gerne über.
Blüte: Die kleinen weißen krugförmigen Blüten erscheinen ab Mai an den im Vorjahr gewachsenen Trieben. Regelmäßiger Rückschnitt zur Verjüngung der Kronen ist daher ratsam.
Standort: Halbschattig und feucht.
Pflege: Die Heidegewächse wünschen sich saure Erde. Mischen Sie deshalb beim Umtopfen stets Rhododendronerde unter und düngen Sie monatlich mit Azerca-Dünger für Rhododendron.
Pflanzenschutz: Keine Anfälligkeit.
Überwinterung: Gut geschützt im Freien oder frostfrei und hell im Haus.

Feuerdorn
(Pyracantha coccinea)

Je nach Sorte zieht der Feuerdorn ab August die Blicke mit roten (z. B. 'Bad Zwischenahn', 'Red Column'), orangefarbenen (z. B. 'Golden Charmer', 'Orange Glow', 'Teton', 'Mohave') oder gelben (z. B. 'Soleil d'Or') Beeren in großer Zahl auf sich.
Wuchs: Die bedornten immergrünen Triebe wachsen zunächst sparrig, verdichten sich jedoch im Alter zu kompakten Büschen, die oft breiter als hoch werden, wobei über 2 m in Kübelkultur selten sind. 'Koralle' und 'Red Cushion', beide mit rotem Fruchtschmuck, bleiben unter 1 m.
Blüte: Die vielen weißen Mai- oder Juni-Blüten duften je nach Sorte leicht.
Standort: Sonnig bis halbschattig. Die Herbstsonne bringt die Früchte erst so richtig zum Leuchten.
Pflege: Durchlässige Erde, die keine Dauernässe aufkommen lässt, ist den Rosengewächsen am liebsten. Gießen Sie in größeren Abständen reichlich und düngen Sie 2–3 x im Monat.
Pflanzenschutz: Feuerbrandgefahr. Befallene Pflanzen sofort entfernen.
Überwinterung: Geschützt im Freien.

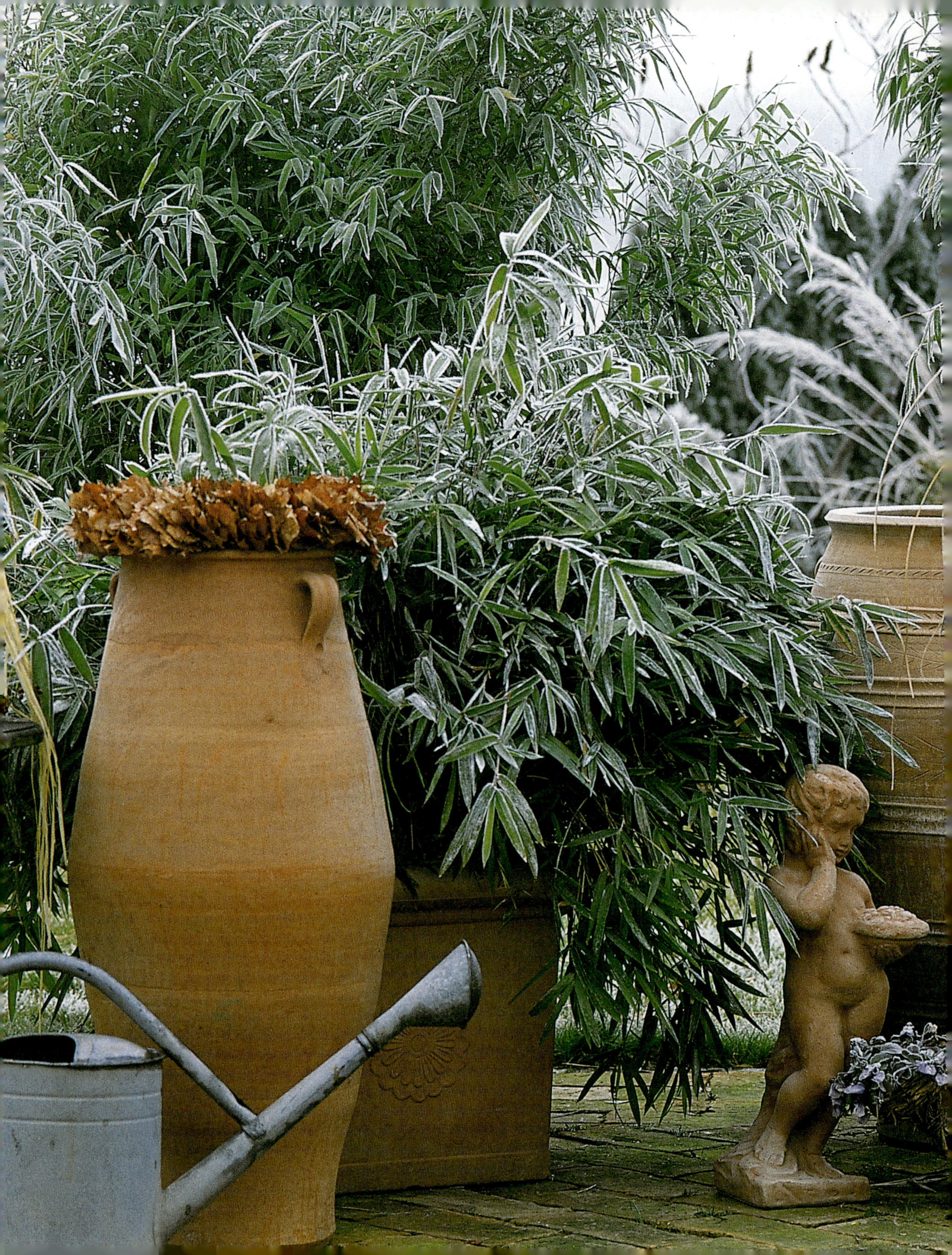

WINTER

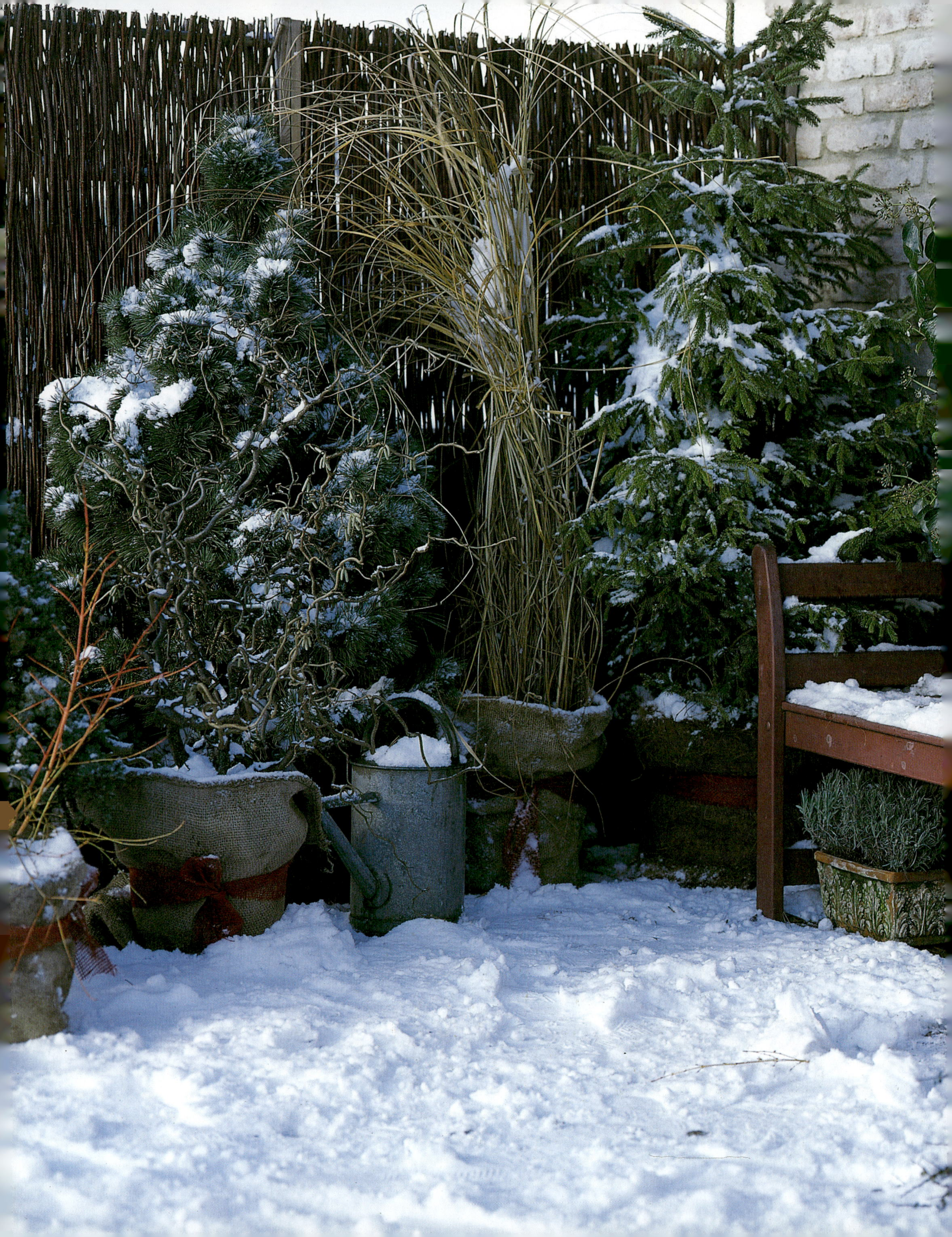

WUNDERSCHÖNE WINTERZEIT

Wenn Schnee und Frost Einzug auf der Terrasse halten, sollten Sie sich bequem auf Ihrem Sofa zurücklehnen und nach draußen schauen. Denn hier zaubert Väterchen Frost vergängliche Bilder auf die Blätter und Zweige. Schneeflocken hüllen die Kronen ein und geben ihnen eine sanfte, völlig neue Silhouette. Lassen Sie einige frostfeste Deko-Elemente draußen stehen – Steinfiguren, Schalen, dicke Glaskugeln oder Eisen-Obeliske –, um auch sie von der Kälte in Kunstwerke auf Zeit verwandeln zu lassen. In der Adventszeit sorgen Lichterketten in den Kronen Ihrer Kübelpflanzen für romantische Stimmung. Große Schleifen verwandeln sie schon lange vor den Weihnachtstagen in Christbäume, aufgehängte Meisenknödel in Tummelplätze für Vögel – und das alle Jahre wieder.

Oben: Brechen Sie mit Kerzen und Teelichtern das Eis, das Ihre Terrasse im Winter gefangen hält, und stimmen Sie sich so auf die Weihnachtszeit ein.

Links: Selbst während der kalten Jahreszeit muss Ihre Terrasse nicht trist und kahl sein. Immergrüne bewahren auch jetzt Ihre »Grüne Oase«, und der Schnee setzt ihr ein Sahnehäubchen auf. Farbige Rinde oder Drehwuchs sorgen für Hingucker.

Dickwandige Gefäße und frostfeste Accessoires bleiben im Winter draußen, wo sie der Schnee verdeckt und freigibt, ganz wie es ihm beliebt. Schneit es ununterbrochen, schüttelt man einen Teil der weißen Pracht von den Pflanzen ab, damit ihr Gewicht keine Zweige knickt oder abbricht.

Immer grün, immer schön

In der kalten Jahreszeit zeigt sich der ganze Vorteil **immergrüner Pflanzen**. Sie sorgen auch jetzt noch für lebendiges Grün, wenn andere Kronen bereits splitternackt dastehen. Das kann zwar auch sehr attraktiv sein, vor allem wenn man an die leuchtend roten oder gelben Zweige der Hartriegel (*Cornus*) oder die verdrehten Äste von Korkenzieher-Weide, -Hasel oder -Robinie denkt (*Salix matsudana* 'Tortuosa', *Corylus avellana* 'Contorta', *Robinia pseudoacacia* 'Tortuosa'). Das Immergrün von Rhododendron (*Rhododendron*, siehe Seite 23), Kirschlorbeer (*Prunus laurocerasus* 'Otto Luyken'), Schattenglöckchen (*Pieris floribunda*), Lorbeerrose (*Kalmia angustifolia*), Stechpalmen (*Ilex*), Mahonien (*Mahonia*) oder Buchsbaum (*Buxus*) schätzt man jedoch meist mehr. Und wer Lust auf ein Extra-Quäntchen Farbe hat, setzt auf bunte Nadelbäumchen im Topf wie die Gelbe Fadenzypresse (*Chamaecyparis pisifera* 'Filifera Aurea Nana'), den Blauen Strauch-Wacholder (*Juniperus chinensis* 'Blaauw') oder die Zwerg-Blau-Fichte (*Picea pungens* 'Glauca Globosa'). Efeu (*Hedera*, siehe Seite 104) sollte ebensowenig auf der Winterterrasse fehlen wie Skimmien (*Skimmia*).

Die Pflicht zur Kür machen

Da der Frost in Pflanzgefäße viel rascher und tiefer eindringt als in den Gartenboden, sollte man auch »frostharten« Kübelpflanzen einen Wurzel- und Kronenschutz gewähren (siehe Seite 179). Die notwendigen Schutzmäntel kann man dekorativ einsetzen, wenn man sie statt mit Schnüren mit großen Schleifen zubindet und auf die Kronen- oder Zeltspitzen hübsche Figuren setzt.

Schöne Terrassen zum Nachpflanzen

(Bild siehe Seite 160/161)

① und ⑧ Hartriegel (*Cornus alba*)
② Korkenzieher-Haselnuss (*Corylus avellana* 'Contorta')
③ Kiefer (*Pinus sylvestris* 'Watereri')
④ China-Schilf (*Miscanthus sinensis*)
⑤ Fichte (*Picea orientalis*)
⑥ Efeu (*Hedera hibernica*)
⑦ Zuckerhut-Fichte (*Picea glauca* 'Conica')
⑨ Lavendel (*Lavandula angustifolia*)
⑩ Zwergmispel (*Cotoneaster horizontalis*)

KÜBELPFLANZEN FÜR WINTERTERRASSEN

Wacholder
(Juniperus)

Ein geschmackvoll verzierter Wacholder wie *J. communis* (Bild) ist ebenso schön wie eine Weihnachtsfichte – vielleicht sogar schöner, denn er sorgt viele Jahre lang sommers wie winters für einen grünen oder graugrünen Background.
Wuchs: Eine kompakte hellgrüne säulenförmige Krone entwickelt *J. communis* 'Compressa' (Höhe ca. 1m). *J. chinensis* 'Blaauw' und *J. communis* 'Hibernica' wachsen zu blauen, bis zu 3m hohen Säulen heran. Attraktive blaue Zwergformen sind die Sorten 'Blue Carpet' und 'Blue Star' (*J. squamata*). Flächig wachsende Arten und Sorten sind nur bedingt für die Kübelkultur geeignet, da sie mit 2 bis 3m Breite meist zu ausladend werden.
Blüte: Blüte und Beeren unscheinbar.
Standort: Sonnig bis vollsonnig.
Pflege: Durchlässige, mit grobem Sand oder Kies vermischte Erde ist willkommen. Gegen Trockenheit und Hitze unempfindlich. Boden leicht feucht, aber nie nass halten, 1 x im Monat düngen.
Pflanzenschutz: Keine Anfälligkeit.
Überwinterung: Im Freien. Schneelasten abschütteln (Bruchgefahr).

Fichten
(Picea)

Wer schon die Vorweihnachtszeit mit einem geschmückten Baum auf der Terrasse genießen möchte, ist mit einer Fichte bestens beraten. Gut geeignet, weil klein bleibend sind Zwergformen der Serbischen Fichte (*P. omorika* 'Nana'), der Kaukasus-Fichte (*P. orientalis* 'Gracilis', Bild), der Blau-Fichte (*P. pungens* 'Glauca Globosa') sowie der Zuckerhut-Fichte (*P. glauca* 'Conica').
Wuchs: Zahlreiche weitere Mini-Sorten der Fichte (*P. abies*) schmücken mit ihren kompakten, oft kugelrunden, selten mehr als 50 cm hohen Kronen Tröge und Töpfe: 'Echiniformis', 'Little Gem', 'Maxwellii', 'Pygmaea'.
Blüte: Wie die Zapfen unbedeutend.
Standort: Mit Trockenheit und Hitze kommen die Waldpflanzen nicht zurecht. Der Standort sollte deshalb halbschattig und luftfeucht sein.
Pflege: Erde konstant leicht feucht halten. Erde zwei Mal im Monat mit Koniferen-/Tannendünger versorgen.
Überwinterung: Fichten sind zuverlässig winterfest. Die Kronen sollten jedoch im Winter schattiert werden, damit es nicht zu Frosttrocknis kommt.

Kiefer
(Pinus)

Aus der großen Gattung der Kiefern kommen für den Terrassengarten vor allem kleinwüchsige Formen in Frage wie Grannen-Kiefer (*P. aristata*), Kleine Schlangenhaut-Kiefer (*P. leucodermis* 'Compact Gem'), Niedrige Schwarz-Kiefer (*P. nigra* 'Nana'), Weymouths-Kiefer (*P. strobus* 'Radiata'), Kleine Silber-Kiefer (*P. sylvestris* 'Watereri'), Kleine Aleppo-Kiefer (*P. halepensis* 'Nana'), Zwerg-Kiefer (*P. pumila* 'Glauca', 'Nana') sowie verschiedene Sorten der Krummholz-Kiefer (*P. mugo*) wie 'Humpy' oder 'Mops'.
Wuchs: Letzere bleiben unter 1m, die vorgenannten meist unter 2 m Höhe, werden im Alter aber oft ebenso breit.
Blüte: Unauffällig; attraktive Zapfen.
Standort: Sonnig bis vollsonnig.
Pflege: Artbedingt wird Luft- und Bodentrockenheit nicht oder sehr gut vertragen. Trockenkünstler sind beispielsweise *P. aristata* und *P. sylvestris*, anspruchsvoll gibt sich *P. strobus*. Sorgen Sie für konstant leichte Erdfeuchte und düngen Sie 2 x im Monat.
Pflanzenschutz: Keine Anfälligkeit.
Überwinterung: Im Freien.

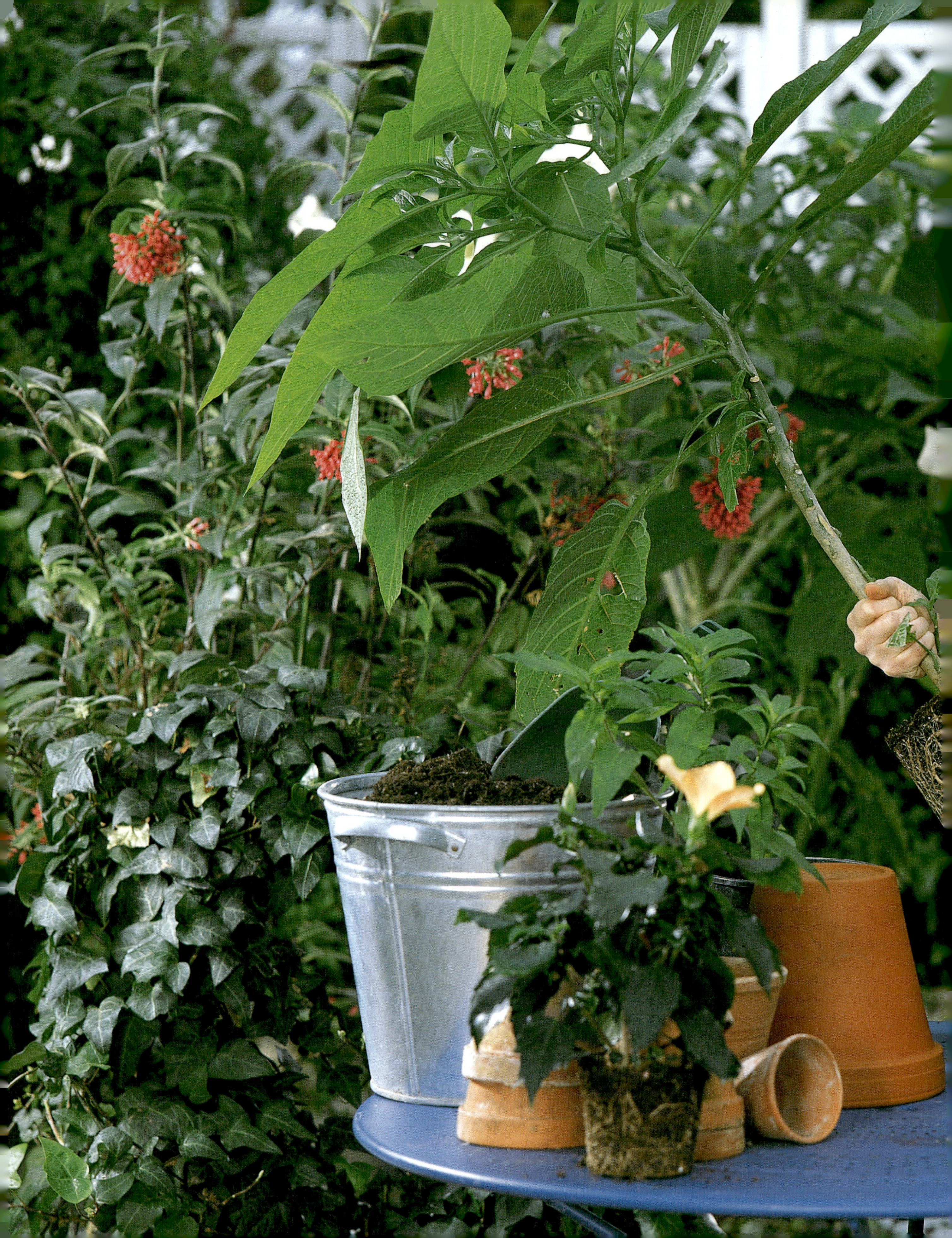

PRAXIS

PRAXIS

Ausräumen

Wenn Sie Ihre Kübelpflanzen nach den Eisheiligen Mitte Mai aus dem Winterquartier holen, sind sie keine direkte Sonneneinstrahlung gewöhnt. Die Blätter laufen Gefahr, zu »verbrennen« und braune, später faulige Stellen zu bekommen.

Um einen solchen **Sonnenbrand** zu vermeiden, stellt man vor allem immergrüne Arten 10 bis 14 Tage lang an einen halbschattigen Platz. Alternativ wirft man ein Schattiernetz über die Kronen. Zuweilen hilft auch schon die ausgefahrene Markise oder ein aufgespannter Sonnenschirm.

Kübelpflanzen sollten ihr Winterquartier so früh wie möglich verlassen. Die frische Luft vertreibt Schädlinge und Pilzkrankheiten, und das Licht weckt die Lebensgeister. Robuste Arten sollte man deshalb schon im April nach draußen räumen, sofern das Wetter mild ist. Frostempfindliche Arten müssen nur dann noch einmal über Nacht oder für einige Tage ins Haus geholt werden, wenn das Thermometer unter die Null-Grad-Grenze fällt.

Umtopfen und Einpflanzen

Kübelpflanzen müssen nicht zwingend jedes Jahr umgetopft werden. Entscheidend ist der Durchwurzelungsgrad der Erde. Zieht man am Stamm, sollte sich der Ballen im Ganzen aus dem Topf lösen. Bröckelt die Erde an den Seiten ab, besteht kein Handlungsbedarf. Ein weißer Wurzelfilz zeigt dagegen an, dass es höchste Zeit ist. Der beste Termin zum Umtopfen ist das Frühjahr vor dem frischen Austrieb der Pflanzen (von Ende Februar bis April).

Das neue Pflanzgefäß sollte nur eine Nummer größer sein als das alte. Optimal ist ein 2 bis 4 cm breiter Rand, den man mit frischer Kübelpflanzenerde auffüllen kann. Wählen Sie den Topf dagegen zu groß, wird das Substrat erst nach Monaten durchwurzelt. In dieser Zeit werden wertvolle Nährstoffe ausgewaschen, und die Erde ist stärker vernässungsgefährdet. Die Pflanzen

... UMTOPFEN UND EINPFLANZEN

Kübelpflanzen umtopfen Schritt für Schritt

❶ Ballen lösen
Fahren Sie mit einer Klinge an der Innenwand des Topfes entlang, um fest sitzende Wurzelballen zu lösen. Auch wässern hilft.

❷ Wurzelfilz lockern
Stark durchwurzelte Ballen kürzt man ringsum etwa 1 cm ein oder schneidet kleine Keile heraus, um die Bildung neuer Wurzeln anzuregen.

❸ Bodenlöcher abdecken
Damit die Abzugslöcher im Topfboden nicht durch rieselnde Erde oder Wurzeln verstopfen, legt man ein bis zwei Tonscherben darüber.

❹ Dränage einfüllen
Eine Schicht Kieselsteine oder Splitt schützt die Wurzeln vor Staunässe. Die Dränageschicht sollte etwa 1/8 der Topfhöhe betragen.

❺ Erde mischen
Blähton oder Kies machen die frische Kübelpflanzenerde lockerer und durchlässiger.

❻ Langzeitdünger
Mischen Sie Langzeitdünger ins Substrat, um die Grundversorgung für Monate zu sichern.

❼ Erde einfüllen
Den Ballen so einsetzen, dass er nicht tiefer sitzt als zuvor. Etwa 2 cm hohen Gießrand lassen.

❽ Erde festigen
Um Hohlräume im Substrat zu schließen, die Erde am Rand vorsichtig festdrücken.

PRAXIS

Gut zu unterpflanzen sind:
- Ballerina-Obstbäumchen (Seite 140)
- Erdbeerbaum *(Arbutus,* Seite 32)
- Keulenlilie *(Cordyline,* Seite 112)
- Liguster-Stämmchen *(Ligustrum,* Seite 118)
- Flanellstrauch *(Fremontodendron,* Seite 57)
- Lorbeer-Stämmchen *(Laurus,* Seite 36)
- Mandelbaum *(Prunus dulcis)*
- Myrten-Stämmchen *(Myrtus,* Seite 37)
- Rosen *(Rosa,* Seite 94ff.)
- Zier-Bananen *(Ensete/Musa,* Seite 113)

investieren mehr Kraft in die Bildung neuer Wurzeln und Triebe als in die von Blüten und Früchten.

Legen Sie Tontöpfe vor dem Bepflanzen etwa 30 Minuten in einem Eimer Wasser, damit sich die Poren füllen können, und gießen Sie frisch umgetopfte Pflanzen durchdringend an.

Unterpflanzen

Bei Stämmchen oder sehr schlanken Pflanzen möchte man nicht auf die nackte Erde blicken. Eine Unterpflanzung ist jedoch nur bei Kübelpflanzen ratsam, die keine kräftigen oder sehr empfindlichen Wurzeln haben. Bei stark wüchsigen Pflanzen wie Engelstrompeten *(Brugmansia,* siehe Seite 80) oder Oleander *(Nerium,* siehe Seite 37) würden die Wurzeln kleineren Begleitern Platz, Nährstoffe und Wasser rauben. Die Lösung besteht hier darin, beim Umtopfen großzügigere Pflanzgefäße zu wählen und als Platzhalter für die Unterpflanzung kleine Plastiktöpfe in die Erde einzusenken. In sie werden die Begleitpflanzen gesetzt und dann auch separat mit Wasser und Dünger versorgt.

Zur Unterpflanzung sind vor allem einjährige Balkonblumen geeignet, da sie mit dem doch recht beengten Wurzelraum für eine Saison am besten zurecht kommen, ohne bei richtiger Pflege an Blütenreichtum zu sparen.

Zwiebelblumen pflanzen

Wer im Vorfrühling den Blütenzauber von Krokus & Co. genießen will (siehe Seite 16ff.), muss schon im September und Oktober des Vorjahres ans Pflanzen denken. So können Zwiebeln, Knollen und Rhizome noch vor dem Wintereinbruch gut einwurzeln.

Für die Einpflanztiefe gilt: Von der Zwiebelspitze bis zur Erdoberfläche sollte so viel Abstand bleiben wie die Zwiebel hoch ist. Kleinere

Damit der Fuß der Fuchsie nicht kahl wirkt, stellt man ihr Efeuranken als Partner für den Schatten zur Seite. Um die Fuchsienwurzeln beim Vorbereiten der Pflanzlöcher nicht übermäßig zu schädigen, wählt man zur Unterpflanzung kleine Jungpflanzen.

UMTOPFEN
...auf einen Blick

- **Termin:** vor dem frischen Austrieb zwischen Februar und April.
- **Rhythmus:** erst, wenn die Erde gut durchwurzelt ist.
- **Erde:** frisches, hochwertiges Kübelpflanzensubstrat verwenden.
- **Topf:** wenig größer als der alte.

... UMTOPFEN UND EINPFLANZEN

Frühlings-Zwiebelblumen schon im Herbst einpflanzen

❶ Nässe ist unerwünscht
Füllen Sie zuunterst eine 5 bis 8 cm dicke Dränageschicht aus Blähton (Hydrokultur) oder Kies ein, damit die Zwiebeln später nicht unter Nässe leiden.

❷ Oben und unten
Eine Bahn Vlies, die man sich in passender Größe zurechtschneidet, verhindert, dass sich die Dränage allmählich mit Erde zusetzt (Verschlämmung).

❸ Je größer, desto besser
Sparen Sie nicht am falschen Ende: dicke und etwas teurere Zwiebeln blühen reicher. Sie zeigen ihre Oberseite mit Knospen, ihre Unterseite mit Wurzelresten an.

❹ Auf in den Winter
Man deckt die Zwiebeln doppelt so hoch mit Erde ab, wie sie selbst groß sind, und füllt mit frischem, durchlässigem Substrat auf. Festdrücken, angießen, fertig.

Korrekturen nehmen die Pflanzen mit Hilfe ihrer Wurzeln selbst vor. Verwenden Sie sehr durchlässige, mit Kies oder Splitt vermischte Erde und streuen Sie unter jede Zwiebel eine 2 cm dicke Schicht als Dränage.

Wer den Pflanztermin im Herbst verpasst hat, kauft im Frühling vorgetriebene Zwiebelblumen ein. Sie werden dann wie andere Terrassenpflanzen ausgetopft und zu mehreren in größere Gefäßen gesetzt. Auch hier raten wir zu durchlässiger Erde. Zwiebel-, Knollen- und Rhizompflanzen, die im Sommer blühen (z. B. Dahlia, siehe Seite 128, Canna, siehe Seite 127), setzt man ab Februar in frische Erde und treibt sie im Haus an. Dazu stellt man sie sehr hell bei über 15 °C im Haus auf. Zunächst nur sehr wenig gießen, mit dem Sprießen der Knospen die Wassermengen stetig steigern. Ab Mitte Mai, bei milder Witterung auch früher, beziehen die Pflanzen ihren Platz auf der Terrasse. Ohne Austreiben blühen sie später, aber ebenso reich.

Achten Sie beim Kauf darauf, dass die Pflanzen keine Verletzungen oder Schädlinge haben und die Erde frisch riecht.

Einkaufen

Die beste Zeit für den Kübelpflanzeneinkauf ist der Frühling, da Sie die Neuankömmlinge dann während der kommenden Monate sofort genießen können. Lassen Sie sich jedoch nicht vorzeitig zum Kauf verführen. Heute werden Kübelpflanzen vielfach in Glashäusern vorgetrieben, damit sie weit vor ihrer Zeit blühen und auf Kundenfang gehen. Stellt man diese Frühchen zu Hause sogleich nach draußen, sind Rückschläge vorprogrammiert. Eine Übergangszeit im Haus ist ebenfalls problematisch, da sie voll aktiv sind und bei Lichtmangel oder trockener Luft rasch leiden. Haben Sie deshalb Geduld bis zum Mai.

PRAXIS

Schneiden

Die wichtigste Regel beim Rückschnitt lautet: Fassen Sie den Mut dazu! Schneiden Sie lieber häufig, aber jedes Mal wenig, statt selten und dafür kräftig. Viel zu viele Terrassengärtner scheuen sich, ihren Pflanzen auch nur ein Blatt zu krümmen. Das Ergebnis sind nach wenigen Jahren völlig aus der Form geratene oder verkahlte Exemplare.

Für die Pflanzen am besten ist es, wenn man stets nur den Neuzuwachs um die Hälfte oder bis zu zwei Dritteln einkürzt. Die frischen Triebe sind noch dünn und weich, die Schnittwunden heilen sehr rasch. Diesen so genannten Erhaltungs- oder Korrekturschnitt kann man im Frühjahr und Sommer jederzeit durchführen, sobald sich die neuen Triebe zu weit aus der angestrebten Kronenform hervorwagen. Bei einmalig blühenden Pflanzen sollte der letzte Rückschnitt sechs bis acht Wochen vor der Blütezeit erfolgen. Nach dem Rückschnitt verzweigen sich die Triebe neu und bilden so immer dichtere Kronen. Bei Dauerblühern lässt es sich nicht vermeiden, dass dem Schnitt einige Blüten zum Opfer fallen. Der Verlust wird jedoch umgehend durch neue Knospen ausgeglichen.

Selbst blühende Pflanzen kürzt man im Sommer ein, wenn die neuen Triebe zu weit aus der Kronenform herausragen.

Rückschnitt

❶ Verjüngungskur für alte Pflanzen
Im Abstand mehrerer Jahre können Sie im Frühjahr oder vor dem Einräumen unförmige oder zu große Kronen kräftig einkürzen.

❷ Kronenpflege im Sommer
Nach der Hauptblüte werden diejenigen Triebe eingekürzt, die zu weit aus der Krone herausragen. Sie verzweigen sich danach neu.

❸ Nach dem Schnitt
Bis zum Herbst hat sich der gestutzte Oleander buschig entwickelt und bereits Blüten für das nächste Jahr angelegt.

... SCHNEIDEN

Ins alte Holz, das bereits eine verhärtete Rinde oder Borke zeigt, sollte nur im Ausnahmefall geschnitten werden. Die Notwendigkeit entsteht meist nur, wenn der Korrekturschnitt vernachlässigt wurde. Der beste Zeitpunkt für einen kräftigen Rückschnitt zu großer oder außer Form geratener Kronen ist das Frühjahr, vor dem neuen Austrieb zwischen Ende Februar und Anfang April. Die Zeitspanne, bis der Saftstrom der Pflanzen einsetzt und die Wunden schließt, ist so möglichst klein. Nimmt man diesen Verjüngungsschnitt dagegen im Herbst vor, bieten die Wunden Eintrittspforten für Krankheiten. Anstatt alle Triebe einzukürzen, bietet es sich vielfach an, einige der ältesten ganz herauszunehmen, um Platz für neue Wurzelschosse zu schaffen (Verjüngung).

Setzen Sie die gut geschärfte und gereinigte Schere beim Rückschnitt sorgfältig an. Betrachten Sie jeden Zweig einzeln und definieren Sie in der gewünschten Schnitthöhe Blätter oder Knospen, die zum Kronenäußeren zeigen. Wenige Millimeter oberhalb davon werden die Triebe dann leicht schräg (parallel zur Wuchsrichtung der Knospe) abgeschnitten.

Hochstämmchen ziehen

Ist man im Schnitt seiner Kübelpflanzen geübt, kann man sich an die Erziehung eines Hochstämmchens wagen. Dazu benötigt man eine Pflanze mit geradem Mitteltrieb. Im Lauf der ersten Jahre zwingt man die Kronen, sich immer weiter in die Höhe zu schieben, indem man die unteren Äste konsequent entfernt. Ist die gewünschte Stammhöhe erreicht, kappt man die Triebspitze, damit sich eine Krone bildet, die aus vielen kleinen Zweigen und Verzweigungen aufgebaut ist. Die neuen Seitentriebe immer wieder einkürzen. So bildet sich mit den Jahren

Rückschnitt bei Stämmchen

❶ Alles hat ein Ende
Auch der üppige Flor der Strauchmargerite hält nicht ewig an. Damit er sich erneuert, sollte man die Kronen in einer Blühpause stutzen.

❷ Kugelrunde soll die Krone sein
Bewahren Sie beim Rückschnitt die runde Kronenform. Kronendurchmesser und Stammhöhe sollten in harmonischem Verhältnis stehen.

❸ Alle Jahre wieder
Die gestutzten Kronen reagieren auf den Rückschnitt mit einer Fülle neuer Blüten, die der vorangegangenen in nichts nachsteht.

PRAXIS

Ein Hochstämmchen selbst erziehen

❶ Und hoch die Kronen
Suchen Sie sich eine Pflanze mit möglichst geradem Mitteltrieb aus. Bis zur gewünschten Stammhöhe alle Seitentrieben entfernen, damit die Kraft in die Spitze fließt.

❷ Und hoch die Kronen
Die Spitze kappen und in den Folgejahren die Kronentriebe laufend stutzen, damit sie sich immer weiter verzweigen. Der Kronendurchmesser nimmt nur langsam zu.

❸ Stramme Haltung von Anfang an
Stellen Sie den Stämmen von Anfang an Stützstäbe für eine gerade Haltung zur Seite. Für gedrehte Stämme verwendet man Drahtspiralen.

eine Kugelkrone. Auch hier gilt: Je häufiger, aber leichter Sie die Kronen schneiden, umso besser bekommt es den Pflanzen und umso dichter werden sie.

SCHNEIDEN
...auf einen Blick

- Termin: vor dem frischen Austrieb zwischen Februar und April.
- Rhythmus: lieber häufig und wenig, als selten und kräftig.
- Werkzeug: Schnitte mit scharfer, sauberer Klinge verheilen rasch und beugen Infektionen vor.

Wildtriebe entfernen
Bei veredelten Pflanzen treiben zuweilen die Unterlagen aus. Entfernen Sie diese Wildlinge, da sie unnötig Energie rauben.

Formschnitt
Figuren und geometrische Kronen brauchen eine sehr strenge Hand. Die Schaf-Schere wird mehrmals pro Jahr angesetzt.

... GIESSEN

Gießen

Wie beim Schnitt, so gilt auch beim Gießen: Versorgen Sie Ihre Pflanzen lieber häufig und maßvoll als selten und reichlich. Bis auf wenige Trockenkünstler schätzen Kübelpflanzen eine gleichmäßige Wasserversorgung. Die Erde sollte weder austrocknen noch ständig nass sein.

Trocknet die Erde versehentlich einmal aus, hilft ein 30-minütiges Tauchbad. Steigen keine Luftbläschen mehr auf, lässt man die Erde gut abtropfen und stellt den Topf zurück an seinen Platz. Regnet es im Sommer Bindfäden, sollten Sie Untersetzer und Übertöpfe regelmäßig ausleeren, damit es nicht zu Staunässe kommt.

Die beste Zeit zum Gießen sind an sonnigen Tagen die frühen Morgenstunden und der Abend, wenn die Töpfe nicht aufgeheizt sind und der Temperaturunterschied zwischen Wasser und Erde nicht zu einem Kälteschock führt. Versuchen Sie, die Blätter und Stämme beim Gießen nicht zu benetzen, da dies nicht nur unschöne Flecken, sondern auch Verbrennungen – Wassertropfen wirken in der Sonne wie Brenngläser – oder Fäulnis zur Folge haben kann.

Das beste Gießwasser für Kübelpflanzen ist Regenwasser, da es kalkarm ist. Sammeln Sie es in großen Tonnen, damit es vor dem Gebrauch abstehen und sich an die Lufttemperatur angleichen kann. Kaltes Wasser direkt aus der Leitung ist ungeeignet. Es sollte entkalkt werden (z. B. mit Torf) und einige Tage abstehen.

Besonders durstigen Pflanzen wie dem Oleander gönnt man einen Wasservorrat im Untersetzer, den die Erde aufsaugt.

Möchten Sie einige Tage verreisen, hilft eine einfache automatische Bewässerung. Tonkegel fordern Feuchtigkeit von einem höher gelegenen Wasser-Reservoir an, sobald die Erde abtrocknet. Bei längerer Abwesenheit sind computergesteuerte Systeme zu empfehlen.

GIESSEN ...auf einen Blick

- Verwenden Sie nur Regenwasser.
- Gießen Sie in größeren Abständen, dann aber reichlich.
- Befeuchten Sie nur die Erde, nicht die Blätter oder Stämme.
- Gießmenge bei trockener Erde auf mehrere Portionen verteilen.

PRAXIS

Düngen

Die Auswahl an Fertigdüngern ist heute riesengroß.

Die einfachste Methode ist die Langzeitdüngung. In Kugel-, Pellet-, Stäbchen- oder Tablettenform sind hier die Nährstoffe in Hüllen verpackt, die sich erst allmählich auflösen und die Nährstoffe freigeben. Da sie einige Wochen brauchen, um wirksam zu werden, arbeitet man sie bereits zwischen März und April in die oberste Erdschicht ein. Zum Ausgleich akuter Mangelerscheinungen sind sie ungeeignet. Eine Wirkungsdauer von 4 bis 5 Monaten ist ideal, da die Düngung bei allen überwinternden Kübelpflanzen im August enden sollte, damit sie sich auf die Winterruhe vorbereiten können. Gleiches gilt für organische Dünger wie Hornspäne oder Gesteinsmehle.

Klassisch ist die Anwendung von Sofortdünger, der flüssig oder als Pulver im Gießwasser aufgelöst wird und von Anfang April bis Ende August ein Mal pro Woche auf die feuchten Topfballen gegeben wird (Ausnahme: Schwachzehrer). Achten Sie auf hochwertige Kübelpflanzendünger mit hoher Nährstoffkonzentration. Sie finden Angaben zum Stickstoff(N)-, Phosphat(P)-, Kalium(K)- und Spurenelemente-Gehalt auf der Packung (z. B. 10–5–15), ebenso die richtige Dosierung.

Für einige Kübelpflanzen werden Spezialdünger angeboten, beispielsweise Zitrus-, Engelstrompeten-, Fuchsien- oder Petuniendünger, die auf die speziellen Nährstoffansprüche dieser Gattungen ausgerichtet und besonders effizient sind. Auch Einzelnährstoffe wie Eisen oder Aluminiumsulfat sind erhältlich.

Die Nährstoffversorgung Ihrer Kübelpflanzen steht in engem Zusammenhang mit der Qualität der Erde und des Gießwassers. Reichert sich beispielsweise zu viel Kalk im Boden an, werden Elemente wie Eisen so gebunden, dass sie von den Pflanzen nicht mehr aufgeschlossen werden können. Hier hilft keine Zusatzdüngung, sondern nur eine Verbesserung des Substrats.

Die Darreichungsform organischer oder synthetischer Dünger ist weniger entscheidend als ihr Gehalt an Nährstoffen.

Langzeitdünger zur Grundversorgung auf die Erde streuen, leicht einarbeiten und angießen. Zum Ausgleich akuter Mangelerscheinungen sind sie jedoch ungeeignet, da sie einige Wochen brauchen, um aufgeschlossen und wirksam zu werden.

DÜNGEN ...auf einen Blick

- Sofortdünger niemals höher dosieren als vom Hersteller angegeben (Versalzung). Bei Mangelerscheinungen den Rhythmus erhöhen.
- Nur auf feuchte Ballen düngen.
- Verwenden Sie bevorzugt hochwertige (Spezial-)dünger.
- Jede Düngung endet im August.

... DÜNGEN UND VERMEHREN

Vermehren

Die schnellste Methode, mehr aus krautigen Kübelpflanzen (z. B. Stauden siehe Seite 121) zu machen, ist das **Teilen** im Frühjahr. Dazu schneidet man die Wurzeln in zwei oder mehr Teile und zieht diese sodann in neuen Töpfen zu eigenständigen Pflanzen heran.

Verholzende Kübelpflanzen vermehrt man in den Sommermonaten durch **Stecklinge**. Dazu schneidet man ausgereifte, aber noch nicht verholzte Triebspitzen ab und steckt sie in feuchte Erde. An den ehemaligen Blattansätzen (Knoten) oder Schnittstellen bilden sich bei hoher Luftfeuchte und ausreichend Wärme Wurzeln.

Die **Aussaat** ist eine langwierige Methode, die hohe Bodentemperaturen (24 °C) erfordert. Verwenden Sie nur frisches Saatgut.

Teilen Sie die Wurzeln zu groß gewordener Stauden im Frühling vor dem frischen Austrieb mit einem Messer oder einer Säge in mehrere Teilstücke, die anschließend in Einzeltöpfen weiter kultiviert werden.

VERMEHREN ...auf einen Blick

- Nur gesundes, blühfreudiges Pflanzenmaterial verwenden.
- Hohe Luftfeuchte und Temperaturen fördern das Wachstum.
- Ab August reichen Licht und Wärme für Stecklinge oft nicht mehr aus. Ideal sind Juni und Juli.

Kübelpflanzen durch Stecklinge vermehren

❶ Stecklinge schneiden
Schneiden Sie nicht blühende Triebspitzen von 10–15 cm Länge ab.

❷ Blätter entfernen
Bis auf drei oder vier an der Spitze werden alle Blätter entfernt.

❸ Stecklinge einsetzen
Stecklinge 3 bis 5 cm tief und senkrecht in frische Aussaaterde setzen.

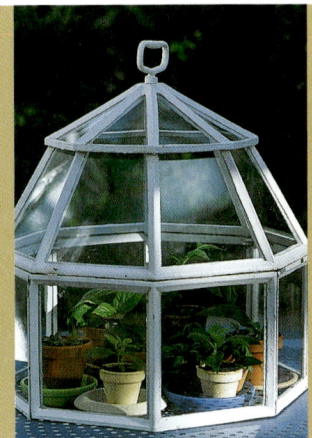

❹ Gutes Klima
Helle, nicht sonnige Plätze unter Glashauben sind zur Wurzelbildung ideal.

PRAXIS

Pflanzenschutz

Damit Ihre Kübelpflanzen gesund bleiben, ist regelmäßige Beobachtung wichtig. Sehen Sie in Ihrem Terrassengarten jeden Tag nach dem Rechten – und wenn es nur Standortbedingungen. Die Pflanzenporträts und Pflegetipps helfen Ihnen dabei.

Einfache Mittel helfen

Stellen Sie fest, dass Schädlinge die Ursache für gelbe oder fallende Blätter sind, sorgen folgende Methoden für Abhilfe:

Absammeln: Große Schadtiere wie Schnecken, Raupen oder Käfer kann man von Hand absammeln. Tragen Sie dabei Handschuhe, um sich vor eventuellen Absonderungen zu schützen. Am erfolgreichsten ist oft der Fang nachts mit einer Taschenlampe.

Ein bewährtes Hausmittel gegen Läuse und andere Schädlinge ist die Spritus-Schmierseifen-Lösung. Alternativ zum Spiritus kann man Zitronensaft oder Essig verwenden. Lösung vor der Behandlung stets an einzelnen Blättern testen (Verträglichkeit).

für wenige Minuten ist. So fallen Ihnen Veränderungen sofort auf. Und je eher Sie darauf reagieren, umso kleiner bleibt der Schaden. Ziehen Sie dabei nicht nur Schädlinge in Betracht. Viel häufiger ist das Kränkeln einer Pflanze auf Pflegefehler zurückzuführen: Dauernässe oder Trockenheit mit folgenden Wurzelschäden, zu heiße oder fußkalte, lichtarme oder -intensive Standorte, Düngermangel oder Überdüngung. Überprüfen Sie deshalb zunächst die Pflege- und

Abwischen: Woll-, Schild- und Schmierläuse leben unter ihren Schutzhüllen dicht an die Blätter und Zweige geschmiegt. Mit einem rauen Lappen, einem Borstenpinsel oder einer alten Zahnbürste lassen sie sich abreiben. Anschließend die Triebe mit einem Pflanzenschutzmittel behandeln, um Eigelege und nicht entdeckte Jungtiere unschädlich zu machen, bevor sie sich erneut ausbreiten.

Abschneiden: Viele Schädlinge siedeln sich bevorzugt an den frischen Triebspitzen an. Schneidet man diese ab, dämmt man die Population bereits erheblich ein.

Oben: Eine Brühe aus Acker-Schachtelhalm wirkt vorbeugend gegen Pilzkrankheiten. Unten: Schadinsekten wie die Weiße Fliege stehen auf die Farbe Gelb. Mit leimbeschichteten Gelbtafeln lassen sie sich wegfangen.

Hausmittel: Die Spritus-Schmierseifen-Lösung ist ein bewährtes Hausmittel gegen wenig bewegliche saugende Insekten, vor allem Läuse. Benetzt man die Tiere damit, wird ihre Schutzhülle angegriffen, und sie trocknen aus. Für die Lösung werden eine Messerspitze Schmierseife und eine Kappe Spiritus in einem Liter Wasser aufgelöst. Auch vor einem scharfen Wasserstrahl nehmen Schädlinge wie Blattläuse Reißaus.

... PFLANZENSCHUTZ

Bei der Anwendung von Pflanzenschutzmitteln als Lösung ist es wichtig, alle Pflanzenteile zu benetzen – auch die Zweige und Blattunterseiten. Alternativ zum »Spritzen« bieten sich Pflanzenschutzstäbchen oder -pflaster an.

Mechanische Methoden zum Fang: Ganz ohne Giftstoffe kommen folgende Pflanzenschutzprodukte aus: Mit Leim bestrichene Gelbtafeln, an denen Insekten festkleben, oder Leimringe, die man gegen Schädlinge auf ihrem Weg in die Kronen um die Töpfe legt. Gegen Ameisen helfen Tauchbäder.

Pflanzenschutzmittel

Die heutigen Zulassungsbestimmungen garantieren, dass für den Menschen von den Mitteln keine Gefahr ausgeht. Bei Kübelpflanzen mit essbaren Früchten sollte man dennoch auf Ihren Einsatz verzichten. Lassen Sie sich im Fachhandel beraten. Ob Ihre Pflanzen die Mittel vertragen, zeigt der Test an zunächst einzelnen Blättern. Ölhaltige Präpararate sollten nur an bewölkten Tagen eingesetzt werden (Verbrennungsgefahr).

Nützlinge wie die Fadenwürmer (Nematoden) gegen schädliche Käfer können Sie über ein Gutscheinsystem im Fachhandel bestellen. Die Tiere kommen per Paketdienst zu Ihnen nach Hause und werden an Ort und Stelle ausgesetzt.

Pflegefehler

Sonnenbrand
Schadbild: Die Blätter zeigen braune oder schwarze unregelmäßige Flecken, die Blüten Verfärbungen. Tritt vor allem im Frühjahr nach dem Ausräumen der Pflanzen auf, aber auch bei Arten, die an Halbschatten angepasst sind.
Ursache: Zu starke Besonnung.
Bekämpfung: Pflanzen 10 bis 14 Tage halbschattig stellen oder zur Eingewöhnung bei starker Einstrahlung schattieren.

Chlorose
Schadbild: Die Blätter erscheinen fahl oder gelb, die Blattadern aber bleiben häufig grün.
Ursache: Unterversorgung mit Nährstoffen. Dies kann an Wurzelschäden in Folge von Staunässe oder Trockenheit liegen, an Düngermangel oder falscher Substratqualität (z. B. zu hoher oder zu niedriger pH-Wert).
Bekämpfung: Verbesserung der Pflege (Dünge-Rhythmus); Umtopfen zur Substratverbesserung.

Pilzkrankheiten

Mehltau
Schadbild: Beim Echten Mehltau zeigen die Blätter ober- und unterseits weiße, mehlige Beläge, beim Falschen Mehltau i. d. R. nur blattunterseits. Die Blätter verbraunen und fallen ab.
Ursache: Pilzinfektion (Sporen werden in der Luft übertragen), die sich bei hoher Luftfeuchte oder ständig nassen Blättern besonders stark ausbreitet.
Bekämpfung: Abschneiden; Pflanzenschutzmittel.

Oleanderkrebs
Schadbild: Die Triebe zeigen geschwürartige Wucherungen (»Krebs«). Die Triebspitzen und Blüten verbraunen.
Ursache: Eine Bakterien-Infektion, die durch hohe Luftfeuchte und geschwächte Pflanzen gefördert wird.
Bekämpfung: Befallene Triebe ganz entfernen. Werkzeug nach jedem Schnitt sorgfältig desinfizieren. Pflanzenschutzmittel stehen nicht zur Verfügung.

PRAXIS

Die wichtigsten Kübelpflanzen-Schädlinge auf einen Blick

Spinnmilben/Rote Spinne
Schadbild: Die Blätter sind mit weißen Punkten übersät (leergesaugte Blattzellen), später Gespinste in den Blattachseln.
Ursache: Winzige weiße, grüne oder rote Tiere. Zuwanderung begünstigt durch trockene Luft.
Bekämpfung: Pflanzenschutzmittel gegen Spinnentiere; sie zählen nicht zu den Insekten!

Blattläuse
Schadbild: Deformierte Blätter. Bevorzugt frische Triebe und Blütenknospen.
Ursache: Tiere einige Millimeter groß und daher meist gut sichtbar. Sehr unterschiedliche Färbung, da große Artenvielfalt. Zuwanderung aus dem Garten.
Bekämpfung: Abschneiden; Haus- und Pflanzenschutzmittel.

Schildläuse
Schadbild: Fahle Blätter mit klebrigem Honigtau überzogen, auf dem sich in Folge schwarze Rußtaupilze ansiedeln.
Ursache: Unter meist braunen Schutzschilden lebende Läuse, die bevorzugt an den Blattunterseiten und Zweigen sitzen.
Bekämpfung: Abwischen; Haus- und Pflanzenschutzmittel.

Woll-/Schmierläuse
Schadbild: Wie bei Schildläusen; häufig im Winterquartier.
Ursache: Die Schädlinge hüllen sich in weiße Watte oder sehen wie mit Mehl bepudert aus. Da sie 2 bis 3 mm groß sind, sind sie in den Blattachseln oder auf den -unterseiten gut sichtbar.
Bekämpfung: Abwischen; Haus- und Pflanzenschutzmittel.

Weiße Fliege
Schadbild: Wie bei Schildläusen.
Ursache: Weiße, flugfähige Motten, die in Scharen auffliegen, wenn man die Blätter bewegt. Zuwanderung aus dem Garten (z. B. Gemüsegarten)
Bekämpfung: Mechanisch (Gelbtafeln); wiederholt Pflanzenschutzmittel (Zuflug).

Dickmaulrüssler
Schadbild: Die Käfer verraten sich durch buchtig angefressene Blattränder; die Larven schädigen die Wurzeln und schwächen die ganze Pflanze.
Ursache: Nachtaktive Käfer und weiße Larven (beide ca. 1 cm).
Bekämpfung: Absammeln; Nützlinge gegen Larven.

Schmetterlingsraupen
Schadbild: Die Blätter sind durchlöchert oder an den Rändern gebuchtet angefressen.
Ursache: Die Larven diverser aus der Landschaft zuwandernder Schmetterlingsarten.
Bekämpfung: Absammeln (Handschuhe tragen!); Pflanzenschutzmittel.

Schnecken
Schadbild: Wie bei Schmetterlingsraupen; Schleimspuren.
Ursache: Jungtiere von Nackt- und Gehäuseschnecken klettern z. T. bis in die Kronenspitzen. Große Schnecken bleiben aufgrund ihres Gewichts unten.
Bekämpfung: Absammeln (vor allem abends und nachts).

... ÜBERWINTERN

Überwintern

Dehnen Sie den Aufenthalt Ihrer Kübelpflanzen im Freien so lange wie möglich aus. Erst wenn die Temperaturen konstant unter den kritischen Wert (siehe Porträt) fallen, holt man sie ins Haus. Krankheiten und Schädlingen macht dies das Leben schwer, Ihre Pflanzen härtet es ab. Arten, die leichten Frost vertragen, können oft bis Ende Oktober draußen bleiben und genießen schon im April wieder die frische Terrassenluft.

Im Winterquartier sind zwei Parameter zu beachten, die in starker Abhängigkeit zueinander stehen: **Lichtmenge und Temperatur**. Dabei ist für immergrüne Arten erstere sehr viel wichtiger, obwohl letztere meist mehr Beachtung findet. Dies liegt wohl daran, dass man Temperaturen aufs Grad genau, Lichtmengen aber nur über Lux-Werte mit speziellen Geräten angeben kann.

Gönnen Sie Ihren Schützlingen stets den allerhellsten Platz, den sie zur Verfügung haben! Denn auch dann ist die Lichtausbeute angesichts unserer mitteleuropäisch kurzen Wintertage und flacher Sonneneinstrahlungswinkel gering. Als Winterquartier kommen daher nur sehr helle Plätze in Frage: Treppenhäuser, selten beheizte Wohnräume oder Glasbauten wie Wintergärten und Gewächshäuser. Vermeiden Sie Vorhänge, die Licht schlucken.

Je wärmer ein Standort ist, umso heller muss er sein, je kühler er ist, umso lichtärmer kann er sein. Bei Laub abwerfenden Arten sind

Laub abwerfende Kübelpflanzen müssen nicht zwingend hell überwintert werden, da sie ihre Aktivität im Winter komplett einstellen. Zu diesen besonders pflegeleichten Kandidaten zählen beispielsweise Salbei *(Salvia)*, Gewürzrinde *(Cassia)*, Feige *(Ficus)* und Schmucklilie *(Agapanthus)*. Hinweise zur Überwinterung der einzelnen Arten finden Sie in unseren ausführlichen Pflanzenporträts.

Immergrüne Arten müssen zwingend hell überwintert werden, wenn sie nicht alljährlich in ihrer Entwicklung stark zurückgeworfen werden sollen. Zwar dulden Oleander *(Nerium)*, Lorbeer *(Laurus)* und Co. halbdunkle Plätze, doch ist dies meist mit Laubverlusten verbunden. Die Pflanzen brauchen in der Folge im Frühjahr eine deutlich längere Anlaufzeit, um sich zu voller Schönheit zu entwickeln.

PRAXIS

In frostfreien, hellen Garagen finden mediterrane Kübelpflanzen ein ideales Winterquartier. Selbst einige Nächte mit Temperaturen leicht unter 0 °C schaden nicht. Im Gegenteil: Kühle Temperaturen verordnen ihnen eine Ruhepause, in der sie kaum Energie verbrauchen und die es ihnen ermöglicht, im Frühjahr mit voller Kraft in die neue Saison zu starten.

dunkle Überwinterungsquartiere möglich, denn bei Temperaturen unter etwa 15 °C treten die Pflanzen in eine Ruhephase, in der sie auf einen Energiesparmodus umschalten. Bei Temperaturen darüber versuchen sie dagegen weiterzuwachsen. Fehlt ihnen dann das Licht, sind fahle, dünne Triebe die Folge; die Pflanzen werden geschwächt, und Schädlinge haben ein leichtes Spiel.

Dabei ist nicht die Temperatur der Luft, sondern die der Erde entscheidend. Klettert das Thermometer im Winterquartier tagsüber für einige Stunden auf über 20 °C, tut dies nichts zur Sache. Die Wurzeln bleiben dabei kühl und halten an ihrer Winterruhe fest. Erst lang anhaltend hohe Temperaturen, vor allem von Fußbodenheizungen, vermögen sie aufzuwecken.

Gießen Sie im Winter mit viel Fingerspitzengefühl. Die meisten Kübelpflanzen werden in dieser Zeit ertränkt! Bei Kälte führen nasse Ballen noch rascher zu Wurzelschäden als im Sommer. Gießen Sie generell erst, wenn die Erde gut abgetrocknet ist, und auch dann sehr dosiert. Der Bedarf ist während der Ruheperiode sehr gering. Bei laublosen Arten genügt es, alle zwei bis drei Wochen die Feuchte anzupassen.

Achten Sie auf **Hygiene** im Winterquartier. Welkes Laub wird regelmäßig abgesammelt, um keinen Nährboden für Krankheiten zu bieten. Schädlingsbefallene Pflanzen sofort isolieren und behandeln, bevor sie benachbarte Exemplare anstecken. Lüften Sie kurz, aber so oft wie möglich, wenn die Tage frostfrei sind, um die Luft auszutauschen und Pilzinfektionen vorzubeugen.

Überwinterung im Freien

Frostharte Kübelpflanzen verbringen den Winter draußen. Gewähren Sie jedoch auch ihnen einen leichten Schutz vor Frost, Nässe und der Wintersonne. Da Frost in Pflanzgefäße sehr viel schneller und tiefer eindringt als in den ge-

Zum Transport bindet man abstehende Zweige oder Blätter zusammen, damit sie nirgendwo hängen bleiben und knicken.

... ÜBERWINTERN

wachsenen Boden, umwickelt man die Töpfe mit Kokosmatten oder anderen isolierenden Materialien. Gegen Nässe hilft ein regengeschützter Platz. Untergelegte Tonfüße oder Ziegel gewährleisten einen zügigen Wasserablauf. Schutz vor der Wintersonne, die Rinde reißen und immergrüne Blätter vertrocknen lässt, wenn der Wassernachschub zeitgleich durch Frost unterbrochen ist (Frosttrocknis), bieten Bastmatten, Vliese, Schattiernetze oder Fichtenreisig, die man locker um die Kronen legt.

> **ÜBERWINTERN**
> ...auf einen Blick
>
> - Pflanzen möglichst lange draußen lassen. Das härtet sie ab und dämmt Schädlinge ein.
> - Beachten Sie im Winterquartier das Verhältnis zwischen Licht und Wärme.
> - Auch winterharte Pflanzen in Gefäßen brauchen Winterschutz.

Folien als Kronenschutz sind ungeeignet, da sie als Wärmefallen zu verfrühtem Austrieb führen.

So schützen Sie frostharte Kübelpflanzen im Winter

❶ Schutz vor Kälte
Ein Mantel aus Kokosmatten lässt strengen Frost nicht so rasch und tief in die Pflanzgefäße eindringen. Stellen Sie die Töpfe zur Isolierung auf Füße.

❷ Sonnenschutz
Im Winter richtet die Sonne mehr Schaden als Nutzen an, denn sie trocknet gefrorene Pflanzen aus. Ein Vlies schattiert und schützt zugleich etwas vor Kälte.

❸ Windschutz
Wind kühlt die Pflanzen im Freien noch stärker aus als Frost alleine. Eine Hülle oder ein Zelt aus Bastmatten schützt – zugleich auch vor Nässe.

❹ Rundum-Schutz
Dachziegelartig aufgebundene Fichtenzweige schattieren, schützen vor Niederschlägen und Wind und bauen isolierende Luftschichten auf – ein Allround-Schutz.

PRAXIS

Pflanzgefäße

Bei der Auswahl der Pflanzgefäße sollten Sie nicht nur auf die Schönheit achten. Auch Ihre Pflanzenschätze sollten sich darin wohl fühlen und Ihnen viele Jahre Freude bereiten. Achten Sie deshalb neben hoher Qualität auf folgende Kriterien. Zum Kauf empfiehlt es sich, einen Meterstab mitzunehmen, da man sich leicht in der passenden Topfgröße täuschen kann.

Haltbarkeit

Je dickwandiger ein Pflanzgefäß ist, umso höher ist seine Lebenserwartung (z. B. handgearbeitete italienische Terrakotta aus Impruneta). Kleinere Blessuren wie abgeplatzte Ornamente oder gekerbte Ränder tun der Haltbarkeit noch keinen Abbruch. Erst Risse, die im Winter dann entstehen, wenn die in den Wandporen gespeicherte Feuchtigkeit gefriert und sich ausdehnt, lassen die Wände reißen, der Topf bricht entzwei. Naturbelassene oder glasierte Tonwaren sind hierfür anfälliger als Steingut oder Keramik. Holzgefäße halten nur dann viele Jahre dem Wechsel aus Nässe und Trockenheit stand, wenn man sie regelmäßig mit einem Holzschutzmittel behandelt.

Form

Die Öffnung bepflanzter Gefäße sollte grundsätzlich größer sein als die Grundfläche (konisch). Verjüngt sich der Topf, z. B. bei bauchigen Amphoren, bekommt man eingewachsene Pflanzen nicht mehr aus dem Gefäß heraus. Solche Gefäße sind daher weniger zum Bepflanzen als vielmehr zum Dekorieren geeignet. Wer sie dennoch bepflanzen möchte, hängt einen Plastiktopf in die Öffnung und bepflanzt diesen.

Töpfen mit breiter Basis ist generell der Vorzug zu geben, da sie standfester sind. Schmalfüßige Gefäße werden bei Wind leichter umge-

① Echte italienische Terrakotta aus der Region Florenz (Impruneta) ist langlebig, aber hochpreisig.
② Schwere, glasierte Tonwaren sollten vorwiegend als Übertöpfe eingesetzt werden.
③ Bleigefäße dienen nur als Übertöpfe. Sie werden gerne in England und Frankreich verwendet.
④ Maschinengefertigte Tontöpfe sind preisgünstig und in modernem Design erhältlich.

... PFLANZGEFÄSSE

worfen, wobei nicht nur der Topf, sondern auch die Pflanze zu Bruch gehen kann. Für mehr Standfestigkeit sorgt eine wasserdurchlässige Füllung aus Sand oder Kies.

Material

Pflanzenwurzeln fühlen sich bei einer gleichmäßigen Versorgung mit Wasser und Sauerstoff am wohlsten. Tongefäße scheinen diese Bedingung am besten zu erfüllen, da sie »atmen«. Über die Gefäßwände verdunstet im Sommer jedoch so viel Wasser, dass man mit dem Gießen oft kaum nachkommt. Zudem ist die Atmungsaktivität der Gefäßwände unterbrochen, sobald sie wassergesättigt sind. Nach unserer Erfahrung sind Kübelpflanzen deshalb in einfachen Plastiktöpfen am besten aufgehoben, da hier die gleichmäßigsten Kulturbedingungen möglich sind. Da sie jedoch nicht gerade hübsch anzusehen sind, stellt man die Plastik-Container in attraktive Übertöpfe aus Ton oder anderen Materialien. Alternativ bietet der Fachhandel hochwertige Kunststoffgefäße an, die z.B. italienischer Terrakotta täuschend echt nachempfunden sind und somit Pflanzenfreundlichkeit und Schönheit optimal verbinden.

Gewicht

Bedenken Sie vor dem Kauf, dass viele Ihrer Pflanzen im Spätherbst ins Haus müssen. Da können schwere Gefäße schnell zur Last werden. Setzen Sie deshalb auf Leichtgewichte aus Kunststoff oder Holz oder halbieren Sie die Mühe und verwenden Sie Pflanzgefäß und Übertopf separat, um sie einzeln bewegen zu können. Tragegurte, die um die Töpfe gelegt werden, oder stabile Behälter mit Steingut-Töpfe sind sehr frostfest. Schön machen sich Sets mit unterschiedlichen Topfgrößen, da sie optisch mehrere Pflanzen zu einer Einheit zusammenfassen.

Griffen, in denen man die Pflanzen wegtragen kann, schonen den Rücken ebenso wie stufentaugliche Sackkarren. Alternativ bieten sich auch rollbare Untersetzer zum Verschieben schwerer Gefäße an.

Farbe

Die Wahl der Farbe ist nicht nur eine Geschmacksfrage. Dunkle Töpfe heizen sich in der Sonne sehr viel stärker auf als helle, und die Wurzeln können Hitzeschäden davontragen. Achten Sie auf dickwandige Töpfe, da diese sich deutlich langsamer erwärmen, oder setzen Sie auf das bewährte Duo: einfacher Plastik-Container plus dekorativer Übertopf. Zur Direktbepflanzung ungeeignet sind – zumindest bei sonnigen Standorten – in diesem Sinne auch Metallgefäße, da sie rasch überhitzen.

Lasierte Gefäße wie diese sizilianischen Zitrus-Töpfe sollten im Winter nicht im Freien bleiben. Es genügen feinste Risse in der Lasur, um sie zu beschädigen. In die Risse dringt Feuchtigkeit ein, die bei Frost gefriert und sich ausdehnt. Die Lasur platzt ab. Im Extremfall reißen die Gefäßwände mitten entzwei.

PRAXIS

Mobiliar

Möbel sollten nicht nur schön, sondern auch bequem sein. Denn schließlich wünschen wir Ihnen, dass Sie Ihre Traumterrasse jeden Tag möglichst lange genießen. Wer nicht viel Platz hat, sollte auf klappbare Möbel setzen, z.B. bei Zusatzstühlen, die man nur für Gäste braucht. Liegen mit Rollen sind besonders praktisch, da sie mühelos wegbewegt werden können.

Möbel aus Kunststoff werden zwar allenthalben sehr günstig angeboten, doch lässt die Haltbarkeit von Billigprodukten oft zu wünschen übrig. Das Material wird in der Sonne (UV-Strahlung) spröde und bricht. Setzen Sie deshalb auf Qualität. Heute sind sogar täuschend echte Holzimitate aus Kunststoff erhältlich. Zahlreiche Hersteller fertigen ihre Produkte aus umweltgerechtem Recycling-Material. Achten Sie auch bei den Bezügen auf hochwertige Stoffe, die in der Sonne nicht bleichen.

Möbel aus Holz strahlen nicht nur Wärme aus, sie sind im Vergleich zu Metall- oder Mosaikmöbeln auch tatsächlich warm. Bitte achten Sie beim Kauf von Holzmöbeln unbedingt auf die Herkunft (Zertifikate). Heimischen Hölzern ist aufgrund der nachhaltigen Forstwirtschaft und kürzerer Transportwege der Vorzug vor Tropenhölzern zu geben. Regelmäßige Holzpflege garantiert, dass die Möbel nicht auslaugen. Im Winter sollte man sie ins Haus holen oder abdecken und erhöht stellen, damit ihnen die Nässe nichts anhaben kann.

Filigrane Eisenmöbel sollten auf breiten Füßen stehen, sonst verhaken sich die Stuhl- und Tischbeine in jeder Fuge des Belags. Von älteren Terrassenmöbeln muss man sich nicht gleich trennen. Sie kommen als Beistelltische zu neuen Ehren, auf denen kleinere Kübelpflanzen oder Blumensträuße arrangiert werden. Einige Rost- oder Holzflecken stören hier keineswegs. Wer ein wenig handwerkliches Geschick hat, kann auch über den Eigenbau individueller Möbelstücke nachdenken. Aus grob behauenenen Ästen lassen sich rustikale Sitzgelegenheiten zimmern, aus Weidenruten urige Modelle flechten oder mit Hilfe kleiner Fliesenstückchen alte Tischflächen in Mosaik-Kunstwerke verwandeln.

① Achten Sie bei der Möbelauswahl auf Sitzkomfort (ergonomische Form).
② Metallmöbel gibt es für die junge Terrasse in peppigen Farben.
③ Korbmöbel halten länger, wenn man sie bei Regen einräumt.
④ Gusseiserne Modelle halten eine kleine Ewigkeit.

... MOBILIAR UND ACCESSOIRES

Accessoires

Bei der Detail-Gestaltung Ihrer Terrasse gilt das Gleiche wie für die Pflanzenauswahl: Entscheiden Sie sich lieber für einige wenige, aber dafür markante Stücke als für eine Fülle kleiner Elemente, von denen keines so richtig zur Geltung kommt. Zu selbst gefertigten Stücken, z. B. getöpferten Figuren oder Vasen, entwickelt man ein deutlich engeres Verhältnis als zu gekauften. Wechseln Sie die Dekoration gelegentlich aus: Terrassen-Objekte finden ein neues Zuhause im Garten, im Gegenzug probiert man Elemente aus dem Garten auf der Terrasse aus.

Um die schönen Abende auf der Terrasse zu verlängern, sind Lichter eine unverzichtbare Ergänzung. Wer es natürlich mag, setzt auf Kerzen, die in Windlichtern selbst bei einem leichtem Lüftchen zuverlässig brennen. Auch eine dezente elektrische Beleuchtung kann sehr romantisch sein, wenn Sie beispielsweise blühende Pflanzen oder Deko-Elemente anstrahlen.

Wasser sollte auf keiner Terrasse fehlen – und sei es nur eine stille Wasserschale, ein Aroma-Brunnen, den man während der Sommermonate nach draußen entführt, oder ein Wandbrunnen mit integriertem Wasserkreislauf, der ständig plätschert.

Wer gerne grillt, sollte dafür einen festen Platz einplanen. Dann brauchen Sie den Grill nicht jedes Mal wieder mühsam aufzubauen. Halten Sie genügend Abstand von benachbarten Pflanzen, damit die Blätter von der Hitze der Flammen nicht in Mitleidenschaft gezogen werden.

Große Windlichter sind nicht nur attraktive Schmuckstücke für den Terrassengarten. An lauen Sommerabenden verlängern sie die Mußestunden, während man dem Gezwitscher der Vögel lauscht oder mit Hilfe ausgelagerter Lautsprecher oder einer kleinen Stereoanlage sanfte Musik im Freien genießt. Was braucht man mehr zum Entspannen?

Sind die Sommerabende in Mitteleuropa nicht so lau, wie wir es uns wünschen, kann man mit einem kleinen »Ofen« wie diesem nachhelfen. Wer möchte, nutzt die wohlige Wärme zugleich für ein paar saftige Steaks oder herzhafte Würstchen.

183

PRAXIS

Bodenbelag

Schöne Terrassen, auf denen man sich wohl fühlt, fangen schon mit dem Boden an.

Ziehen Sie nicht nur rechteckige Terrassenformen in Betracht. Gestufte oder abgerundete Ränder bilden einen deutlich harmonischeren Übergang zum Garten. Kantensteine verhindern lediglich, dass die Ränder im Laufe der Jahre »ausfransen«. Kleine Mäuerchen oder eine niedrige Heckenumpflanzung (z.B. mit Buchs) schaffen dagegen einen optisch klaren Rahmen für Ihre Terrasse, der Gemütlichkeit verspricht und Ihnen die spätere Gestaltung erleichtern wird.

Flächen aus nur einem Material wirken monoton. Daran ändern auch ungewöhnliche Steinformen nichts, die man dennoch zu gleichförmigen Flächen zusammenfügt. Für Abwechslung sorgt dagegen ein Material-Mix. Integrieren Sie z.B. Reihen oder Kreise aus Granit-Kleinpflaster in den Belag. Die Kür sind Terrassen, die aus einer Vielzahl unterschiedlicher Materialien arrangiert sind – vom bunten Fliesenstück bis zur Natursteinplatte. Die Verlegearbeiten sind hier jedoch aufwändiger, da trotz verschiedener Materialdicken eine ebene Fläche gefordert ist, deren Fugen schmal bleiben sollten, damit Tisch und Stühle später nicht darin verkanten.

Gekieste Terrassen wirken sehr natürlich, haben aber einige praktische Nachteile: Sie lassen sich nicht fegen oder mit dem Druckstrahler reinigen. Pflanzen siedeln sich an, die man regelmäßig entfernen sollte. Legen Sie, falls Sie sich dennoch dafür entscheiden, vor der Kiesschüttung Bändchengewebe oder andere Textilmatten unter, die für Unkräuter den Bodenanschluss verhindern. Für Auffrischung sorgt von Zeit zu Zeit eine Schicht frischer Kies.

① Fantasievoll: Holzfliesen können Sie nach Belieben farbig streichen.
② Haltbar: Betonsteine halten viel aus. Eine Alternative sind alte Klinkersteine.
③ Natürlich: Die Auswahl an Natursteinen von Granit bis Basalt ist groß.
④ Abwechslungsreich: Ein Materialmix sorgt für Lebendigkeit.

... BODENBELAG UND SONNENSCHUTZ

Sonnenschutz

Die Sonne ist einer der liebsten Gäste im Terrassengarten. Doch wenn sie um die Mittagszeit mit voller Kraft vom Himmel brennt, wird es des Guten rasch zu viel, und wir verziehen uns an den schönsten Tagen des Jahres ins Haus.

Markisen, Sonnen-Schirme und Sonnen-Segel sorgen stattdessen für kühlenden Schatten. Allerdings müssen sie stabil konstruiert und sicher befestigt sein, damit sie auch den Windböen eines plötzlichen Sommergewitters Stand halten. Die Textilien sollten witterungsbeständig sein und sich unter der Einwirkung von UV-Licht und Regen nicht verändern. Doppelt effektiv sind imprägnierte Stoffe, die obendrein als kurzzeitiger Regenschutz dienen, wenn der Himmel plötzlich seine Schleusen öffnet.

Für kleine Terrassen von Vorteil sind Ausleger-Sonnenschirme. Ihr Fuß wird am Terrassenrand platziert, während der Schirm mit Hilfe eines verlängerten Arms über dem Sitzplatz schwebt.

Ebenso Platz sparend sind Terrassentische mit integriertem Schirm, für den in der Tischmitte eine Verankerung vorgesehen ist. Achten Sie bei solchen Modellen also auf eingebaute Gelenke, die es Ihnen ermöglichen, den Schirm nach dem Sonnenstand auszurichten, ohne die oft schweren Füße verrücken zu müssen.

Streifen Sie abgetrockneten Sonnenschirmen am Abend Schutzhüllen über und lagern Sie alle Teile während der Wintermonate im Haus. So haben Sie einige Sommer länger etwas von den dekorativen Schattenspendern.

① Sonnenschirme bieten Mensch und Pflanze willkommenen Schatten an allzu heißen Sommertagen. Gelenke ermöglichen es, den Schattenwurf dem Lauf der Sonne anzugleichen.
② Ausleger-Schirme lösen das Problem störender Schirmfüße auf elegante Weise.
③ Sonnensegel brauchen stabile Verankerungen (z. B. Metallstangen, Wandhaken), damit man sie straff spannen kann. Eine Lageänderung wie bei ① ist nicht möglich.

ARBEITSKALENDER

JANUAR

Prüfen Sie, ob der Winterschutz bei Pflanzen, die draußen überwintern, noch fest sitzt. Wind und Wetter, aber auch Tiere können ihn lockern. In den Winterquartieren im Haus sollten Sie jede Woche nach dem Rechten sehen, bei Bedarf gießen (lieber zu wenig als zu viel!), welkes Laub entfernen und schädlingsbefallene Pflanzen separat stellen.

FEBRUAR

Mit steigenden Temperaturen und Tageslängen beginnen viele Pflanzen in hellen Winterquartieren auszutreiben. Rücken Sie diese möglichst nah ans Fenster, damit die jungen Triebe nicht fahl und dünn werden. Die übrigen Pflanzen bleiben weiterhin auf Sparflamme: Erde nur leicht feucht halten, nicht düngen. Die Vorkultur für selbst gesäte Sommerblumen beginnt. Sommerblühende Zwiebelblumen kann man jetzt im Haus vortreiben.

MÄRZ

Jetzt ist die beste Zeit zum Umtopfen und Schneiden im Haus überwinterter Pflanzen. Setzen Sie stark durchwurzelte Pflanzen in eine Nummer größere Töpfe. Die Kronen strauchiger Arten werden mit der Schere wieder in Form gebracht, kranke oder beschädigte Triebe bis ins gesunde Gewebe eingekürzt (siehe Seite 168f.). Bei Stauden im Freien wie den Gräsern werden Blattreste vom Vorjahr entfernt. Stauden jetzt teilen.

APRIL

Ja nach Witterung wird ab Ende März oder Anfang April der Winterschutz Ihrer Kübelpflanzen im Freien entfernt – vor allem der Kronenschutz, damit er die frisch sprießenden Triebe nicht behindert. Halten Sie jedoch für Spätfröste Tücher zum Abdecken bereit. Wüchsige Pflanzen werden ab Anfang des Monats gedüngt.

MAI

Nach den Eisheiligen Mitte Mai (Pankratius, Servatius, Bonifatius und Sophie) ist die Gefahr von Spätfrösten gebannt, und auch empfindlichere Pflanzen von der Sommerblume bis zur klassischen Kübelpflanze können nun ihren Platz auf der Terrasse beziehen. Steigern Sie den Dünge-Rhythmus. Immergrüne Pflanzen anfangs schattieren oder halbschattig stellen, damit sie nach dem lichtarmen Winter keinen Sonnenbrand bekommen.

JUNI

Jetzt können sogar tropische Zimmerpflanzen hinaus in den Sommerurlaub auf die Terrasse. Welke Blüten sollten Sie bei all Ihren Terrassenpflanzen abschneiden oder auszupfen, sofern Sie nicht beabsichtigen, die Samen zu ernten. Die Samenbildung kostet nur unnötig Kraft. Dämmen Sie Schädlinge ein, die sich jetzt gerne an den jungen Blättern und Blüten laben (siehe Seite 174f.). Gesunde Triebspitzen bewurzeln jetzt sehr gut (Stecklinge).

ARBEITSKALENDER

JULI

Schützen Sie Ihre Pflanzen vor Sommergewittern. Schwere Übertöpfe mit breiter Basis machen sie standfester. Hochstämmchen sichert man mit Seilen an der Hauswand. Aus der Form geratene Kronen werden noch einmal korrigiert, indem man die Triebspitzen einkürzt. Lockern Sie verkrustete Erde in den Töpfen mit einer Kralle auf.

AUGUST

Lassen Sie Ihre Pflanzen nicht darben. In heißen Sommern ist bei vielen sogar zweimaliges Gießen pro Tag erforderlich, bevorzugt in den frühen Morgen- und späten Abendstunden. Organisieren Sie eine Urlaubsbetreuung für Ihre Pflanzen. Weiterhin auf Schädlinge achten, die bei gestressten Pflanzen (Trockenheit, Hitze) ein leichtes Spiel haben. Ende des Monats beginnt die Haupt-Pflanzzeit für frühlingsblühende Zwiebelblumen.

SEPTEMBER

Anfang des Monats wird die Düngung eingestellt. Nur Sommerblumen, die noch reich blühen sollen, bis der Frost ihnen ein Ende bereitet, werden weiterhin gedüngt. Kälteempfindliche Arten holt man in kühlen Nächten bereits ins Haus. Sie sollten schädlingsfrei sein, damit sie in den oft beengten Winterquartieren Nachbarpflanzen nicht anstecken. Machen Sie Ihre Terrassenmöbel mit einer Abdeckung winterfest oder lagern Sie sie im Haus.

OKTOBER

Kosten Sie die Wärme so lange wie möglich aus. Erst wenn die Temperaturen nachts unter den kritischen Wert fallen, werden frostempfindliche Pflanzen zum Überwintern ins Haus gebracht. Reinigen Sie leere Pflanzgefäße, damit sie im Frühjahr sofort wieder einsetzbar sind. Alte Erdreste können zudem Krankheitskeime enthalten.

NOVEMBER

Spätestens mit dem ersten strengen Frost wird der Winterschutz bei Pflanzen angelegt, die im Freien überwintern (siehe Seite 179). Im frostfreien Winterquartier werden herabfallende Blätter entfernt. Stehen die Kronen zu dicht, werden sie leicht ausgelichtet. Der Haupt-Rückschnitt erfolgt jedoch im März. Stellen Sie schon jetzt Vogelhäuschen für die Winterfütterung auf, damit sie die Tiere vor dem ersten Kälteeinbruch finden.

DEZEMBER

Immergrüne Arten im Freien verdunsten auch im Winter Wasser, wenn sie von der Sonne beschienen werden. Gießen Sie die Ballen deshalb durchdringend, wenn der natürliche Niederschlag nicht ausreicht. Nach kräftigen Schneefällen ist es ratsam, einen Teil des Schnees von den Kronen abzuschütteln. Zwar schützt er die Triebe, sein Gewicht kann jedoch zu Astbrüchen führen. Für die Wurzeln bietet Schnee eine gute Isolationsschicht.

BEZUGSQUELLEN

Die meisten der hier vorgestellten Kübelpflanzen finden Sie in gut sortierten Gärtnereien oder Gartencentern sowie der Versandgärtnerei der Autorin:

flora toskana
Hans-Peter Maier &
Tanja Ratsch
Böfinger Weg 10
89075 Ulm
Tel.: 0731/9267095
www.flora-toskana.de
(Mediterrane und exotische Kübelpflanzen)

Nachfolgend eine Auswahl weiterer Gärtnereien und spezieller Anbieter mit Versand ohne Anspruch auf Vollständigkeit:

Kübelpflanzen:
Kübel-Garten
Helga Mittmann
Eichenweg 21
48499 Salzbergen
Tel.: 05976/1064

G. Koitzsch
Arheilger Str. 16
64390 Erzhausen/Darmstadt
Tel.: 06150/6147

Rudolf und Klara Baum
Scheffelrain 1
71229 Leonberg
Tel.: 07152/27558
(v.a. Fuchsien, Passionsblumen, Hibiskus)

Stegmeier Gartenbau
Unteres Dorf 7
73457 Essingen
Tel.: 07365/230
(v. a. Geranien/Pelargonien)

Flora Mediterranea
Christoph und Maria Köchel
Königsgütler 5
84072 Au in der Hallertau
Tel.: 08752/1238

Stauden:
Staudengärtner H.-R. Klose
Rosenstraße 10
34253 Kassel
Tel: 0561/515555

Staudengärtnerei
Dieter Gaißmayer
Jungviehweide 3
89257 Illertissen
Tel.: 07303/7258

Kletterpflanzen:
Clematis-Kulturen
F.-M. Westphal
Peiner Hof 7
25497 Prisdorf
Tel.: 04101/74104
(Waldreben/Clematis)

Blumen & Passiflora
Torsten Ulmer
Hevener Str. 18
58455 Witten
Tel.: 02302/26276
(Passionsblumen)

Engelstrompeten:
Monika Gottschalk
Diebsteinweg 18
36358 Herbstein-Lanzenhain
Tel.: 06643/1794

Anne Kirchner-Abel
Schützenstr. 24
47229 Duisburg
Tel.: 02065/49271

Zwiebelblumen:
Kurt Kernstein
Am Kirchenfeld 8
86316 Friedberg
Tel.: 0821/2781904

Mobiliar
Arte Toscana
Englinger Str. 18
82544 Moosham
Tel.: 08176 / 4 28

Country Garden
Auf den Beeten 12
72119 Ammerbuch-Reusten
Tel.: 07073 / 23 72
(Metallmöbel, Gartenzubehör)

Garpa
Kienwiese 1
21039 Escheburg
Tel.: 04152 / 92 52 00
(Teak-Möbel)

Garten – Wohnen – Schenken
Hannelore Huber
Kreuth 1
84104 Rudelzhausen
Tel.: 08754 / 96 98 46

Garvita
Schwarzed 1
84549 Engelsberg
(Ausleger-Sonnenschirme)

Grün Idee
Gisela Voges
Solarring 17
31860 Emmerthal
Tel.: 0171 4 97 72 10
(Töpfe, Accessoires)

Haidermetall
Eduard Haider KG
Dezhantseeser 4
95704 Pullenreuth
Tel.: 09234 / 99 20 – 0

Laden im Torbogen
Haxthausen 8
85354 Freising
Tel.: 08165 / 99 71 60
(Accessoires)

Osmo
Hafenweg 31
48155 Munster
Tel.: 0251 / 6 92 – 0
(Rankgitter, Sichtschutz)

Royal Arrow
Gottlieb-Daimler-Str. 2
24568 Kaltenkirchen
Tel.: 04191 / 95 07 49
(Teak Möbel)

Unopiù
Am Dornbusch 24 – 26
64390 Erzhausen
Tel.: 06150 / 97 53 – 0
(Möbel, Sonnensegel)

STICHWORTVERZEICHNIS

Seitenzahlen mit * verweisen auf Abbildungen, halbfette Seitenzahlen auf Porträts

Abutilon 55, 90, 90*
Acca sellowiana 63, 140
Accessoires 52*, 53, 183
Acer 62, **152**
Achillea ageratifolia 124
Acnistus 47
Adenium obesum 110
Aeonium arboreum 32, 110

Aesculus parviflora 69, 89
Agapanthus **46**, 69, 69*, 124*
Agastache 45, **126**
Agave 29, **32**
Agave 32
Ageratum 45, 69
Ahorn, Fächer- 62, **152**
Albizia 90
Alchemilla 122
Allium 135
Alocasia 110*, 111, **112**
Aloysia triphylla 78, **80**, 90
Amelanchier 69, 89, 147

Ananas-Salbei 78, 78*
Andenbeere 141
Anemone blanda 17*
A. hupehensis 122, 146
Anisodontea capensis **72**
Anthemis biebersteiniana 124
Antirrhinum 54
Apfel 141, 141*
Arbutus unedo **32**, 69, 140
Argyranthemum 67*, **72**
Aronia 147
Arrhenatherum elatius 151
Artischocke 134, 137

Asarina barclaiana 101
Asclepias curassavica 55
Asphodeline lutea 124
Aster 124, 146
Asteriscus maritimus 52*
Astilbe 87*, 88, 88*, **126**
Atlasblume 71
Aubrieta × cultorum 124
Aucuba 90, **112**
Aukube 90, **112**
Ausräumen 164
Aussaat 173
Australische Silbereiche 64

Australischer Rosmarin **49**, 69
Australisches Gänseblümchen 45

Bambus 69, 90, 109*, **114**
Banane, Zier- 79, 110f., **113**
Bandbusch 110
Bartblume 30*, 45, **153**
Bart-Iris 129
Bartnelke 69, 71
Basilikum 134, 139, 139*
Beetrose 94, 97*
Begonia 71, 89
Begonie 71, 89
Berberis stenophylla 54
B. thunbergii 62
Berberitze 54, 62
Bergaster 124
Berglorbeer 89
Besenheide 146*, 147*, 149*, **152**
Beta vulgaris 134
Bewässerung 171*, **171**
Blattkakteen 110
Blattläuse 176*
Blattschmuckpflanzen 62, 109ff.
Blauflügelchen **46**, 90
Blauglöckchen 45, 54*, **107**
Blaukissen 124
Blauraute 45, 97*
Blauregen 45, 101
Blausternchen 16, 17*, 44
Blaustrahlhafer **150**
Bleiwurz 28, **47**, 69
Blumenrohr 111
Blut-Hasel 62
Bodenbelag 29, 31, **184**
Bodendeckerrosen 94
Bohnen 134, 135*
Bohnenkraut 133*
Bonsai 22
Boretsch 138
Bougainvillea 33, 70, 70*
Bougainvillee 28, 31*, 33, 70
Bouteloua gracilis 151
Boysenbeere 140
Brachyscome 45, 69*
Brahea armata 111
Brassica oleracea 134, 147, 149*
Briza media 151
Brugmansia 70, 75*, 77, **80**, 90
Buchsbaum 87*, 89, 119, 119*, 160
Buddleja 23, 45, 79
Buntnessel 87*, **91**
Buschbohne 137
Butia capitata 111
Buxus 89, 160

Caesalpinia **55**
Calamondin-Orange 28, 31*, **34**
Calceolaria 54, 54*
Calendula 54
Calliandra **63**
Callicarpa 54, 89, **152**

Callistemon 62*, **63**
Callistephus 69, 71
Calluna 146*, 147*, 149*, **152**
Calycanthus 62, 79, 89
Camassia 44
Campanula 45, 97*, **126**, 147
C. medium 69
Campsis radicans 54, **103**
Canna 111, 124*, **127**
Caragana 54
Cardy 134
Carex **150**
Carissa 90
Carpinus betulus 21*
Caryopteris 45, **153**
Cassia 52*, **56**, 125*
C. didymobotrya **56**
Ceanothus 45
Celosie 62
Cercidiphyllum 54
Cestrum **64**
C. nocturnum 64, 77, **81**
Chaenomeles 22*, 62, 147
Chamaecyparis lawsoniana 119
C. pisifera 160
Chamaerops humilis **33**, 111
Cheiranthus 54, 79
China-Schilf 147*, 151
Chionodoxa 16
Chlorose 175*
Choisya 69, 78, **81**, 90
Chrysanthemum 124
Cistus **34**, 68, 70, 76
× *Citrofortunella mitis* 28, **34**
Citrus **34**, 69, 78, 140
Clematis 45, 96*, 100, 101*, **103**
Cleome 69
Clerodendrum **46**, 90
Cobaea scandens 101
Coleus-Blumei-Hybriden **91**
Colocasia **112**
Convolvulus 68, 68*, **104**
Cordyline 111
Coreopsis 53*, 54, 124, **127**
Cornus 54, 160
Corylopsis pauciflora 79
Corylus avellana 62, 160
Cosmos 69, 147*
Costa-Rica-Nachtschatten **48**
Cotinus coggygria 62
Cotoneaster 119, **153**
Crocus 16, 44f.
Cucurbita pepo 134
Cuphea 62
× *Cupressocyparis leylandii* 119
Cupressus sempervirens **35**, 76
Currykraut 30*, 79, 139
Cycas revoluta **113**
Cynara 134
Cyperus papyrus 111, **113**
Cytisus 21*, 54, 79

Dahlia 124*, 125*, **128**
Dahlie 124*, 125*, **128**
Dasylirion **35**, 110
Dattelpalme **38**, 111

Datura metel 75*
Delphinium 96*
Dendranthema 146f., 148*
Deutzia gracilis 69
Dianthus barbatus 69, 71
Diascia 71
Dickmaulrüssler 175f., 176*
Dimorphotheca 69
Diospyros kaki 140
Dipladenia **105**
Don-Juan-Pflanze **57**
Dränage 165, 167
Drillingsblume siehe Bougainvillee
Dryopteris filix-mas 88
Duft 75ff.
Duftblüte 75f., **83**, 90
Duftnessel 45, **126**
Duft-Pelargonie 79, 82, **82**
Duftsteinrich 79
Dukatentaler **52***
Dünger 165, 172, 172*
Düngermangel 174

Eccremocarpus scaber 101
Echinacea **131**
Echium candicans 42
Efeu 17, 100, **104**, 160
Ehrenpreis **131**
Eibe 119
Eibisch 45
Einkauf 167f.
Eisenholzbaum 62*, 90
Eisenkraut 69
Elefantenohr 111, **112**
Elfenbeinginster 21*
Elfensporn 71
Engelstrompete 70, 75*, 77, **80**, 90, 172
Ensete ventricosum 62, 111, **113**
Enzianstrauch 41*, **48**
Epiphyllum 110
Eranthis 16, 17
Erbsenstrauch 54
Erdbeerbaum **32**, 69, 140
Erdbeere 140, 141, 141*
Erde 164, 165
Erica **153**
Erigeron karvinskianus 69
Eriobotrya 69, 90, **114**, 140
Erythrina crista-galli **65**
Eschscholzia 54
Eucalyptus 76, 78
Eucomis **128**
Euonymus 54, 100, **154**
Euryops 54*, 72
Exochorda macrantha 69

Fächerblume 42*, 45, 52*
Fadenzypresse 160
Fargesia **114**, **114**
Farne 88
Fatsia japonica **115**
Federborstengras **151**
Federbusch 69, 79
Feigenbaum 28, 29*, **35**, 140
Feijoa **63**
Feinstrahl 69

Felberich **130**
Felicia 45
Felsenbirne 69, 89, 147
Fenchel 135
Festuca **150**
Fetthenne 53*, 122*
Feuerbohne 101, 102
Feuerdorn 54, **155**
Feuer-Geißblatt 100
Fichte 160
Ficus carica **35**, 140
Fingerstrauch 54
Flammenblume **131**
Flanellstrauch **57**
Flaschenkürbis 102
Flaschenputzer **63**
Fleißiges Lieschen 71, 89
Flieder 23, 45, 79
-, Toskanischer **36**
Flügel-Spindelstrauch **154**
Foeniculum 135
Formschnitt 118, 170*
Forsythia 21*, 54
Fortunella **34**
Fothergilla 69, 79
Frangipani 76, **83**
Frauenmantel 122
Fremontodendron californicum **57**
Fritillaria 16, 44
Früchte **133**, 147
Fuchsia 70, 86*, 87*, **91**, 172
F. magellanica **91**
Funkie 45, 86*, 86, 121*, 122, 129
Fußstämmchen 30

Gagea 16
Galanthus 16
Gänseblümchen 69*
Gardenia jasminoides **81**
Gardenie **81**
Gartenjasmin 69, 79
Gaultheria mucronata **155**
Geißblatt 54, 100
Gelbstern 16
Gelbtafeln 175
Gelee-Palme 111
Gemüse 133ff., **136**
Genista 54
Gewürzrinde 52*, 125*
Gewürzstrauch 56, 62, 79, 89
Gießen 171*, **171**, 178
Gift 148
Ginkgo 54, **154**
Ginster 14*, 54, 79
Gladiole 125*, **128**
Glatthafer 151
Glechoma hederacea 89
Glockenblume 45, 97*, **126**, 147*
Glocken-Heide **153**
Glockenrebe 101
Godetia 71
Goldbartgras 147*
Gold-Felberich 123*, **130**
Goldglöckchen 21*, 54
Goldkamille 124
Goldlack 54, 79
Goldmargerite 29*, 54*, 72

189

Goldmohn 54
Granatapfel 28, **39**, 140, 149
Grapefruit 34
Grevillea **64**
Grill 183
Grünkohl 134
Guave **63**, 140
Gundelrebe 89
Gypsophila 69, 95*, 124

Hahnenkamm 65
Hainbuche 21*
Halbschatten 86*
Halbstämmchen 30
Halskraut 97*
Hamamelis 54, 62, 89
Hammerstrauch **64**
Hanfpalme **39**, 111
Hartriegel 54, 160
Hasenglöckchen 44
Hasenschwanzgras **151**
Hausmittel 174
Hauswurz 122*
Hebe 89*, 154, **154**
Hedera 100, **104**, 160
Hedychium 79, **115**
Heide **153**
Heidelbeere 140f.
Heiligenblume 30*
Heiliger Bambus 90, **116**, 149
Helenium 127
Helianthus 54, 134, 146*
Helichrysum 53*, 54*, 79, **139**
Helictotrichon sempervirens **150**
Heliotropium 45, 54*, 78*, 79
Heliopsis helianthoides 125*
Hemerocallis 54*, **129**
Herbstanemone 122
Herbst-Chrysantheme 146f., 148*
Herbst-Fetthenne 146, 147*
Hesperiden-Palme 111
Hibiscus rosa-sinensis **64**, 70
H. syriacus 45
Hibiskus **64**, 70
Himbeere 141, 141*
Himmelsblume 42*, 90, 107*
Hirschzungenfarn 88
Hochstämmchen erziehen 169f., 170*
Hochstämme 30
Hochstammrosen 95, 96*
Homalocladium 110
Hornklee **59**
Hornveilchen 16*, 19, 96*
Hortensie 44*, 45, 71, 87*, 89*, **91**
Hosta 45, 86*, 88, 121*, 122, **129**
Hyacinthoides 44
Hyacinthus **18**, 44
Hyazinthe 13*, 15ff., 15*, **18**, 44
Hydrangea 45, 71, 89*, **91**, 100
Hygiene 178
Hyssopus **139**

Iberis 16*
Ilex 119, 160
Impatiens 62, 71, 89
Indisches Blumenrohr 124*, **127**
Iochroma 47, 54*, 70*, 71
Ipomoea 45, 102*, **104**
I. lobata 101
I. purpurea 102*, **104**
Iris 15ff., 17*, 44f., 77, 123*, **129**
Isoplexis canariensis **57**

Jacaranda 90, **115**
Japan-Anemone 146
Japanische Faserbanane 113
Jasmin 69, 75*, 76, **82**
Jasminum 69, 75*, 76, **82**
J. nudiflorum 54, 89
Jelängerjelieber 79, 89, 100
Johannisbeere 140*, 141
Jostabeere 140
Juanulloa mexicana **57**
Jubaea chilensis 111
Juniperus 160, **161**
Junkerlilie 124

Kaki 140
Kakteen 110
Kalanchoe 110
Kalmia 89, 160
Kanarenblümchen **59**
Kanarischer Fingerhut **57**
Kapaster 45
Kapgeißblatt **103**
Kapkörbchen 69
Kapmalve **72**
Kapmargerite 69
Kapuzinerkresse 138, 139, 139*
Karpatenglockenblume 124
Kartoffel 136
Kartoffelstrauch 41*
Kassie, Erdnussbutter- **56**
Katsurabaum 54
Katzenminze 45, 54*, **130**
Kennedia **104**
Kerria 54
Keulenlilie 111, **112**
Kiefer **161**
Kies 29, 87
Kirschlorbeer 160
Kirschmyrte 90
Kiwi 141
Klangspiel 87
Klebsame **38**, 79, 90
Kletterhilfe 100, 102
Kletterhortensie 100
Kletterpflanzen 31, 54, 79, 99, 100f.
Kletterrose 94*, 97, 101
Kletterspindel 100
Knoblauch 135
Köcherblümchen 62
Koeleria glauca **150**
Königsfarn 88
Kopfsalat 137
Korallenstrauch **65**
Korallenwein **104**
Korbmöbel 109*

Korkenzieher-Weide 160
Krankheiten 174ff.
Kranzblume 115
Kräuter 133, 138ff.
Kreppmyrte 36, 70, 149
Kreuzblume 71
Kriechspindel 54
Krokus 16, 17, 17*, 44
Kronenbäumchen 30f.
Kumquat 34
Kunststoffmöbel 182*
Kürbis 134, **148**

Lagenaria siceraria 102
Lagerstroemia indica **36**, 70, 149
Lagurus ovatus **151**
Lamium maculatum 89
Lampionblume 146, 146*, 148*
Langzeitdünger 172, 172*
Lantana 52*, **58**
Laurus 36, 67*, 90, 119, 149
Lavandula 43, 47, 68, 76, 134
Lavatera **73**
Lavendel 30*, 42, **47**, 68, 76f., 134
Lebensbaum 119
Leberbalsam 45, 69
Leimringe 175
Leonotis **58**, 146
Leptospermum **73**
Leucojum vernum 16
Levkoje 71, 79
Leyland-Zypresse 118*, 119, 119*
Licht 53, 177, 183
Liebesperlenstrauch 54, 89, **152**
Liguster, Ionischer 90, 119, 118*, 119*, 149
Ligustrum 90, 119, 149
Lilie 124*, **130**
Lippia citriodora **80**
Lobelia 43, 45
Lobularia 69, 79
Loganbeere 140
Lonicera 54, 79, 89, **100**
Lorbeer 36, 67*, 79, 90, 119, 149
Lorbeerrose 160
Lotus **59**
Löwenmäulchen 54
Löwenohr **58**, 146
Luzula sylvatica 151
Lycianthes rantonnetii **48**
Lysimachia 123*, **130**, 133*

Mädchenauge 53*, 54, 124, **127**
Magnolia stellata 21*, 69, 79
Mahonia 54, 79, 89, 160
Mahonie 54
Maiblumenstrauch 69
Majoran 139, 139*
Malus **155**
Mandarine 34
Mandevilla 70, 79, 100*, **105**
Mandeville 79, 100*, **105**
Mangold 137

Männertreu 43
Maracuja 106
Marien-Glockenblumen 69
Markise 185
Märzenbecher 16
Maßliebchen 14, 15*
Matthiola 71, 79
Maurandie 99*, 101
mediterraner Stil 27f., 27*
Mehlbeere 147
Mehltau 175, 175*
Melissa officinalis 78, 134
Melisse 134, 139
Mentha 76, 78f., **139**
Metallmöbel 182*
Metrosideros 62*, **65**, 90
Michelia figo 79
Mikadopflanze 35
Milchstern 69*
Minirosen 95
Minze 78f.
Miscanthus 147*, **151**
Mittelmeer 28
Möbel 87, **182**
Molinia **150**
Mönchspfeffer 30*, **49**, 146
Moskitogras 151
Mottenkönig 89
Murraya paniculata 81
Musa 110*, 111, **113**
Muscari armeniacum 16f., 44f.
Myosotis 16*, 17, 21*, 45, 89, 123*
Myrte 37, 69, 76f., 90, 149
Myrtus **37**, 69, 76, 90, 111, 149

Nachtjasmin **81**
Nachtschatten, Duftender 75*
-, Kletternder 42*, **73**
Nachtkerze 53*
Nandina 69, 90, **116**, 149
Narcissus **18**, 77
Narzisse 14, 15*, 16f., **18**, 77
Natalpflaume 90
Natternkopf 42
Nepeta 45, 54*, **130**
Nerium **37**, 70, 70*
Nespoli 114
Neuseeländer Flachs 29, 62, 62*, **116**
Nicotiana 61*, 69, 71, 75, 79
Nierembergie 69
Nutzpflanzen 134

Obst 135, **140**
Ocimum 134, **139**
Oenothera 53*
Olea europea **38**
Oleander 28*, **37**, 70, 70*, 79
-, Tropischer **59**
Oleanderkrebs 175*
Oleander-Rückschnitt 168*
Olive 27*, 28, **38**
Ölweide 79
Ophiopogon 151
Orange 29*, 34, 43, 51, 52, 62
Orangenblume 69, 78, **81**, 90

Orangenjasmin 81
Oregano 133*, 134, 139, 139*
Origanum 134, 139, 139*
Ornithogalum 69*
Osmanthus 76, **83**, 90
Osmunda regalis 88
Osteospermum 69
Oxalis 67*

Palisanderbaum 90, **115**
Palmen 28, 30, **33**, **38**, **39**, 111, 111*, **117**
Palmfarn 113
Palmlilie 111, **117**
Pandorea **105**
Panicum **150**
Pantoffelblume 54, 54*
Paprika 137, 137*
Papyrus 113
Paradiesvogelblume **56**
Paradiesvogelbusch **55**
Parthenocissus **105**, 149*
Passiflora 45, 140, **106**
Passionsblume 45, **106**, 140
Pelargonium 79, **82**
Pennisetum **151**
Pergola 29
Pernettya mucronata **155**
Perovskia 45, 97*
Perückenstrauch 62
Petticoat-Palme **117**
Petunie 71
Petuniendünger 172
Pfefferminze 76, 139
Pfeifengras **150**
Pfennigkraut 133*
Pfirsich 140*, 141, 141*
Pflanzenpflege 87
Pflanzenschutz 174ff.
Pflanzgefäß 30, 44, 53, 164, **180**
Pflanztiefe 166
Pflücksalat 137
Phalaris arundinacea 151
Phaseolus coccineus 101, 102
Philadelphus 69, 79
Phlox **131**
P. drummondii 71
Phoenix **38**, 111
Phormium 62, 62*, **116**
Phyllitis scolopendrium 88
Phyllostachys **114**
Physalis 146, 146*, 148*
Picea 160, **161**
Pieris 89, 160
Pinus **161**
Pittosporum **38**, 79, 90, 111
Platzbedarf 30
Plectranthus 89
Pleioblastus **114**
Plumbago **47**, 69
Plumeria 76, **83**
Podocarpus **116**
Podranea 70, **106**
Polster-Phlox 131
Polygala 71
Polystichum aculeatum 89
Potentilla fruticosa 54
Prachtspiere **126**
Prärielilie 44

Preiselbeere 140
Primel 13*, **18**
Primula **18**
Prinzessinnenblume **49**, 71, 146
Prunkspiere 69
Prunkwinde 45*, 99*, 102*, **104**
Prunus 21*, **23**
Prunus laurocerasus 160
Pseudolysimachion **131**
Pseudosasa 114
Psidium 140
Puderquastenstrauch **63**
Punica **39**, 140, 149
Purpursonnenhut 131
Puschkinie 16, 17*
Pyracantha 54, **155**

Radieschen 136, 137
Rambler 97
Ranunkelstrauch 54
Rauschopf 110
Rhabarber 134
Rhaphiolepis 90
Rheum officinale 134
Rhodochiton atrosanguineus 101
Rhododendren **23**
Rhododendron **23**, 160
Ricinus 62, 111, **117**
Ringelblume 54
Rittersporn 42*, 96*
Robinia pseudoacacia 160
Rohr-Glanzgras 151
Rosen 67*, 77, 93ff.
Rosenbegleiter 96*
Rosenkelch 101
Rosetten-Dickblatt **32**, 110
Rosmarin 30*, **39**, 45, 76, 134
Rosmarinus **39**, 45, 76, 134
Rote Johannisbeere 140
Rote Spinne 176, 176*
Rückschnitt 118, 168, 168*, 169*
Rudbeckia 125*, **131**
Russelia equisetiformis **65**
Rutenhirse **150**

Sabal minor 111
Säckelblume 45
Salat 136
Salbei 30*, 45, 45*, **48**, 68, 69*, 76f., 96*, 133*, 134, 139
Salix matsudana 160
Salvia 45, **48**, 68, 69*, 76, 78, 78*, 96*, 133*, 134, 139
Sasa **114**
Satureja 78, 133*
Sauerklee 67*
Saxifraga 122*
Scaevola 45, 52*
Schachbrettblume 16, 17*, 44
Schädlinge 174ff., 176*
Schatten 85ff., 86*
Schattenglöckchen 89, 160
Schefflera **115**
Scheinbeere 145*, **155**

Scheinhasel 79
Scheinquitte 62, 147
Scheinzypresse 119
Schildfarn, Glänzender 88
Schildläuse 176, 176*
Schillergras **150**
Schlangenbart **151**
Schleierkraut 69, 95*, 124
Schleifenblume 16*
Schmetterlingslilie **115**
Schmetterlingsraupen 176, 176*
Schmetterlingsstrauch **23**, 45, 79
Schmierläuse 176*
Schmuckkörbchen 69, 147*
Schmucklilie **46**, 69, 69*, 124*
Schmuck-Mahonie 79, 89
Schnecken 176, 176*
Schneeball 45*, 71, 89, 89*
Schneeball, Mittelmeer- 90, 149
Schnee-Felberich 130
Schneeflockenblume 69, 86*
Schneeglöckchen 16
Schneestolz 16
Schnitt 168f.
Schnittlauch 135, 138
Schönmalve **55**, 90, 90*
Schönranke 101
Schopflilie **128**
Schwarzäugige Susanne 101, **107**, 147*
Schwarze Johannisbeere 140
Schwertlilie 45, 123*, **129**
Schwingel **150**
Scilla 16, 17*, 44
Sedum 53*, 122*, 146, 147*
Segge **150**
Seidenbaum 90
Seidenpflanze **55**
Sempervivum 122*
Senna **56**
Silbergarbe 124
Silberwinde 68, 68*
Skimmie 89, 160
Smilax aspera 79
Solanum bonariense 75*
S. jasminoides **73**
S. rantonnetii **48**
S. wendlandii **48**
Solenostemon scutellarioides 87*, **91**
Sollya 45, **107**
Sommeraster 69, 71
Sommerblumen 54, 62, 69, 71, 79, 89
Sommerphlox 71
Sommerspiere 62
Sonnenauge 125*
Sonnenblume 53*, 54
Sonnenbrand **164**, 175*
Sonnenbraut 127
Sonnenhut 125*, **131**
Sonnenschirm 29, 185, 185*
Sonnenschutz 185
Sonnen-Segel 185, 185*
Sorbus aucuparia 147
Sorghastrum 147*

Spalierobst 140
Spierstrauch 71, 89
Spindelstrauch **154**
Spinnenpflanze 69
Spinnmilben 176, 176*
Spiraea 62, 71, 89
Spiritus-Schmierseifen-Lösung 174
Springbrunnenpflanze **65**
Springkraut 62
Stachelbeere 140
Stämmchen 30
Stauden 54, 121ff., 122
Stechapfel 75*
Stechpalme 119, 160
Stechwinde 79
Stecklinge 173, 173*
Steinbrech 122*
Steineibe **116**
Sternjasmin 67*, 70*, 78, **83**, 90
Stern-Magnolie 21*, 69, 79
Sternwinde 101, 102*
Stiefmütterchen 14, 15*, 45
Stielmangold 134, 137
Strauch-Kastanie 69, 89
Strauchmalve **73**
Strauchmargerite 29*, 54*, 67*, 69*, **72**, 118*
Strauchrosen 94
Strauchveronika 89*, **154**
Strauch-Wacholder 160
Strelitzia reginae **56**
Streptosolen jamesonii **59**
Strohblume 53*, 54*
Studentenblume 54, 137*
Substrat 164
Südseemyrte **73**
Sutera 69, 86*
Syringa **23**, 45, 79
Syzygium 90

Tagetes 54, 137*
Taglilie 54*, **129**
Taro **112**
Taubnessel 89
Tauchbad 175
Taxus 119
Taybeere 140
Tecomaria capensis **103**
Teilung 124, 173, 173*
Temperatur 177
Terrakotta 30, 180
Terrakotta-Fliesen 29
Terrakotta-Töpfe 44
Thevetia **59**, 79
Thuja occidentalis 119
Thunbergia 45, 90, **107**, 147*
T. alata 101, 102*, **107**, 107*
T. gregorii 52*, **107**, 107*
Thunbergie 45, 52*, 102*, **107**
Thymian 133*, 134, 139, 139*
Thymus 78, 133*, 134, 139, 139*
Tibouchina **49**, 71, 146
Tomate 136, 136*, 137
Töpfe 44, 68, 138, **180**
Topinambur 134, 137, 146*

Torfmyrte 155
Trachelium 97*
Trachelospermum 67*, 70*, 78, 83, 90
Trachycarpus 39, 111
Traubenhyazinthe 16, 17, 44
Trompetenblume 54, **103**
Trompetenwein 70, **106**
Tropaeolum 139, 139*
tropisches Flair 109
Tulpe 14*, 15ff., 15*, **19**

Überdüngung 174
Überwinterung 177ff., 177*
Umtopfen 164f., 165*
Unterpflanzung 166, 166*

Vanilleblume 45, 54*, 75*, 78*, 79, 99*
Veilchen 13*, **19**
Veilchenstrauch 47, 54*, 70*, 71
Verbena 69
Vergissmeinnicht 14, 15*, 16*, 17, 21*, 45, 89, 123*
Verjüngung 123, 169
Vermehrung **173**
Veronica **131**
Viburnum 71, 79, 89f., 89*

Viburnum tinus 149
Viola **19**, 45, 96*
Vitex **49**, 146
Vitis 101, **105**, 149*
Vogelbeere 147

Wacholder **161**
Wald-Geißblatt 100
Wald-Marbel 151
Waldrebe 45, 45*, 96*, 100, 101*, 103
Wandbrunnen 31*, 43, 183
Wandelröschen 51*, 52*, **58**, 99*
Washingtonia **117**
Wasser 43, 87, 171, 183
Wässern 166
Wasserschalen 90*
Weide 14*
Weigela **62**, 71, 89
Weigelie **62**, 71, 89
Wein 101, 141
Weinrebe 141*
Weißdolde 90
Weiße Fliege 176, 176*
Westringia **49**, 69
Wiesenmargerite 124
Wilder Wein 105, 149*
Wildlinge 170*

Windlichter 53, 77*, 183
Windröschen 17*
winterharte Gehölze 69, 71, 89
winterharte Kletterpflanzen 100
winterharte Sträucher 54, 62, 79
Winterjasmin 54, 89
Winterling 16, 17
Winterquartier **177**, 178*
Winterschutz 179*
Wisteria 45, 101
Wollläuse 176, 176*
Wollmispel 28, 69, 90, **114**, 140
Wonga-Wonga-Wein 105
Wunderbaum 62, 111, **117**
Wurmfarn 88
Wurzelschäden 174
Wüstenrose 110

Ysop 139
Yucca **111**, **117**

Zaubernuss 54, 62, 89
Zier-Apfel 155
Zier-Banane 62, 110f., **113**
Zier-Ingwer 79, 115, **115**

Zier-Kirsche 21*, **23**
Zierkohl 147, 149*
Zierquitte 22*
Ziertabak 61*, 69, 71, 75*, 79
Zimmer-Aralie **115**
Zinnie 62
Zistrose **34**, 68, 70, 76
Zitrone 34
Zitronenmelisse 78
Zitronenstrauch 78, **80**, 90
Zitrus 28, 31*, 54*, 69, 76, 78, 140
Zitrusdünger 172
Zitruspflanzen **34**
Zucchini 137, 137*
zweijährige Pflanzen 14
Zwergmispel **153**
Zwergpalme 28*, **33**, 111
Zwerg-Palmetto 111
Zwergrosen 95*
Zwiebelblumen 13, 14, 16, 44, 54, **125**
Zwiebelblumen, duftende 15
Zwiebelblumen pflanzen **166**, 167*
Zylinderputzer* 62*, **63**
Zypergras 111
Zypresse 76f.
-, Mittelmeer- **35**

Bildnachweis:
Alle Bilder von Friedrich Strauß, außer:
Baumjohann: 175or, 175uml, 176ur
Becherer: 174ur, 175umr
Borstell: 151m
GBA/Engelhardt: 106m
GBA/GPL: 176or, 176ul
GBA/Noun: 176o 2.v.l.
Seidl: 176ol, 176omr, 176uml
Reinhard: 83o

Grafiken: Heidi Janiček

Genehmigte Lizenzausgabe für
Verlagsgruppe Weltbild GmbH,
Steinerne Furt, 86167 Augsburg
Copyright © 2002 by
BLV Verlagsgesellschaft mbH, München
Lektorat: Dr. Thomas Hagen
Grafiken: Heidi Janicek

Umschlaggestaltung: Atelier Lehmacher, Friedberg (Bay.)
Umschlagmotive: Friedrich Strauß
Layoutkonzept Innenteil: Parzhuber & Partner, München
Satz, Layout und Herstellung: Angelika Tröger
Gesamtherstellung: Firmengruppe APPL, aprinta druck, Wemding

Printed in the EU

ISBN 978-3-8289-1778-1

2011   2010   2009   2008
Die letzte Jahreszahl gibt die aktuelle Lizenzausgabe an.

Alle Rechte vorbehalten.

Einkaufen im Internet: *www.weltbild.de*